中華優秀傳統文化經典導讀

屈永剛 ＼ 主　編

李泊汀 ＼ 副主編

中华书局

图书在版编目(CIP)数据

中华优秀传统文化经典导读/屈永刚主编;李泊汀副主编. —
北京:中华书局,2025.6. —ISBN 978-7-101-17207-2

Ⅰ.K203-49

中国国家版本馆 CIP 数据核字第 2025ZD6436 号

书　　名	中华优秀传统文化经典导读
主　　编	屈永刚
副 主 编	李泊汀
封面题字	道　坚
责任编辑	杨　帆　杜国慧　王鑫鑫
封面设计	周　玉
责任印制	陈丽娜
出版发行	中华书局
	（北京市丰台区太平桥西里 38 号　100073）
	http://www.zhbc.com.cn
	E-mail:zhbc@zhbc.com.cn
印　　刷	北京新华印刷有限公司
版　　次	2025 年 6 月第 1 版
	2025 年 6 月第 1 次印刷
规　　格	开本/710×1000 毫米　1/16
	印张 18½　插页 2　字数 167 千字
印　　数	1-4000 册
国际书号	ISBN 978-7-101-17207-2
定　　价	49.80 元

编写说明

本书由全国各大高校及科研院所教师合力编写，编写者皆为相关研究领域的学者。全书策划和统稿工作由西南政法大学屈永刚负责，李泊汀协助部分工作。本书共八个章节，具体章节和执笔人如下：

第一章由西南政法大学屈永刚副教授编写。

第二章由四川大学古籍整理研究所王小红研究员编写。

第三章由西南财经大学潘斌教授（博导）编写。

第四章由四川大学古籍整理研究所张尚英副研究员编写。

第五章由西南政法大学刘小玲博士编写。

第六章由国防科技大学钟雅琼副教授编写。

第七章由河北师范大学江合友教授（博导）编写。

第八章由故宫博物院李泊汀副研究馆员编写。

目　录

序　一

在当今时代，科技以前所未有的速度迅猛发展，人工智能的崛起更是为教育领域带来了诸多新的挑战与机遇。高校教育处在时代浪潮的前沿，与时俱进、创新教学内容与方法已成为必然趋势。然而，无论科技如何革新，教育的根本始终是立德树人，是对学生价值观的塑造，其核心在于为学生铸魂。而中华优秀传统文化教育，恰恰是青年学生铸魂的关键一课。

俗话说："参天之木，必有其根。环山之水，定有其源。"中华优秀传统文化经典作为中华民族的历史文化之根和精神之魂，承载着数千年的智慧结晶和民族价值观，蕴含着先辈对宇宙、人生的深刻思考，记录了他们在社会实践中的艰辛探索。青年学生只有深入了解中华民族的历史文化根源，知晓先辈为国家富强、民族复兴而不懈奋斗的心路历程，才能深刻领悟中华民族历经无数艰难险阻仍屹立于世界东方的原因。如此，民族归属感和自豪感便会在他们心中悄然生根发芽。从这个层面来说，中华传统文化经典的学习，绝非小事，而是关乎国家未来、民族命脉的大事。

习近平总书记强调："中华优秀传统文化是中华民族的文化根脉，其蕴含的思想观念、人文精神、道德规范，不仅是我们中国人思想和精神的内核，对解决人类问题也有重要价值。"同时又指出，"当代大学生在传承中华优秀传统文化的过程中一定要进一步坚定文化自信。"大学生正处于人生的"拔节孕穗期"，是"三观"塑造的关键阶段。学习中华传统文化经典，有助于青年学生深入理解优秀传统文化的精神内涵，提升自身人文素养，增强文化自信和民族自豪感。经典所蕴含的强大精神力量和优良的道德传统，将成为指引他们成长的明灯，照亮前行的道路。"自强不息"激励着学生在面对困难时勇往直前，永不放弃；"厚德载物"教导学生要有宽容、包容的胸怀；"修身为本"提醒学生注重涵养品德；"家国一体"培养学生的家国情怀；"天人合一"引导学生树立人与自然和谐共生的理念；"立人达人"倡导学生互帮互助，共同进步；"天下为公"激发学生的社会责任感；"仁者爱人"则培养学生的仁爱之心。这些价值观念，不仅在校园中影响着学生，在他们步入社会之后，依然会对其健全人格的发展产生深远影响。

新时代对大学生提出了更高的要求，他们不仅要具备扎实的专业素养，还需拥有深厚的文化底蕴和高远的人生志向。阅读经典，已不仅仅是为了学习知识，更重要的是寻找中华民族历史的根基，从先贤智慧中获取强大的精神力量，从而更好地服务于中国特色社会主义现代化建设。西南政法大学积极响应教育强国的要求，从坚定文化自信，传承中华优秀传统文化，实现中华民族伟大复兴的战略高度出发，在学校开设了《中华传统文化经典选读》必修课程。这门课程既注重引导学生深入理解传统文化的精神内涵，又着重培养他们经世致用的情怀。

在全球化背景下，我们应以开放自信的心态，推动不同文明之间的交流互鉴。一方面，我们要积极学习和借鉴世界优秀文化成果；另一方面，更要致力于创作出更多体现中华优秀传统文化精髓的作品，向世界展示中国精神、传递中国价值，让世界更好地了解中国文化和中国发展道路，彰显中华文化的独特魅力和影响力，为人类文明进步提供中国智慧和中国方案。

本书的编写者来自不同的院校，他们怀着为中华传统文化经典教育贡献力量的热忱，因对中华传统文化的热爱而汇聚在一起。他们的精神值得我们敬佩与赞扬。在编写过程中，编写者注重将知识性和通俗性相结合，以轻快、流畅的语言介绍经典的形成及精神内涵，大大增强了本书的可读性。希望编写者在今后的工作中，能够持续改进和完善，继续在传承中华优秀传统文化的道路上勇毅笃行，躬耕不辍。

"文化兴则国运兴，文化强则民族强。"实现中华民族伟大复兴，必然离不开中华文化的繁荣兴盛。无论世事如何变迁，国际形势怎样风云变幻，中华优秀传统文化始终是中华民族砥砺前行的强大精神力量。站在新的历史起点上，高校应勇担文化传承创新使命，积极投身社会主义文化强国建设。让我们携手共进，以更加饱满的热情和昂扬的姿态，投身新时代的文化教育事业，为中华民族的伟大复兴提供更为强大、主动的精神力量，让中华优秀传统文化在新时代绽放出更加璀璨的光芒。

林　维

西南政法大学校长

二〇二五年四月二十九日

序　二

　　"博学之，审问之，慎思之，明辨之，笃行之。"大学，从来都不只是知识的象牙塔，更是培育健全人格、塑造高尚灵魂的精神殿堂。在这个价值多元、信息爆炸的现代社会，青年学子面临着前所未有的挑战与诱惑。人文经典的学习，恰如一座明亮的灯塔，为他们在茫茫世海中指引方向，赋予他们在喧嚣中保持清醒、在纷扰中坚守自我的定力，帮助他们找到心灵的栖息之所，实现"安身立命"的人生追求。

　　从《周易》中"天行健，君子以自强不息"的进取精神，到《道德经》里"生而不有，为而不恃"的无私胸怀，这些经典著作承载的，不仅是古人的深邃智慧，更是镌刻在中华民族血脉里的精神基因。

　　回溯历史，诸多仁人志士正是通过研读经典汲取养分，才铸就非凡成就，为后世留下光辉典范。古有苏秦，"读书欲睡，引锥自刺其股"，苦读《阴符》，终得燕文公赏识，提出"合纵"六国以抗秦的战略思想，兼佩六国相印，纵横捭阖于战国乱世。东汉孙敬，为防读书瞌睡，"以绳系头，悬屋梁"，发愤苦读，成为通晓古今的学者，引得众多学子负笈担簦前来求学。车胤家境贫寒，他凭借"囊萤"苦读，终以学识渊博闻名于世。他们在经典的浸润下，于困境中崛起，在历史长河中闪耀光芒。韩愈在《进学解》中的"焚膏油以继晷，恒兀兀以穷年"，生动地描述了自己浸淫典籍，月日无悔的读书状态。正是这份对经典的执着钻研，让他成长为饱学之士，用苏东坡的话说，"匹夫而为百世师，一言而为天下法"。

"观今宜鉴古，无古不成今。"经典阅读绝非无病呻吟的复古行为，而是孕育创新的温床；不是令人不堪重负的包袱，而是助力个人腾飞的强劲羽翼。真正的经典教育，不是机械地搬运知识，而是将经典中的智慧与精神，通过代代传承，融入后人的灵魂深处。杜甫曾言"读书破万卷，下笔如有神"，正是大量阅读经典，让他在诗歌创作上取得非凡成就，为后世留下无数不朽诗篇。

在"屏幕吞噬书本"的数字化时代，人们对生命的感悟、情感的寄托和人生价值的追寻愈发强烈。中华传统文化经典作为民族智慧的结晶，对中华民族以及东亚文明的发展产生了深远影响，也持续滋养着现代人的精神生活。儒家经典所倡导的"仁、义、礼、智、信"，早已融入东亚社会的价值体系，塑造着人们的行为准则与道德观念。在韩国，儒家的"孝悌"观念根深蒂固，家庭伦理观念浓厚，每年的祭祀活动，人们都遵循传统礼仪，缅怀祖先，传承家族文化。在日本，儒家的"礼"文化体现在日常生活的方方面面，从茶道、花道到商务礼仪，都能看到对秩序与和谐的追求。

儒家经典对现代人的精神塑造同样发挥着重要作用。"修身、齐家、治国、平天下"的理念，激励着无数人在追求个人成长的同时，心怀家国，勇担社会责任。当人们在工作中面临困难时，"知其不可而为之"的精神给予他们勇往直前的动力；在人际交往中，"己所不欲，勿施于人"的原则引导人们换位思考，构建和谐的人际关系。

道家经典则为人们提供了另一种精神滋养。在现代智能化浪潮中，各类新兴技术不断重塑人们的生活与工作模式，信息洪流裹挟着无尽的诱惑，让人极易迷失自我。庄子提出的"物物而不物于物"，意为驾驭外物，而不为外物所役使，这一思想在当下显得尤为珍贵。如今，智能手机、社交媒体占据了人们大量的时间与精力，不少人沉迷于虚拟世界的短暂快感，忽视了现实生活中的真实情感与自我成长。践行"物物而不物于物"，要求我们学会审视自身与科技的关系，让科技成为提升生活质量的工具，提高工作效率的手段，以及促使自身不断进取和提升的动力。例如，在工作中，面对海量的信息与层出不穷的办公软件，我们应当明确目标，筛选有用信息，合理运用工具，而不是被信息和工具牵着鼻子走，陷入低效的忙碌。《道德经》中"道法自然"的思想，让现代人在快节奏的生活中学会顺应自然规律，追求内心的宁静。许多人开始践行极简主义生活方式，减少物质欲望，回归自然，从大自然中汲取力量，治愈心灵。"无为而治"并非消极怠工，而是倡导人们遵循事物发展的规律，不过度干预，在工作中找到平衡，提高效率。这些思想帮助人们在纷繁复杂的世界中保持清醒，以豁达的心态面对生活中的得失。

这本《中华优秀传统文化经典导读》精心挑选《周易》《尚书》《道德经》等经典著作，在编撰过程中，编者发挥自身的研究专长，对经典进行深入浅出的解读，让我们真切感受到中华先贤的智慧和精神魅力。

世界上的许多著名学府都以经典阅读作为学生的基础课程，如哥伦比亚大学：其核心课程要求学生阅读一系列经典著作。文学人文课程中会涉及荷马的《伊利亚特》《奥德赛》，但丁的《神曲》，莎士比亚的戏剧作品，以及托尔斯泰的《安娜·卡列尼娜》等；哲学人文课程会涵盖柏拉图的《理想国》，亚里士多德的《尼各马可伦理学》，笛卡尔的《第一哲学沉思集》，康德的《纯粹理性批判》等西方经典。

在当下教育转型的关键时期，中华文化经典教育的重要性愈发凸显，蕴含的无限可能也呼之欲出。这本凝聚着屈永刚博士与各位编者心血的"经典导读"虽篇幅有限，却如同一束明亮的火花，点燃青年学子对中华文化的探索热情，引领他们踏上智慧的征程，让我们见证中华文化绵延不绝、生生不息的永恒力量。

陈　致

北师香港浸会大学　校长

二〇二五年四月三十日

前 言[*]

经典是中华文化中最具根源性、典范性、权威性和永恒价值的文献，可以帮助我们对很多现实问题进行深入思考和系统解答。它们所承载的精神文化、历史价值是不会过时的。因为经典是经过历史淬炼留存下来被证明是"最有价值""最具影响"的典籍，是中华优秀传统文化中"最精粹"的作品。它们不仅曾经照亮历史的星空，也将点燃民族的未来。

一、经典是中华文化的根、魂、源

《文心雕龙·宗经》篇说："经也者，恒久之至道，不刊之鸿教也。""经"就是"常道"，是永恒不变的大道，是永远不过时、不会被修改的宏大教化。

《隋书·经籍志》更说："夫经籍也者，机神之妙旨，圣哲之能事，所以经天地，纬阴阳，正纪纲，弘道德，显仁足以利物，藏用足以独善。学之者将殖焉，不学者将落焉。大业崇之，则成钦明之德；匹夫克念，则有王公之重。其王者之所以树风声，流显号，美教化，移风俗，何莫由乎斯道？"

经典揭示了神秘灵验的妙道、圣贤的智慧和才能，是用来呈现天地

---

* 本文原刊于《天府新论》2024年第3期，此处有删改。

自然规律、阴阳变化法则，端正人类法纪纲常，弘扬道德伦理的。有机会，将其中的仁爱情怀发扬出来就能造福天下；没有机会，用来修身就能使自己变得更好。学习经典将会不断增益自己，不学习它就会日益枯竭衰落。主持大事业的人推崇经典，就会成就世代传诵的功德；匹夫时时留意经典，就会具备王公一般的尊贵气象。王者建立好的风尚，流传赫赫英名，提倡优美教化，移风易俗，没有不经由经典教育这条道路的。一句话，经典是记载宇宙法则、人类真理，开启智慧之门，认识天地万物，成就个人德业，美化社会风俗的根本保证，是中华文化的根、魂、源。

首先，经典记载了中华民族的历史变迁、政治兴替、军事胜负、经济盛衰、文化晦明等过往，是我们探寻中华上古历史和文明的"根脉"所在。《庄子》说："夫六经，先王之陈迹也"，是"旧法世传之史"，"《诗》以道志，《书》以道事，《礼》以道行，《乐》以道和，《易》以道阴阳，《春秋》以道名分"。清儒章学诚也说"六经皆史"，是"先王之政典"。中华上古的历史进程和文明状态都是靠"六经"记录下来的，因此，无论是汉代司马迁修《史记》，还是今天我们要研究中华上古各方面的历史，经典都成了必须首先引证、考述的对象。目前我们从事的文化建设有一个"根脉"和"魂脉"问题，当代魂脉当然是马克思主义，历史"根脉"就是中华优秀传统文化。坚守"根脉"就是"不忘本来"，扎根中华优秀传统文化的沃土，扎根越深树干越粗壮、花果越繁茂。比如，几乎我们每个姓氏都可追溯到黄帝之裔；我们文、史、哲研究遇到寻根溯源问题，都需到经典中找原始依据；遇到语词则要从"十三经"和《说文解字》中找例证，这就是"不忘本来"和寻根理脉。

其次，经典记载了"天道、阴阳、礼乐"等三代信仰，这些观念后来成为中华民族共同的世界观和价值观。孔子在总结夏、商、周三代文化异同时说："夏道尊命，事鬼敬神而远之，近人而忠焉"，"殷人尊神，率民以事神，先鬼而后礼"，"周人尊礼尚施，事鬼敬神而远之，近人而忠焉"。夏、商、周三代具有不同的价值观和政治重心，夏人重视天命（自然法则），殷人重视鬼神（逝去的祖先，实质上是阴阳），周人重视礼乐（文明秩序），分别告诉我们从哪里来、到哪里去、现在该怎么办，从而解决了终极关怀、临终关怀和现实关怀问题。后来《荀子·礼论》篇也说："礼有三本，天地者，生之本也；先祖者，类之本也；君师者，治之本也。"这就形成了"天地君亲师"这一中国人的共同信仰。《周易》有"太极—两仪—四象—八卦—吉凶—大业"和"天地、日月、四时、鬼神（阴阳）"等宇宙观；《论语》《中庸》记载了"仁、智、勇"等君子人格，完成了中国人理想人格的塑造；《孟子》还有"孝悌忠信、礼义廉耻"等伦理守则和道德修养；《周易》有"天下和平"，《礼记·礼运》有"大同""小康"等天下观；《孟子》有"民贵君轻"，《古文尚书》有"民为邦本"的政治观念；《周易》有"中正"，《论语》《中庸》有"中庸""中和"及"和而不同"等处世原则；《大学》有"格物致知"，《论语》有"学以致其道""学而时习之"等认知方法。可见，中华传统文化经典分别从不同角度和不同层面为我们构建了探索宇宙、认识世界、平治天下、治理社会、修养自身的观念、方法和精神标杆，铸就了中华民族共同的文化精神和灵魂信仰。

最后，经典还是中华教化之源。经典中记载了尧、舜、禹、汤、文、武、周公时期的庠、序、学、校、成均、瞽宗、太学等教育机构，还记载了三老、五更、师儒、乐正等传道授业之职，特别是孔子"以《诗》《书》《礼》《乐》教，弟子盖三千焉，身通六艺者七十有二人"，自后"六经"教育便成了中华民族重温历史、传承文明、开启智慧、造就人才的主要凭据。经典深深地影响着中国历史特征及基本走向，是"六艺"或"十三经"教学开启了中华民族注重教育、崇尚文明的"治教并重"的源头。这就形成后世中国士大夫写文章要"引经据典",讲修养要"知书达礼",治理国家要"文明礼顺",科举考试有"明经""进士",对话辩论有"子曰诗云"等共同推崇和遵循的雅尚追求。宋代有人在蜀道驿馆壁上题写:"天不生仲尼,万古如长夜!"此话正是就此而言的,因而得到朱熹的大力赞赏,我们现在也还深表认同。如果没有孔子删定"六经"并用来教学,中华上下五千年文明就不会得到如此连续的传承,中华文化也就会黯淡无光。

经典作为中华文化的根、魂、源,尤其是作为中华教化之源,事关中华文明的延续、创新和中华文化的统一、和平,特别是事关中华民族共同体意识的铸牢。现在提倡的马克思主义第二个结合,也就是要将科学社会主义基本原理同中华优秀传统文化相结合,首先就要与中华优秀传统文化中最根本、最源泉、最精微、最关键的内容相结合,经典自然首膺其选。

二、经典是中华优秀传统文化的集中体现

从现实需要来看,要实现马克思主义基本原理同中华优秀传统文化相结合,必须知道"中华优秀传统文化"的具体内容有哪些,而且"身"在何处。对于中华优秀传统文化传承发展问题,2017年中共中央办公厅、国务院办公厅发布《关于实施中华优秀传统文化传承发展工程的意见》,特别设定"主要内容"一节,包括"讲仁爱、重民本、守诚信、崇正义、尚和合、求大同等核心思想理念","自强不息、敬业乐群、扶危济困、见义勇为、孝老爱亲等中华传统美德",以及"求同存异、和而不同的处世方法,文以载道、以文化人的教化思想,形神兼备、情景交融的美学

追求，俭约自守、中和泰和的生活理念"等"中华人文精神"。

该文件在描述这些主要内容时，使用了40多个成语、熟语、习语、概念，大多数出自儒家经典文献。具体来讲，见于《周易》的有8个，见于《论语》的有16个，见于《左传》《国语》的有6个，见于《礼记》的有4个，其他见于《老子》《管子》《庄子》《孟子》《汉书》《周书》（或《宋史》）以及后贤张载、岳飞、顾炎武（或梁启超）、郑观应（或孙中山）等各一两个。可见，以儒家为代表的经典无疑是中华优秀传统文化的主要载体和集中体现。

要实现马克思主义基本原理同中华优秀传统文化的真正结合，必须解决形上与形下、哲学与社会、理论与实践等问题，必须与中华民族固有的宇宙观、天下观、社会观和道德观进行有机结合。对此，党的二十大报告指出："中华优秀传统文化源远流长、博大精深，是中华文明的智慧结晶，其中蕴含的天下为公、民为邦本、为政以德、革故鼎新、任人唯贤、天人合一、自强不息、厚德载物、讲信修睦、亲仁善邻等，是中国人民在长期生产生活中积累的宇宙观、天下观、社会观、道德观的重要体现，同科学社会主义价值观主张具有高度契合性。"这就具体指明了中华民族的宇宙观、天下观、社会观和道德观，就是以"天下为公、民为邦本、为政以德、革故鼎新、任人唯贤、天人合一、自强不息、厚德载物、讲信修睦、亲仁善邻"为代表的优秀理念。

这十个词语都载于中华传统文化经典。大致而言，"天人合一""革故鼎新"属于宇宙观，是关于我们所处空间、时间及其规律的认识，具有终极关怀、形而上学的价值；"天下为公""民为邦本""亲仁善邻"是天下观，是关于我们所处时代、群体及其规则的认识，具有形而下学、现实关怀的价值；"为政以德""任人唯贤"是社会观，是关于我们所处社会及其管理的认识，具有安邦治国、兼善天下的价值；而"自强不息""厚德载物""讲信修睦"属于道德观，是关于我们自身修养提高、个性圆满的问题，具有个人层面、成德成业的价值。这些理念涉及哲学、政治学、社会学、伦理学等多个方面、多重知识和多个学科，"第二个结合"当然要关注这些话题、解决好这些问题。

三、经典是"第二个结合"的重要资源

中国共产党既是马克思主义的坚定信仰者和践行者，又是中华优秀传统文化的忠实继承者和弘扬者，更是坚持把马克思主义基本原理同中国具体实际相结合、同中华优秀传统文化相结合而创新"中国道路"的探索者。

2018年5月4日，在纪念马克思诞辰200周年大会上，习近平总书记提出："只有把科学社会主义基本原则同本国具体实际、历史文化传统、时代要求紧密结合起来，在实践中不断探索总结，才能把蓝图变为美好现实。"2021年习近平总书记又于《在庆祝中国共产党成立一百周年大会上的讲话》中，提出"两个结合"的概念，强调要"坚持把马克思主义基本原理同中国具体实际相结合、同中华优秀传统文化相结合"。2022年，中国共产党人正式将"两个结合"写入党的二十大报告中。2023年6月2日，习近平总书记于《在文化传承发展座谈会上的讲话》中更明确指出："'结合'的前提是彼此契合。'结合'不是硬凑在一起的。马克思主义和中华优秀传统文化来源不同，但彼此存在高度的契合性。比如，天下为公、讲信修睦的社会追求与共产主义、社会主义的理想信念相通，民为邦本、为政以德的治理思想与人民至上的政治观念相融，革故鼎新、自强不息的担当与共产党人的革命精神相合。马克思主义从社会关系的角

度把握人的本质，中华文化也把人安放在家国天下之中，都反对把人看作孤立的个体。相互契合才能有机结合。"这篇重要讲话从理论和实践等方面，系统阐释了"第二个结合"的具体内容和总体要求。

中华文化与马克思主义以人民为本位的政治学和文明理性的历史观是相同的，因而存在彼此契合、互相结合的可能。"彼此契合"就是两者相似、相通或相同，但又不是完全照搬或生搬硬套。郭沫若在《马克思进文庙》一文中曾经揭示，马克思注重现实、注重民生，儒家也注重"利用、厚生"；马克思以人民为本位，儒家也奉行"民本"原则；马克思提倡共产主义，儒家也提倡"天下大同"。推而广之，马克思的"社会革命"学说，也与儒家"汤武革命，顺乎天而应乎人"一致；马克思提倡辩证唯物主义，儒家提倡"中庸""无过无不及""无可无不可""时中"等等，两者亦有可通之处。西方人百思不得其解的问题是"为什么中国接受马克思主义那么彻底、持久"，原因就在于中华优秀传统文化与马克思主义有很多契合之处。两者"殊途同归，百虑一致"，都有一个让人民共同幸福的伟大目标。

《在文化传承发展座谈会上的讲话》明确揭示了中华优秀传统文化与科学社会主义的契合所在，也指出了"第二个结合"的具体着力点，即"天下为公、民为邦本、为政以德、革故鼎新、任人唯贤、天人合一、自强不息、厚德载物、讲信修睦、亲仁善邻"，这也是在党的二十大报告中被定义为中华民族共有的"宇宙观、天下观、社会观和道德观"的词语。这些词语分别见于《周易》《尚书》《礼记》《论语》等经典。由是可见，中华民族"四观"、中华优秀传统文化与马克思主义的契合处，都载于以儒家为代表的经典；这些精神实质都已经化为中华精神，铸为民族共识，引领民族未来，具有历史性、现实性、普遍性和永恒性。培育中华民族"宇宙观、天下观、社会观和道德观"的主要力量，源于以儒家为代表的经典的涵育和陶冶。

以马克思主义基本原理为指导，如唯物辩证法、群众史观，将中华优秀传统文化进行现代阐释，使其具有鲜活的现实价值；将中华优秀传统文化与马克思主义相结合，使马克思主义更加具有中国性、民族性和本土性。这是"第二个结合"的重要任务。也就是说，要使中华优秀传统文化发展出现代形态，使马克思主义这一外来文化变成适合中国的本土文化。比如"民为邦本"和"为政以德"，要求各种制度建设和法令建设建立在为人民谋幸福、为执政者定规矩的基础上，为民众谋其利，为天下去其害，这就足以使马克思主义在中国找到更多的知音，扎牢更深厚的根基。

关于"人民本位"，当年毛泽东在《为人民服务》中就说："我们的共产党和共产党所领导的八路军、新四军，是革命的队伍。我们这个队伍完全是为着解放人民的，是彻底地为人民的利益工作的。"后来他又在《论联合政府》中再次强调："紧紧地和中国人民站在一起，全心全意地为中国人民服务，就是这个军队的唯一的宗旨。"自后"为人民服务"或"全心全意为人民服务"就成了党和政府的崇高信念和响亮口号，并写入《中华人民共和国宪法》。在新时代，"人民本位"也成了中国特色社会主义的要义："江山就是人民，人民就是江山。"

"全心全意为人民服务"既是中国共产党人坚定不移的一贯宗旨，也是中华优秀传统文化的核心要义。在中华传统文化经典中，也不缺乏重民、亲民和裕民等思想。如《尚书·泰誓》："虽有周亲，不如仁人。天视自我民视，天听自我民听。"统治者据为执政合法性的"天命""天听""天视"，都源于人民。《左传·桓公六年》载随季梁说："所谓道，忠于民而信于神也。上思利民，忠也；祝史正辞，信也。"又说："夫民，神之主也。是以圣王先成民而后致力于神。"将人民的利益摆在首位就是有道之君。"忠于民",应该是"忠于人民"的最早出处。"民为神主",应该是"民主"的中国表达。《左传·襄公十四年》又载晋师旷之言曰:"天生民而立之君,使司牧之,勿使失性……天之爱民甚矣!岂其使一人肆于民上,以纵其淫,而弃天地之性?必不然也!"天生万民而立君以管理民众,不使他们失去天性。这应该是黄宗羲"天下为主,君为客"的早期版本。《左传·文公十三年》又载郑文公之言曰:"苟利于民,孤之利也。天生民,而树之君,以利之也。民既利矣,孤必与焉。"先民后君,民贵君轻,与民同乐,"民"是一切政策、利益的出发点。

《荀子·哀公》篇引孔子回答鲁哀公问"居安思危"说:"且丘闻之,君者,舟也;庶人者,水也。水则载舟,水则覆舟;君以此思危,则危将焉而不至矣?"《荀子·王制》篇又有:"庶人安政,然后君子安位。传曰:'君者,舟也;庶人者,水也。水则载舟,水则覆舟。'此之谓也。故君人者欲安则莫若平政爱民矣。"《荀子·大略》篇又说:"天之生民,非为君也;天之立君,以为民也。故古者列地建国,非以贵诸侯而已;列官职,差爵禄,非以尊大夫而已。"无论是立诸侯或是任官职,都不是为了尊贵他们的爵禄,而是要在此职位上的人推行养民爱民政策。在儒家经典中,人民不仅是利益主体、为政基础,还是天地之心、正义准则、权力主人。"从来就没有什么救世主,也不靠神仙皇帝",而是要还权于民,让利于民,考绩于君,责成于官,这才是真真正正、完完全全的"民本"主义。

《中华人民共和国宪法》规定:"中华人民共和国的一切权力属于人民。"这是马克思主义与中华优秀传统文化结合最成功的成果。现在的任务是要不断实现好、发展好、维护好最广大人民的根本利益,实现人民群众的主体地位,拉近领导与群众的距离,树立正确的权力观,切实解决好人民群众最现实、最关心、最直接的民生问题。所以,以人民为本位,一切权力属于人民,是中国特色社会主义的出发点和落脚点。

有道是"忠厚传家久，诗书继世长"，只有注重经典传诵、文化传承、道德修养，才会"高而不危，所以长守贵也；满而不溢，所以长守富也"，赢得"其教不肃而成，其政不严而治"，甚至"天下和平，灾害不生"等最佳效果。要有效实现"第二个结合"，其中的关键问题是"思想解放"和"主客关系"。思想解放，含义至广，作用至大，实质是要对中华优秀传统文化，特别是对以儒学为代表的经典的态度进行大转弯、大变通、大改观、大移位。要变无用为有用，转落后为先进，改决裂为传承，化腐朽为神奇。"主客关系"，是要处理好文化上的古今中西、主客体用、根脉魂脉之间的关系。在当下实施中华优秀传统文化传承发展工程，便是要不忘本来、借鉴外来、面向未来。其路径是：以经为根，以史为干，以诸子百家、文学艺术、科学技术为花果，厚植中华民族现代文明的根基。

大致而言，我们首先要将中华优秀传统文化的核心思想理念、传统美德、人文精神和中华民族宇宙观、天下观、社会观、道德观等内容，进行深入阐释和大力弘扬，同时要对中华传统文化经典中与马克思主义基本原理相契合、相印证、相补充的内涵进行最大限度地挖掘，还要充分运用马克思主义立场、观点和方法，吸取历代经学的成功经验，对中华传统文化经典从体系构建到文本阐释，进行更深入更广泛的研究和传承、弘扬，从而构建起经典新释、圣心相映的新经学大厦，以达到返本开新、经世致用的效果。

结　语

中华传统文化经典是中华优秀传统文化的主要载体，是中华五千多年文明传承发展的根脉，是中华民族化民成俗的力量源泉，是中华文化信仰的灵魂所系。经典以其丰富的内涵，成为中华核心思想理念、传统美德和人文精神的集中体现，是实施中华优秀传统文化传承发展工程的主要依据。经由经典培育出来的中华民族宇宙观、天下观、社会观、道德观，与科学社会主义价值观具有高度的契合性，是"第二个结合"的重要资源，特别是"天下为公""选贤与能""讲信修睦""民为邦本""为政以德""和而不同""天下和平"等观念，更是在治国理政中首当讲求的。中华文化因经典而美，"第二个结合"也缺经典不行。经典普及，势在必行；经典新释，刻不容缓！

舒大刚

国际儒学联合会副会长

四川大学古籍整理研究所教授

二〇二五年一月二十六日

第一章　自强不息　厚德载物

——《周易》导读

第一节　概　述

一、八卦与六十四卦

《周易》是中国古代最具特色的一部经典著作。这部奇书是中国传统文化与人文实践的理论根源，被誉为"大道之源"。其中蕴涵的深邃哲学原理和特殊的思维模式，对中国古代社会产生了深远的影响。它不仅是历代圣哲"进德修业"的智慧宝典，同时传统的天文、地理、历法、医学、建筑以及军事等等无不与其有着密切关系，故而《四库全书总目·易类》小序曰："易道广大，无所不包。"

言及《周易》，首先应提到的是八卦。八卦这一概念，从古至今几乎是家喻户晓，熟闻习见。不过即便如此，人们对于八卦的含义也未必了解。八卦的基本单位是爻，其中奇数爻由一条长的横线而成"—"，称"阳爻"；偶数爻是以两条断开的横线而成"— —"，称"阴爻"。古人将每三爻相叠成一卦，出现了八卦，即乾卦、震卦、坎卦、艮卦、坤卦、巽卦、离卦、兑卦，是为"经卦"。

后人将八卦取象口诀整理为乾三连，坤六断，艮覆碗，震仰盂，离中虚，坎中满，兑上缺，巽下断。八卦各具特定象征物：乾象征天，坤象征地，震象征雷，巽象征风，坎象征水，离象征火，艮象征山，兑象征泽。

乾三连	坤六断	震仰盂	艮覆碗

离中虚	坎中满	兑上缺	巽下断

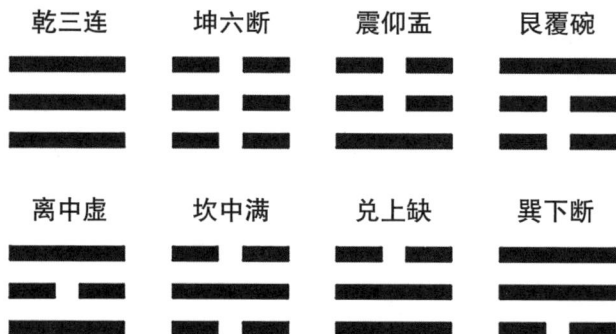

八卦同时又各具象征意义。即：乾之义为"健"，坤之义为"顺"，震之义为"动"，巽之义为"入"，坎之义为"陷"，离之义为"丽"（附着），艮之义为"止"，兑之义为"悦"。

后来古人又将八卦两两相重，形成了六十四种六画线的组合，即六十四卦，又称"别卦"。

每一卦都有相应的卦名，如"乾卦""谦卦"等。卦辞是对六爻的综合总结，如《乾》卦卦辞"元、亨、利、贞"，是说《乾》卦象的含义是元始、亨通、和谐有利、贞正坚固。又如《同人》卦卦辞"同人于野，亨。利涉大川，利君子贞"，乃是象征在宽阔的原野和同于人，亨通，利于涉越大河巨流，利于君子守持固正。

宋代朱熹为便于记忆，整理了六十四卦歌诀，如下：

> 乾坤屯蒙需讼师，比小畜兮履泰否，
>
> 同人大有谦豫随，蛊临观兮噬嗑贲，
>
> 剥复无妄大畜颐，大过坎离三十备。
>
> 咸恒遁兮及大壮，晋与明夷家人睽，
>
> 蹇解损益夬姤萃，升困井革鼎震继，
>
> 艮渐归妹丰旅巽，兑涣节兮中孚至，

小过既济兼未济，是为下经三十四。

六十四卦除乾、坤两卦外（乾、坤两卦各多出一条爻辞），每卦有六爻，每爻皆有一则爻辞。爻辞则是对每一爻的描述、说明文字，一卦有六爻，故共有六条爻辞，如《乾卦》九二"见龙在田，利见大人"，乃是意指此阶段巨龙出现在田间，利于出现大人。事物发展初露头角，迈开重要一步。同一卦中六条爻辞既独立又相关联，表示不同时间、阶段事物的发展状态，以构成完整的发生、发展过程。

《周易》共有六十四卦、三百八十四爻，因而相应地也有六十四则卦辞和三百八十四则爻辞。因《乾》卦多出一条"用九"爻辞，坤卦多出一条"用六"爻辞，因此总计三百八十六则爻辞。卦爻辞的基本特点是通过人们生活中常见的物象，以文字描述来使卦象之内涵更为鲜明生动。同时亦常用"吉""凶""悔""吝""厉""利""贞""无咎"等语来表示该卦爻所寓含的对事物或现象的褒贬义理。

二、《周易》的作者与传承

今本《周易》含"经"和"传"两部分。"经"包括六十四卦的卦形和卦爻辞，当是《周礼》"太卜"所掌《三易》之一的《周易》之本相。"传"则含阐释《周易》经文的十篇专论，分别为《彖传》（上下）、《象传》（上下）、《文言传》、《系辞传》（上下）、《说卦传》、《序卦传》和《杂卦传》，共七种十篇，故而又称为"十翼"。《周易》经与传的结合，才形成完整的象数与义理结合的经典。《周易》经、传原皆单行，后来经师为便于学者研习，将经文和传文合为一本并行，即为后代通行的援传入经之本。

《易》的形成和流传已有很久的历史。关于《周易》之起源，有"三易"之说。

《周礼·春官·太卜》记载《三易》：

"（太卜）掌《三易》之法，一曰《连山》，二曰《归藏》，三曰《周易》。其经卦皆八，其别皆六十有四。"

也就是根据《周礼》所记载的《三易》，夏代之"易"曰《连山》，殷代之"易"曰《归藏》，周代之"易"曰《周易》。其经卦皆八，为乾、坤、巽、震、坎、离、艮、兑。别卦六十有四，别卦是八卦的重组。郑玄注《三易》的时候说"《连山》者，象山之出云，连连不绝；《归藏》者，万物莫不归藏于其中；《周易》者，言易道周普，无所不备"。从郑玄这段话来看，《三易》的经卦和别卦的数量是相同的。三者只是对于卦的排列顺序有别，《连山》以艮卦为首，《归藏》以坤卦为首，《周易》以乾卦为首。

关于《周易》的形成，《汉书·艺文志》说："人更三圣，世历三古"，三圣指的就是伏羲、周文王、孔子。三人所处的年代即为对应的三古（上古、中古、下古）。传说伏羲（也作包羲氏）作八卦，文王演六十四卦，孔子作《易传》，这个是见于历史记载的。

对于三代以前的伏羲画八卦，只有一些传说存在，没有任何材料能够证明。《易经·系辞传下》说，"古者包羲氏之王天下也，仰则观象于天，俯则观法于地，观鸟兽之文与地之宜，近取诸身，远取诸物，于是始作八卦，以通神明之德，以类万物之情"。从传说算起，《易》的产生已有五六千年的历史。

历史上关于伏羲画卦说法很多，大致都赞同他画了八卦，但认为他仅画了卦画，而没有文字说明，即还没有创作卦爻辞。

司马迁在《史记》中，以为重卦之人乃是周文王。

> 西伯盖即位五十年。其囚羑里，盖益《易》之八卦为六十四
> 卦。(《周本纪》)
> 自伏羲作八卦，周文王演三百八十四爻而天下治。(《日者列传》)
> 昔西伯拘羑里，演《周易》。(《太史公自序》)

对于《易传》的作者，《史记·孔子世家》中记载乃是孔子所作。

> 孔子晚而喜《易》，序《彖》《系》《象》《说卦》《文言》。读
> 《易》，韦编三绝。曰："假我数年，若是，我于《易》则彬彬矣。"

《史记·田敬仲完世家》也记载说：

> 盖孔子晚而喜《易》，《易》之为术，幽明远矣，非通人达才孰
> 能注意焉。

班固《汉书·艺文志》则继承了《史记》的观点。

孔子作《易传》的观点，也为汉唐学人所沿承，鲜有非议。《隋
书·经籍志》和孔颖达《周易正义》皆延续这种说法。宋代以后，对于
《周易》经、传的作者产生了很大的争议。20世纪二三十年代，亦曾掀起
过讨论的热潮，现今学界通过考辨，一般认为《周易》经、传均非一时
一人之作，而是历经多人之手，在较长的一段时间内经过不断修订而
形成。

"三易"之中，《连山》《归藏》可考之资料很少，且多伪作，后世的

研究并不多。《周易》则在殷、周之际兴起，并逐渐取代《连山》《归藏》而流行于后世。伏羲、文王以及孔子作为圣人，与《周易》形成及流传的种种密切关系，无疑增添了《周易》权威的光环，而其影响尤以孔子为最。

《周易》最初本为卜筮之书，但在汉代一跃而为群经之首，这一转折与孔子有着密切的关系。孔子所作的《易传》解说《周易》之文字，与《易经》卦象及卦爻辞相对应，故称为"传"，亦称"十翼"。《周易》经传原皆单行，后来经师为便于学者研习，将经文和传本合为一本并行，即为后代通行的援传连经之本。现今传世本为王弼依据前人体例所修订的版本。

《易传》对《易经》的解读，对《易经》的内容和性质带来了重大的变化。

《易传》虽然继承了《易经》占筮象数观念，但对《易经》的占筮作了理论性的解说与升华。其中以《系辞传》对大衍筮法的解说、《说卦传》对占筮卦象的解说尤为突出。更为主要的是《易传》对《易经》作了哲学义理的提升，从而使其成为一部哲学理论著作，而有别于《易经》的筮书性质。这一改造过程是通过孔子之手而完成的。

宋代欧阳修作《易童子问》第一次系统考辨了《易传》七种的内容，指出《文言》《系辞传》《说卦传》有相互抵牾之处。而《系辞传》前后文又有矛盾之处，故认为《系辞传》《文言》《说卦传》《序卦传》《杂卦传》不是出于一时一人之手，未可视为孔子所作。

近人崔述、顾颉刚等学者从《易传》的文字风格、内容等各方面论证，认为《易传》全非孔子所作。亦有学者认为孔子未尝学《易》，其与《易传》没有任何关系。《庄子》《论语》及《史记》所记载的孔子与《易》的关系受到全面的怀疑。但是后来的出土文献却印证了《史记》及

《论语》记载的真实性。

1973年长沙马王堆墓出土的帛书《易传》充分说明了孔子与《易》的关系。帛书《易传》共六篇（《系辞》《二三子问》《衷》《要》《缪和》《昭力》），十万六千多字，据学者考证下葬时间公元前168年。其中《要》记载孔子学《易》云：

夫子老而喜《易》，居则在席，行则在囊。

并且明确记载：

子曰：《易》，我反其祝卜矣，我观其德义耳也。

帛书《易》大量引用了孔子的话，说明孔子和《易》的关系是无法否定的。并且《要》说明了孔子好《易》和巫史不同，孔子好《易》讲究的是德义，即义理，这表明孔子对《易》的解释已经开始进行改造，突出了义理精义。

孔子不仅学《易》、赞《易》，同时向弟子授《易》，使其对《周易》的解读得以传承并发扬光大。

《史记·仲尼弟子列传》和《史记·儒林列传》都载有孔子传《易》于商瞿，自瞿六传而至齐人田何，再传至淄川人杨何的渊源系统。据《太史公自序》言，司马谈为太史公，受《易》于杨何。迁传父学，则其述《易》之辞，有自来矣。司马迁于《易传》只举《彖》《系》《象》《说卦》《文言》八传，未提及《杂卦》《序卦》。又于八传之前加一"序"字。序者，发端、次第之意。这也透露了此八传，应当始于孔子，而并非完成于孔子。故而孔子与《易传》的关系，应当是孔子发端，其后学不断补充、完善而最终形成《易传》。

西周时期，《周易》由天子的卜筮之官世守，一般人无缘接触。春秋时期，王室衰微，"天子失官，学在四夷"。时局的混乱使《周易》得以为更多人所接触，并且已经出现解释《周易》的文字。

在孔子之前，韩宣子适鲁，曾见到鲁国所藏的《易象》与《鲁春秋》。《左传·昭公二年》记载："晋侯使韩宣子来聘……观书于大史氏，见《易象》与《鲁春秋》，曰：'周礼尽在鲁矣！'""吾乃今知周公之德与周之所以王也。"从《易象》中可以看到"周公之德与周之所以王"，显然《易象》不会是一本简单的卜筮之书，应该包含对卦象的义理分析。这说明对《周易》的义理分析既有社会需要，也已经有了先行文献，孔子也正是在这样的趋势下，开始对《周易》进行新的解读，而这些内容的记载便有了《易传》的形成。

孔子作为儒家宗师，其学《易》、赞《易》并授《易》，使得《周易》最终纳入儒家经典，对《周易》经典地位的形成以及发展有着十分深远的影响。

孔子以圣人之身份赞《易》，无疑有助于增强《周易》的权威和神圣性。孔子对《周易》的解读侧重义理精义，对《周易》的内涵及性质进行了改造，把《周易》从求神问卜的占筮著作改造成了利用筮法和卦爻体系描述、模拟天地变化、阴阳变化规律的哲学著作。在内涵和性质上为《周易》的经典化奠定了基础。而孔子授《易》，推动了易学的传承，其对于《易》的义理解读也得以保存并发扬光大。《周易》经孔子之手改造，得以纳入儒家经典，随着儒学地位的提升而受到尊崇。自汉代以后，《易》为群经之首、大道之源的认识深入人心，从贩夫走卒到宰执君王，都对《周易》有着浓厚的兴趣。虞世南更称："不读《易》，不可为宰相。"①

三、《周易》经典权威的形成

《周易》经孔子之手改造后，正式纳入儒家经典系统，其地位开始与儒学的命运紧密相连。

1. 伴随儒学独尊而成为官方经典

儒学在汉代之前，仅为诸子百家中的一家，虽为显学，但是并未上升为官方统治思想，秦朝并非不用儒生任博士官之职，但其政重法家，儒学的发展并不兴盛。而秦始皇时期的"焚书坑儒"事件则是儒学发展的一个重创。"焚书坑儒"使得儒家经典受到破坏，所幸的是《周易》因其有卜筮之用，而得以保存下来。《汉书·艺文志》载：

> 及秦燔书，而《易》为筮卜之事，传者不绝。汉兴，田何传之。

到汉武帝时期，为适应大一统的需要，统治者接受了董仲舒"罢黜百家，独尊儒术"的建议。儒学在官方的支持下，上升为官方统治思想。"罢黜百家"并不是禁绝各家著作和思想，而是提高儒家经典的地位，将其奉为官方统治思想。而《周易》作为儒家经典，亦随着儒学地位的提升成为官方提倡之经典，正式受到官方的认可与推崇。

2. 五经博士的设立与太学的兴起

汉承秦制，仍置博士。汉文、景帝时已立《诗经》《春秋》博士，到汉武帝即位后，设置《诗》《书》《易》《礼》《春秋》五经博士。并且为博士官置弟子五十人，不仅免除了国家徭役赋税，并且在规定满一年后

---

① 王应麟：《困学纪闻》卷一《易》引《易纬·坤凿度注》，并称："注者未详其人，亦天下名言也。"

的考试中如表现优秀可做郎中，在经济和政治上都有了很大的优待。与过去的博士完全不同了。所以《史记·儒林列传》称：

> 自此以来，则公卿大夫士吏斌斌多文学之士矣。

此次设立五经博士，《周易》位列其中，成为政府的法定"经典"，其传则源自田何，而田何受《易》之渊源则是孔子。五经博士的设立与太学的兴起，使得《周易》作为经典的权威性在制度层面有了保障，而《周易》的研习与朝廷功名利禄挂钩，推动了士人学易之热情，亦有助于易学的发展。

3. 科举考试用书

汉魏时期，《周易》作为经典为太学生所研习，并可以由此进入仕途。到隋唐开科取士，《周易》则作为科举考试用书为学人所研习。以唐代科举考试为例，首先在考试内容上，唐初颁行《五经正义》作为科举考试官方定本，《周易》列入其中，所取版本乃是王弼、韩康伯注本。后世科考经典范围逐渐扩大到"十三经"且偶有更异，但《周易》作为科举考试内容之地位一直未有改变，直至科举制的废除。其次从考试科目来看，明经与进士两科最为士人所重视，而此两科都要考帖经和墨义，而帖经和墨义都是测试考生对儒家经典的研习程度。所谓帖经，就是将经书任揭一页，将左右两边蒙上，中间只开一行，再用纸帖盖三字，令试者填充。墨义是对经文的字句作简单的笔试。进士科首重诗赋，且进士出身是通往政府要职的捷径，所以得到士人的推崇，民间亦有"三十老明经，五十少进士"的说法，但明经科的录取率远高于进士科，其取士的人数和规模要超过进士科。而且进士科仍然要考帖经和墨义，故而对经典的研习是基本的条件。

历代由《易》而举士之名人亦尤多，如宋代陆九渊乡试即以《易》解而举士。

伴随着《周易》经典权威的提升，易学之发展亦甚为兴盛。儒家经典中，研《易》之经典最多。宋欧阳修说："《易》之传注比他经为尤多。"明杨士奇则说："五经先儒所论著者，《易》最多。"《周易》的经典权威地位在科举制的保障和士人的研习热情下得以持久不衰，直至清末科举制的废除。

《周易》当视为我国古代一部特殊的哲学著作。六十四卦是六十四种现象、事物的组合，首《乾》次《坤》，代表天地，表示"有天地然后有万物"；末尾是《既济》《未济》二卦，表示矛盾解决、事物完成，而新的矛盾又将兴起。其他六十卦则分别喻示着事物发展的阶段以及人类在特定环境下的处世方法和人生哲理；同时每卦的六条爻辞在义理上亦相互联系，是对某种事物及现象变动、发展规律，特别是阴阳消长之理的象征性表述，其间亦揭示着深刻的哲理。

《周易》一书虽以占筮为表，但在占筮的外衣之下，贯穿着事物对立统一、运动变化、量变质变等规律，特别是"自强不息""厚德载物""革故鼎新""与时俱进""进德修业"等方面的真理性揭示，奠定了中国人特有的世界观、人生观、价值观、审美观和哲学思维，因此应被视为一部独具体系的哲学著作。学习《周易》尤其应该注意的是以义理为本，切不可一味陷入占筮的迷途之中。

《周易》以它特有的阴阳对立统一的思想，特殊的思维方式即象数型的思维方式，特殊表达方式即卦、爻，特殊的人生哲理即象数、图书之学，长久地影响着中国古代和受中国文化影响的文化圈内各国人的思维模式和人生态度。对中华民族以及儒家文化圈内各族的文化发展、民族心理的形成产生了十分深远的影响。因此作为儒家经典的易学不仅在中国古代的文化史上占有非常重要的地位，而且是世界文化史上一颗璀璨的明珠。

第二节 选 读

一、选自《汉书·艺文志·六艺略·易类序》

易曰："宓戏（伏羲）氏仰观象于天，俯观法于地，观鸟兽之文，与地之宜，近取诸身，远取诸物，于是始作八卦，以通神明之德，以类万物之情。"至于殷、周之际，纣在上位，逆天暴物，文王以诸侯顺命而行道，天人之占可得而效，于是重易六爻，作上下篇。孔氏为之彖、象、系辞、文言、序卦之属十篇。故曰：易道深矣，人更三圣，世历三古。

【译文】

《易》说："宓戏氏（伏羲氏）仰观天象，俯察地理，观察鸟兽的纹彩和大地的特点，近的就取自自己的身体，远的就取之于万物，于是便创作了八卦，来使神明的德性通达，万物的性状得以类比。"到了殷、周之际，纣王身居帝位，却违背天意，摧残万物。文王作为诸侯，顺天命而行天道，天人之预测可以进行并且显现，于是将八卦相重，创作了六十四卦，分为上下篇。孔子为它写作了《彖》《象》《系辞》《文言》《序卦》等共十篇。所以说，《易》的道理很深远，经历了伏羲、文王、孔子三代圣人，经历了上、中、下三个远古时代。

二、选自《周易·系辞上》

天尊地卑，乾坤定矣。卑高以陈，贵贱位矣。动静有常，刚柔断矣。方以类聚，物以群分，吉凶生矣。在天成象，在地成形，变化见矣。是故刚柔相摩，八卦相荡。鼓之以雷霆，润之以风雨；日月运行，一寒一暑。乾道成男，坤道成女。乾知大始，坤作成物。乾以易知，坤以简能；易则易知，简则易从；易知则有亲，易从则有功；有亲则可久，有功则可大；可久则贤人之德，可大则贤人之业。易简，而天下之理得矣；天下之理得，而成位乎其中矣。

圣人设卦观象，系辞焉而明吉凶，刚柔相推，而生变化。是故吉凶者，失得之象也；悔吝者，忧虞之象也；变化者，进退之象也；刚柔者，昼夜之象也。六爻之动，三极之道也。是故君子所居而安者，《易》之序也；所乐而玩者，爻之辞也。是故君子居则观其象而玩其辞，动则观其变而玩其占，是以"自天祐之，吉无不利"。

彖者，言乎象者也；爻者，言乎变者也。吉凶者，言乎其失得也；悔吝者，言乎其小疵也。无咎者，善补过也。是故列贵贱者存乎位，齐小大者存乎卦，辨吉凶者存乎辞，忧悔吝者存乎介，震无咎者存乎悔。是故卦有小大，辞有险易。辞也者，各指其所之。

《易》与天地准，故能弥纶天地之道。仰以观于天文，俯以察于地理，是故知幽明之故；原始反终，故知死生之说；精气为物，游魂为变，是故知鬼神之情状。与天地相似，故不违；知周乎万物而道济天下，故不过；旁行而不流，乐天知命，故不忧；安土敦乎仁，故能爱。范围天地之化而不过，曲成万物而不遗，通乎昼夜之道而知，故神无方而《易》无体。

一阴一阳之谓道，继之者善也，成之者性也。仁者见之谓之仁，知者见之谓之知。百姓日用而不知，故君子之道鲜矣。显诸仁，藏诸用，鼓万物而不与圣人同忧。盛德大业，至矣哉！富有之谓大业，日新之谓盛德。生生之谓易，成象之谓乾，效法之谓坤，极数知来之谓占，通变之谓事，阴阳不测之谓神。

……

《易》有圣人之道四焉：以言者尚其辞，以动者尚其变，以制器者尚其象，以卜筮者尚其占。是以君子将有为也，将有行也，问焉而以言，其受命也如响。无有远近幽深，遂知来物。非天下之至精，其孰能与于此？参伍以变，错综其数：通其变，遂成天地之文；极其数，遂定天下之象。非天下之至变，其孰能与于此？《易》无思也，无为也，寂然不动，感而遂通天下之故。非天下之至神，其孰能与于此？夫《易》，圣人之所以极深而研几也。唯深也，故能通天下之志；唯几也，故能成天下之务；唯神也，故不疾而速，不行而至。子曰："《易》有圣人之道四焉"者，此之谓也。

……子曰："夫《易》，何为者也？夫《易》，开物成务，冒天下之道，如斯而已者也。"是故圣人以通天下之志，以定天下之业，以断天下之疑。是故蓍之德圆而神，卦之德方以知，六爻之义易以贡。圣人以此洗心，退藏于密，吉凶与民同患。神以知来，知以藏往，其孰能与于此哉？古之聪明睿知、神武而不杀者夫！是以明于天之道，而察于民之故，是兴神物，以前民用。圣人以此斋戒，以神明其德夫！是故阖户谓之坤，辟户谓之乾，一阖一辟谓之变，往来不穷谓之通。

【译文】

天尊而高，地卑而低，乾坤的位置就确定了。卑低、尊高一经陈列，事物显贵和微贱就各居其位。天的动和地的静有一定的规律，阳刚阴柔的性质就判然分明。天下各种意识观念以门类相聚合，各种动物植物以群体相区分，吉和凶就（在同与异的矛盾中）产生。悬于天上的（如日月星辰等）成为表象，处在地面的（如山川动植等）成为形体，事物变化的道理（就从这些形、象中可以）显现出来。所以阳刚阴柔互相摩切交感（而生成八卦），八卦又互相推移变动（而衍成六十四卦）。譬如雷霆在鼓动，风雨在润泽；日月往来运行，出现寒暑交替（这是天上表象的阴阳变化）。又如乾道构成男性，坤道构成女性（这是地面形体的阴阳变化）。乾的作为体现于（万物的）太初创始，坤的作为体现于（承乾而）生成万物。乾的作为以平易为人所知，坤的作为以简约见其功能。平易就容易使人明了，简约就容易使人顺从；容易明了则（心志通同）有人亲近，容易顺从则（齐心协力）可建功绩；有人亲近处世就能长久，可建功绩立身就能宏大；处世长久是贤人的美德，立身宏大是贤人的事业。所以，明白乾坤的平易和简约，天下的道理就都懂得了；懂得天下的道理，就能（遵循天地规律而）居处适中合宜的地位。

圣人观察（宇宙间的种种）物象而创设六十四卦，各卦各爻下都撰系文辞借以表明吉凶的征兆，卦中阳刚阴柔（三百八十四爻）互相推移而产生无穷的变化。所以（卦爻辞中的）"吉""凶"，是处事或失、或得的象征；"悔""吝"，是（处事微失而）忧念、愁虑的象征。诸卦反映的变化，是处事权衡进退的象征；刚爻柔爻，是白昼（为阳）黑夜（为阴）的象征。六爻的变动，包含着（大千世界）上至天、下至地、中至人的道理。所以君子能居处而获安稳，正是符合《周易》所体现的一定位序；所喜爱而研探玩味的，是卦爻陈列的精微文辞。因此君子平时居处就观察《周易》的象征而探研玩味其文辞，有所行动就观察《周易》的变化而探研玩味其占筮，所以就能（像《大有》卦上九爻所说的）"从上天降下祐助，吉祥而无所不利"。

象辞，是总说全卦的象征；爻辞，是分说各爻的变化。"吉""凶"，说明处事或失、或得；"悔""吝"，说明处事稍有弊病；"无咎"，说明善于补救过失。所以陈列尊贵、微贱的象征在于爻位，确定柔小、刚大的象征在于卦体，辨别"吉""凶"的象征在于卦爻辞，忧念"悔""吝"的象征在于预防纤介小疵，震惧"无咎"的象征在于内心悔悟。因此卦体有柔小，有刚大，卦爻辞有艰险，有平易；卦爻辞，是分别指示所应当趋避的方向。

《周易》的创作与天地相准拟，所以能普遍包含天地间的道理。（用《周易》的法则）仰观天上日月星辰的文采，俯察地面山川原野的理致，就能知晓幽隐无形和显明有形的事理；推原事物的初始、反求事物的终结，就能知晓死生的规律；考察精气凝聚成为物形，气魂游散造成变化，就能知晓"鬼神"的情实状态。（明白了《周易》的义理，可以）和天地的道理相近似，所以行为不违背天地自然的规律；知识周遍于万物而道德足以匡济天下，所以动止不会偏差；权力广泛推行而不流溢淫滥，乐其天然、知其命数，所以无所忧愁；安处其环境以敦厚施行仁义，所以能泛爱天下。（可见，《易》道的广大）足以拟范周备天地的化育而不致偏失，足以曲尽细密地助成万物而不使遗漏，足以会通于昼夜幽明的道理而无所不知，所以说事物神奇的奥妙不泥于一方而《周易》的变化不定于一体。

一阴一阳的矛盾变化就叫作"道"。传继此道（发扬光大以开创万物）的就是"善"，蔚成此道（柔顺贞守以孕育万物）的就是"性"。仁者发现"道"有"仁"的蕴存就称之为"仁"，智者发现"道"有"智"的蕴存就称之为"智"，百姓日常应用此"道"却茫然不知，所以君子所谓"道"的全面意义就很少人懂得了。（天地的"道"）显现于仁德（而广被宇宙间），潜藏于日用（而不易察觉），（在自然无为中）鼓动化育万物而与圣人（体"道"）尚存忧患之心有所不同。（然而圣人努力效法"道"，他的）盛美德行和宏大功业也算至极无比了！广泛获有万物叫作宏大功业，日日增新不断更善叫作盛美德行！阴阳转化而生生不绝叫作变易，画卦成为天的象征叫作乾，画卦仿效地的法式叫作坤，穷极蓍数预知将来叫作占筮，通转变化叫作（天下的）事态，阴阳矛盾变化不可测定叫作（微妙的）神。

……

《周易》含有圣人常用的道理四方面：用来指导言论的人崇尚其文辞精义，用来指导行动的人崇尚其变化规律，用来指导制作器物的人崇尚其卦爻象征，用来指导卜问决疑的人崇尚其占筮原理。所以君子将有所作为，有所行动之时，用《周易》揲蓍占问而据以发言行事，《周易》就能如响应声地承受占筮者的蓍命，不论遥远、切近还是幽隐、深邃的事情，都能推知将来的物状事态。若不是通晓天下极为精深的道理，谁能做到这样？三番五次地变化研求，错综往复地推衍蓍数：会通其变化，就能形成天地的文采；穷究其蓍数，就能判定天下的物象。若不是通晓天下极为复杂的变化，谁能做到这样？《周易》的道理不是冥思苦想而来的，是自然无为所得，它寂然不动，根据阴阳交感相应的原理就能会通天下万事。若不是通晓天下极为神妙的规律，谁能做到这样？《周易》，是圣人用来穷究幽深事理而探研细微征象的书。只有穷究幽深事理，才能会通天下的心志；只有探研细微征象，才能成就天下的事务；只有神奇地贯通《易》道，才能不须急疾而万事速成，不须行动而万理自至。孔子称："《周易》含有圣人常用的道理四方面"，说的正是上述意思。

……孔子说："《周易》为什么取这些天地数呢？《周易》是圣人（探研数理、创造筮法用来）开启物智、成就事务，包容天下的道理，不过如此罢了。"所以圣人用《周易》的理论会通天下的心志，确定天下的事业，决断天下的疑难。因此蓍数的性质圆通而神奇，卦体的性质方正而明智，六爻的意义通过变化而告人吉凶。圣人用此洗濯净化其心，退而隐秘深藏其功用（潜化万物），吉凶之事与百姓同所忧患；神奇而能推知未来的情状，明智而又含藏往昔的哲理。一般人谁能做到这样啊？只有古代聪明睿智、神武而不用刑杀的君主才能如此。所以能够明确天的道理，察知百姓的事状，于是兴起神妙的蓍占之物引导百姓使用（以避凶趋吉）。圣人用《周易》修齐警戒，正是为了神妙地显明其道德吧。所以（《周易》体现着阴阳变化生息的道理），譬如关闭门户（包藏万物）叫作坤，打开门户（吐生万物）叫作乾，一闭一开（的交感勾连）叫作变化，来来往往的变化无穷叫作会通。①

三、选自《周易·象传》

天行健，君子以自强不息。

地势坤，君子以厚德载物。

【译文】

天的运行刚强劲健，周流不息，君子应该像它那样，自我奋发图强，刚健有为。

大地的气势厚实和顺，君子应该像它那样增厚美德、容载万物。

四、选自《周易·序卦传》

有天地然后有万物，有万物然后有男女，有男女然后有夫妇，有夫妇然后有父子，有父子然后有君臣，有君臣然后有上下，有上下然后礼义有所错。

【译文】

有了天地然后才有万物，有了万物然后才有男性女性，有了男性女性然后才能配成夫妇，有了夫妇繁衍后代然后才产生父子，有了父子然后（人类发展愈多，须加治理）才出现了君臣，有了君臣然后才产生上下尊卑的名分，有了上下尊卑的名分然后礼义才有所安置。

---

① 参见黄寿祺、张善文《周易译注》，中华书局，2016年版。

五、选自《周易·说卦传》

昔者圣人之作《易》也，幽赞于神明而生蓍，参天两地而倚数，观变于阴阳而立卦，发挥于刚柔而生爻，和顺于道德而理于义，穷理尽性以至于命。

昔者圣人之作《易》也，将以顺性命之理。是以立天之道曰阴与阳，立地之道曰柔与刚，立人之道曰仁与义。兼三才而两之，故《易》六画而成卦；分阴分阳，迭用柔刚，故《易》六位而成章。

【译文】

从前圣人创作《周易》的时候，凭着精深的智虑赞祝神奇光明的造化而创造出用蓍草来揲筮的方法，于是采取天的"三"数和地的"两"数而建立阴阳奇偶数的象征（来配合蓍占），并且观察天地阴阳的变化规律而演算设立卦形，发动挥散卦中刚柔两画而产生各爻的变迁，然后和协顺成其道德而运用合宜的方法治理天下，又能穷极奥理，尽究万物的性质以至于通晓自然命运。

从前圣人创作《周易》的时候，是要用它来顺合万物的性质和自然命运的变化规律。所以确立天的道理有"阴"和"阳"两方面，确立地的道理有"柔"和"刚"两方面，确立人的道理有"仁"和"义"两方面。（作《易》者）兼合（三画的八卦符号中）天地人的象征而每两卦相重，所以《周易》的卦体必须具备六画才形成一卦；六画又分阴位阳位，更迭运用柔爻刚爻来布居，所以《周易》的卦体必须具备六位才蔚成章理。

六、选自《四库全书总目·经部·易类序》

圣人觉世牖民，大抵因事以寓教。《诗》寓于风谣，《礼》寓于节文，《尚书》《春秋》寓于史，而《易》则寓于卜筮。故《易》之为书，推天道以明人事者也。……又《易》道广大，无所不包，旁及天文、地理、乐律、兵法、韵学、算术，以逮方外之炉火，皆可援《易》以为说，而好异者又援以入《易》，故《易》说愈繁。

【译文】

圣人觉悟世人、开导民众，大体是根据不同的情况来进行教导。《诗》寓教于乐谣，《礼》寓教于节文，《尚书》《春秋》寓教于历史，而《易》则寓教于卜筮。所以《易》这本书写的是，由天道推出人事。……并且《易》道法广大，无所不包，涉及天文、地理、乐律、兵法、韵学、算术，以至于到无关领域的炉火，都可以援《易》以为说，而喜欢新奇的人又被吸引来进入《易》的研究领域，所以《易》的说法越来越繁杂。

第三节　知识链接

一、六十四卦

《易经》六十四卦卦画

1.乾为天	2.坤为地	3.水雷屯	4.山水蒙	5.水天需	6.天水讼	7.地水师	8.水地比
9.风天小畜	10.天泽履	11.地天泰	12.天地否	13.天火同人	14.火天大有	15.地山谦	16.雷地豫

续表

17.泽雷随	18.山风蛊	19.地泽临	20.风地观	21.火雷噬嗑	22.山火贲	23.山地剥	24.地雷复
25.天雷无妄	26.山天大畜	27.山雷颐	28.泽风大过	29.坎为水	30.离为火	31.泽山咸	32.雷风恒
33.天山遁	34.雷天大壮	35.火地晋	36.地火明夷	37.风火家人	38.火泽睽	39.水山蹇	40.雷水解
41.山泽损	42.风雷益	43.泽天夬	44.天风姤	45.泽地萃	46.地风升	47.泽水困	48.水风井
49.泽火革	50.火风鼎	51.震为雷	52.艮为山	53.风山渐	54.雷泽归妹	55.雷火丰	56.火山旅
57.巽为风	58.兑为泽	59.风水涣	60.水泽节	61.风泽中孚	62.雷山小过	63.水火既济	64.火水未济

二、六十四卦卦形口诀

乾宫：乾为天，天风姤，天山遁，天地否，风地观，山地剥，火地晋，火天大有。

坎宫：坎为水，水泽节，水雷屯，水火既济，泽火革，雷火丰，地火明夷，地水师。

艮宫：艮为山，山火贲，山天大畜，山泽损，火泽睽，天泽履，风泽中孚，风山渐。

震宫：震为雷，雷地豫，雷水解，雷风恒，地风升，水风井，泽风大过，泽雷随。

巽宫：巽为风，风天小畜，风火家人，风雷益，天雷无妄，火雷噬嗑，山雷颐，山风蛊。

离宫：离为火，火山旅，火风鼎，火水未济，山水蒙，风水涣，天水讼，天火同人。

坤宫：坤为地，地雷复，地泽临，地天泰，雷天大壮，泽天夬，水天需，水地比。

兑宫：兑为泽，泽水困，泽地萃，泽山咸，水山蹇，地山谦，雷山小过，雷泽归妹。

三、《易》以道阴阳

阴阳是《周易》的核心概念。古人通过对自然万物的直接观察，将自然界变化万端的纷杂事物分为阴"－－"、阳"－"两大类。《周易·系辞上》曰："一阴一阳之谓道。"《朱子语类·易纲领》亦云："盈乎天地之间，无非一阴一阳之理。"日月、寒暑、昼夜、正反、胜负等生活中一切对立的事物和现象几乎皆可用阴阳概括。不仅如此，今日科学发现之电子与质子、阴离子与阳离子正负之分，正数与负数之分皆与阴阳概念相合。古人用阴、阳概念阐释了一切事物的对立与统一规律，构成了《周易》的核心内涵，故《庄子·天下》曰："《易》以道阴阳。"

四、善《易》者不占

《周易》最初本为卜筮之书，人们通过占卜来决定某些重大行动，现今《左传》和《国语》中仍保存有早期22个（一说23个）卜筮之例。但是卜筮之用只是《周易》文化的一端而已，可视为《周易》的原始功能。在《易传》对《周易》进行改造后，其本质当是以阴阳概念为核心的运动变化之哲学思维，即便是《左传》与《国语》中的古筮例也已开始用义理的观点来解卦。由于古往今来的江湖术士多打着《周易》卜筮的旗号以糊口营生，使得大众对于《周易》的普遍印象仅停留在算卦预测等方面，忽略了其哲学本质。实际上以孔子为代表的历代先贤关注的是《周易》所包含的义理，如自强不息、厚德载物等积极进取的精神，真正懂得《周易》的人并不在意其占卜之用，故而荀子曰"善为《易》者不占"。

五、《易》图

宋代以前学人的易学著作，未尝有图。自宋代周敦颐首传道士陈抟的太极图之后，《易》图书之学遂日渐发展起来。朱熹在《周易本义》取邵雍"河图""洛书""先天八卦""后天八卦"诸图于卷首，后世多宗之，图书之学遂盛行起来。《易》图虽然出于宋代，较之经、传本文而言，所出较晚，但有些《易》图把繁杂的易学内容用简单的图式扼要地表达出来，对于人们理解《易》之内涵确实较为方便。今人学《易》也应当对《易》图有所了解。

兹举太极图例如右图：

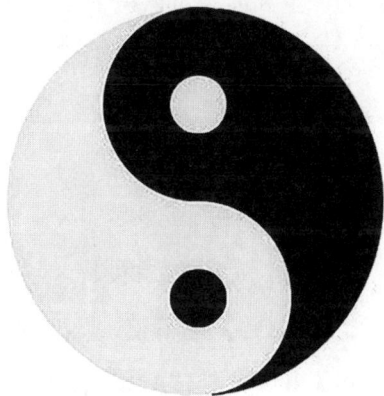

六、大衍之数

《周易·系辞上》在"大衍之数"章节专门介绍了古代筮法的要旨。即"大衍之数五十，其用四十有九。分而为二以象两，挂一以象三，揲之以四以象四时，归奇于扐以象闰，五岁再闰，故再扐而后挂。……是故四营而成易，十有八变而成卦。八卦而小成。引而伸之，触类而长之，天下之能事毕矣"。

其步骤是取50根蓍草，实际用49根。第一步，把这49根分成两堆（"分而为二"）。第二步，从左边那堆拿出一根搁在手中间（左手小拇指和无名指间），就是分二挂一，分别象征天、地、人三才。第三步是以每束四个揲算左边的蓍草，以象征四季。然后把揲算剩下的蓍草（等于或小于四根）归附夹扐（左手无名指）以象征闰月。第四步是把前边算过的蓍草放回左盘，再用左手将右边的蓍草如上述方法再一次揲算。最后将剩余的蓍草夹扐（左手中指），象征五年后的第二个闰月。然后别起一卦反复揲算，三遍可得出一个数字，即为一爻，十八遍就形成一个卦。

《周易》占筮法到后来又衍生出种种新的方法，如金钱占、邵雍《梅花易数》所介绍之以时间起卦等等，种类繁多，此处不再详叙。了解筮法的产生和演变对认识中国文化史有一定的帮助，但是如果舍经、传不读，而将《易》筮奉为至宝，则是舍本逐末之举了，这一点是学《易》者尤其要注意的。

七、《易传》

《易传》是解说和发挥《易经》的论集，共七种十篇，即《彖传》上下篇、《象传》上下篇、《文言传》、《系辞传》上下篇、《说卦传》、《序卦传》和《杂卦传》，汉代称之为"十翼"。传即注释；翼即辅翼。《易传》的作者，《史记·孔子世家》以为，"孔子晚而喜《易》，序《彖》《系》《象》《说卦》《文言》。读《易》，韦编三绝。"《易纬·乾坤凿度》卷下引记曰：孔子"五十究《易》，作'十翼'"。《汉书·艺文志》则直接说"孔氏为之《彖》《象》《系辞》《文言》《序卦》之属十篇"。马王堆出土帛书易传《要》篇亦载孔子晚年研《易》，"居则在席，行则在橐"。表明孔子与《周易》确有密切关系。至于十篇的作者，经今人研究，应当经过多人之手，最后形成于战国早期，其思想则属于以孔子为代表的儒家学派。

彖传：是对卦辞卦名、卦义的阐释，为彖辞之传，故称《彖传》。每卦一解，多以简明的文字论断一卦之主旨，并随经之上下而分成上下两篇。

象传：象，即卦爻之象，《象传》专释卦象、爻象的象征意义，其中释卦象者为《大象》，共64则。释爻象者为《小象》共384则。若加上乾卦和坤卦多出的"用九""用六"文辞之象，共计386则。《大象》通过卦象引申出人事应遵循的原则，《小象》则通过爻位来论证爻辞吉凶的依据。《象传》亦随上下经分为上下篇。

文言：文，即文采。文言，意即文采焕然之语言。《周易》中只有乾坤二卦有《文言》，学者分称为"乾文言""坤文言"，分别从易象和义理上反复阐释乾坤两卦，是在乾卦和坤卦之《彖传》《象传》的基础上进一步拓展解释两卦的象征意义。

系辞："系辞"一词，本指给卦、爻加断语，即在六十四卦的卦爻符号下撰系文字，以成卦辞、爻辞，故而为卦爻辞的别称。《系辞传》蕴含着深刻的哲理，是关于《周易》的一篇通论，对《周易》的思想和体例，做了系统的阐述。如以"一阴一阳之谓道"立论，说明万事万物都具有正负的统一性，肯定自然界普遍存在阴阳、动静、刚柔等既对立又合一的属性，阐释了八卦来源（仰观俯察）、占筮方法（大衍之数）、圣人四道（辞变象占）、乾坤德性（易简）和功用（知始、作成）等。还系统提出了太极、两仪、道、器、神、几、意、象、时、中等，作为重要的哲学范畴被后世广泛运用。因此《系辞》的本质乃是抒发《易》理，展示谈《易》之范例。因篇幅过长，分为上系、下系两部分。

说卦：是解说八卦性质的取象依据的专论。《易经》全是以象征手法来示人以吉凶，不明取象的意义，就不知吉凶之所以然。因此，《说卦》对了解八卦取象、明白《易经》就里，特别是理解《周易》卦形符号的构成原理，极有助益。

序卦：阐明《易经》六十四卦排列顺序，对各卦之间的对立关系、联系情景，揭示尤多。

杂卦：杂议六十四卦，将六十四卦分两两32组，分别对卦名意义加以解释，以精要的语言概括卦旨，可与《序卦传》《象传》互相补充。

八、爻位

前面我们已经讲过，六十四卦的每一卦，皆有六条线，这些线条被称为"爻"。那么六十四卦，每卦六爻所处的不同位次是否有什么特殊含义呢？这其中还真有一定的含义和规律。我们来看看：

一是爻位名称。

爻分阴阳，在《周易》当中阳爻（—）均以数字"九"代表，阴爻（- -）均以数字"六"代表。因此，《周易》所言"九"，皆指阳爻；所言"六"，皆指阴爻。每一卦共有六爻，自下而上，每爻位次高低不等，此为"爻位"。对应所处位置，分别称为"初""二""三""四""五""上"。要注意爻位的次序乃是自下而上，因此最下面一爻是初爻，最上一爻为上爻。

再结合爻的阴阳属性，凡是阳爻（九）居此六位者，依次称"初九""九二""九三""九四""九五""上九"；凡是阴爻（六）居此六位者，依次称"初六""六二""六三""六四""六五""上六"。

需要注意的是六十四卦中每卦六爻位次均自下而上排序，为什么如此？前人解释说：这是因为《易》气从下生。

二是爻位等次的含义。

六十四卦每卦各有六爻，每爻所处的高低位次不同。不同的位次象征着事物发展过程中所处的或上或下、或贵或贱的地位、条件、身份等。六级爻位的排列，由下至上依次递进，象征着事物的生长变化规律，其中体现着从低级向高级的渐次进展。

对于各卦爻位的基本特点，大略可以概括为："初"位象征事物发端萌芽，义主潜藏勿用；"二"位象征事物崭露头角，义主适当进取；"三"位象征事物功业小成，义主慎行防凶；"四"位象征事物新进高层，义主警惧审时；"五"位象征事物圆满成功，义主处盛戒盈；"上"位象征事物发展终尽，义主穷极必反。上述总结只是对六爻位次含义的大概总结，在具体分析某一爻时，则需要结合具体情况来进行分析。

另外值得一提的是，在古代也有拟取人的社会地位譬喻爻位的。比如"九五至尊"这一称谓，九五，按照《周易》爻位来看，应该指的是第五爻，并且是阳爻，所以是九五。为什么会用九五至尊指代帝王，这是因为古代认为"初"代表"士民"，"二"代表"卿大夫"，"三"代表"侯"，"四"代表"公"，"五"代表"天子"，"上"代表"太上皇"。第五爻往往是事物发展的鼎盛阶段，乾卦九五爻辞即是"飞龙在天"，所以"九五至尊"一词与《周易》有着密切联系。

九、《周易》的国际传播

《周易》不但在中国文化史上占有非常重要的地位，而且是世界文化史上一颗璀璨的明珠，对世界尤其是儒家文化圈内的国家和人民有着深远影响。在日本、朝鲜等国家，《周易》被奉为修身治国的哲学宝典。今天在韩国和蒙古国的国旗中还有八卦和太极图。16世纪至17世纪，来华传教士和学者开始将中国的经典翻译为拉丁文并传入欧洲，其中便包括

《周易》。19世纪至20世纪初，更多更完整的《易经》译本开始在欧洲出现，使得《周易》在欧洲的传播更加广泛，对欧洲的文化、哲学和科学领域都产生了重要的启示和影响。据说莱布尼茨在阅读传教士寄给他的《周易》后，受卦爻系统及阴阳观念的启示而发明了二进制。① 著名量子力学家尼尔斯·玻尔对以《周易》为代表的中国文化亦十分推崇。

阅读书目

1. （魏）王弼、（晋）韩康伯注、（唐）孔颖达疏、郑同整理：《周易正义》，北京：九州出版社，2020年。

2. （唐）李鼎祚：《周易集解》，北京：中华书局，2016年。

3. （宋）朱熹撰，廖名春点校：《周易本义》，北京：中华书局，2023年。

4. 金景芳、吕绍纲：《周易全解》，长春：吉林大学出版社，2013年。

5. 黄寿祺、张善文：《周易译注》，北京：中华书局，2016年。

6. 张善文：《周易入门》，上海：上海古籍出版社，2021年。

7. 刘大钧：《周易概论》，成都：巴蜀书社，2021年。

8. 廖名春：《周易经传十五讲》，北京：北京大学出版社，2012年。

9. 朱伯崑：《易学哲学史》，北京：北京大学出版社，1986年。

问题与思考

1. 阴阳是贯穿《周易》的核心概念，你如何理解《周易》的"阴阳观"？

2. 如何理解"天行健，君子以自强不息""地势坤，君子以厚德载物"？对你有何启示？

3. 《太极图》的内涵十分丰富，请谈谈你的理解。

---

① 此说有一定争议，不过莱布尼茨喜爱并推崇《周易》则是得到普遍承认的共识。

第二章　"大经大法"

——《尚书》导读

第一节　概　述

《尚书》是什么书？中国古代社会"君举必书"，由史官书写帝王政事的一篇篇文字，最初就称"书"。这些上古二帝三王的档案文献汇编，经儒家创始人孔子删次后存一百余篇，用作教材，即为"六艺"亦即"六经"（《诗》《书》《礼》《乐》《易》《春秋》）之一，后世尊称为《书经》。秦汉之际传《书》护《书》的伏生说："以其上古之书，谓之《尚书》。"其所记上古君臣的言、行、事，涉及社会生活的各个方面，大凡天文、地理、政治、经济、法律、哲学、宗教等，内容十分庞杂，字里行间，讲述着古圣先贤的治国理念和处世之道，记录着华夏祖先的深邃思想和无穷智慧。所以唐代史学家刘知几说《尚书》是"七经之冠冕，百氏之襟袖"[1]，宋代理学家蔡沈谓《尚书》载"二帝三王之道"，明之则"家齐国治而天下平"[2]。千百年来，《尚书》既是帝王的教科书，又是贵族及士大夫必遵的"大经大法"。

"中国"一词，在传世文献中，最早就出现在《尚书》里。《尚书》在后世被称之为"政书之祖""史书之源"。《尚书》记载了二帝三王之道

---

① （唐）刘知几：《史通·断限》，清文渊阁《四库全书》本。
② 蔡沈：《书经集传·书经集传序》，清文渊阁《四库全书》本。

書經

書經集傳序

慶元朱寧宗己未冬先生文公令（平聲）沈作書集傳去聲明年先生歿又十年始克成編總若千萬言嗚呼。書豈易言哉二帝三王治天下之大經大法皆載此書而淺見薄識豈足以盡發蘊奧且生於數千載之下而欲講明於數千載之前亦已難矣見薄識豈足以盡發蘊奧且生於教下載之

尚書序

古者伏犧氏之王天下也
始畫八卦造書契以代結
繩之政由是文籍生焉伏
犧神農黃帝之書謂之三

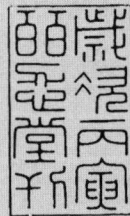

及他们的闪耀故事，蕴含着中国智慧、民族精神和时代价值。

在儒家经典中，经义最久远、最难于分明者，以《尚书》为最甚；存在今古文的分别，以《尚书》为最早，也最纠纷难辨；《尚书》的真伪问题也一直困扰着历代学者。唐代韩愈曾经指出："《周诰》《殷盘》，佶屈聱牙。"王国维曾感叹自己"于《书》所不能解者殆十之五"。钱穆亦谓："《尚书》是中国古代一部大家都读的书。但在今天来讲，《尚书》是一部很难读的书。"因此，在中国历史上，《尚书》问题、《尚书》学及其文献都十分繁复。

一、《尚书》释名

先秦时期被广泛称作"《书》"的书，自西汉初以来基本都以"《尚书》"之名代替。为什么会出现如此变化？《尚书》之称始于何时？历代学者众说纷纭，至今仍无定论。

早在汉晋时期，"尚书"得名来历就有三种不同的说法：

1.孔子命名。郑玄《书赞》云："孔子尊而命之曰《尚书》。"（［汉］孔安国传、［唐］孔颖达正义《尚书正义》引）

2.伏生命名。晚出《孔传》之《大序》说："济南伏生……以其上古之书，谓之《尚书》。"（［汉］孔安国传、［唐］孔颖达正义《尚书正义·尚书序》引）

3.欧阳氏命名。刘歆《七略》："《尚书》直言也，始欧阳氏先名之。"（［宋］李昉《太平御览》引）

以上三说，都没有充分的根据，难以令人信服。故近年来，学者根据司马迁在《史记》中的《五帝本纪》《三代世表》《高祖功臣侯年表》《建元以来侯者年表》《封禅书》《晁错列传》《儒林列传》《大宛列传》等多篇，皆把儒家六经之一的《书》称为"尚书"，认为《尚书》始称于西汉。然而，司马迁虽已大量使用"《尚书》"这一专名，仅说明该专名在司马迁以前就产生了，有可能是汉初，也有可能是先秦某个时候，上限难以确定。

《尚书》后来又被儒家称为《书经》，原因又何在？这得从"经"的含义谈起。"经"本是丝织之名，由于可以用来把竹木典籍编连成册（策），故而引申为书籍，进而专指某种提纲型的书籍。"经"作为书名，起于春秋战国。然而，"书经"一名出现较晚。蒋善国先生在《尚书综述》中说："周、秦间只是把《礼》《乐》《诗》《书》《春秋》混称'经'，而实际未把'经'字另加于《礼》《乐》《诗》《书》《春秋》下。"[1]西汉立五经博士，通晓儒家经典成为公卿、大夫、士吏做官食禄的主要条件，儒学和政权紧密相连，从而确立了儒学的权威地位，儒家的经书开始具有经典的尊贵地位，但此时还是称《书》或《尚书》，而不称《书经》。直到隋唐亦然。蒋善国先生认为："'书经'二字连称，当起于赵宋以后。"[2]此时，以程朱理学为代表的新儒学完全成为治国经邦的指导思想，而程朱理学的理论载体是四书五经。五经之一的《尚书》达到了"会当凌绝顶"的崇高地位，被径称为《书经》。

总之，《尚书》作为一部历史文献汇编，尤其是作为儒家重要经典，是经过很长时期的汇集和流传，到一定时期才定型成书的。它是在连续不断的整理、诠释、使用历程中逐步被经典化的。可以说，经过千百年的发展，《尚书》完成了由泛指著于简帛的书，到专门记录君王言论的《书》，再到受到儒家尊崇并传授的专门记录尧以来贤君明王政事的《尚书》，最后才成为至高无上地位的儒家经典《书经》。

---

[1] 蒋善国：《尚书综述》，上海古籍出版社1988年版。
[2] 同上。

二、档案与《书》

中国古代社会"君举必书"，由史官书写皇帝政事的一篇篇文字材料最初就叫"书"。《书》作为档案文献代代相传。

从内容上看，《尚书》主要记载了中国古代帝王们向臣下或民众所发表的训令和向军队所宣布的誓师词，以及大臣们向君王所提出的建议和规劝，还有一部分是远古历史。它所涉及的时代，上起唐尧、虞舜，下迄春秋前期，为时至少约一千三百多年（公元前2000年左右至公元前7世纪）。追溯《尚书》形成的源头，必须从中国历史记录的起源和档案文献的产生说起。

出土文献郭店战国楚墓竹简之《性自命出》篇云："《诗》《书》《礼》《乐》，其司出皆生于人。"①明确说明《书》之兴起始出于人的需要。②人类要保存和传播知识，寄托自己对历史的认识，就需要历史记录。中国的历史记录起源很早，自古就有绘画、结绳记事、刻木为契、实物符号、象形符号、抽象符号等记录和保存语言的手段，而严格意义上的历史记录形式的产生，是在文字产生、国家形成之后。马雍先生在《〈尚书〉史话》中说："我国在很古的时候就有了专门记载历史的史官③，古代史官所记载的历史文献在体裁上大致分为两类，一类是按着年月次序逐条记录国家大事的'编年史'，另一类是记录国王和大臣们有关国家大事的言论和政令的档案。《尚书》就是后面这种档案文献的一部汇编。"④

---

① 荆门市博物馆：《郭店楚墓竹简》，文物出版社1998年版。

② 按，这也有力地驳斥了《易》所云"河出图，洛出《书》，圣人则之"之说。

③ 按，史官制度起源何时，现在无从精确考据，但从甲骨文中可以看出，商代应有史官。商王无论向上帝请示一件什么事，或卜问一件什么疑难的问题，或准备进行一项什么活动，涉及宗教、典礼、征伐、生产、生活等各方面，都由贞卜官员如实地记载在甲骨上，这些贞卜人员实际就是商代原始的史官。"殷因于夏礼"（《论语·为政》），商代承继了夏代文明，夏代及其以前有史官也完全可能。

④ 马雍：《〈尚书〉史话》，中华书局1982年版。

作为档案文献的称谓，"册""典"产生较早。《尚书·多士》载西周初年的周公旦曾说："惟殷先人，有册有典。"说明周公见过殷人的典册。今人在研究殷墟卜辞时，发现甲骨片上多有钻孔，且有"册六"等字样，这大概系典册的编号。由此可见，"册""典"的观念在殷商时代已存在，而且殷商的巫史们已在尝试建立档案并加以分类。所谓"册""典"，即是史官记载史事的档案文献。

周代接收了商代的历史文献，所以能有"周公旦朝读《书》百篇"①。周代还进一步发展了史官制度，这不仅从《周礼》等文献中，而且从金文中也可看到不少史职，如太史、小史、内史、外史、左史、右史、御史等，不仅中央王室有，各诸侯国也有。这些史官主要有两方面的作用：一是做统治者政治活动中的文书工作，把君主所要形成的文件写下来，结果就成为史料；一是给统治者总结经验，垂训将来，为了历史的目的替君主的言行做记录工作，即直接记注史料，这就是古代史职的"记注"工作。《礼记·玉藻》说："动则左史书之，言则右史书之。"《汉书·艺文志》则说："左史记言，右史记事。"虽然他们将左、右史的职掌彼此颠倒了，但皆表明当时跟在统治者身边的史官随时记录着统治者的"言"和"事"，其目的正如《汉书·艺文志》所说："古之王者，世有史官，君举必书，所以慎言行，昭法式也。"发展到后来，记事与记言的史料多了，在档案上就有了分门别类，"事为《春秋》，言为《尚书》"②。郭店战国楚墓竹简中的《性自命出》篇所谓"《诗》，有为为之也。《箸（释为'书'）》，有为言之也。《礼》《乐》，有为举之也"③，明确界定了《书》的记言性质，可以与《汉书·艺文志》之说相印证。综观《尚书》各篇，

①《墨子·贵义》，文渊阁《四库全书》本。
②（汉）班固：《汉书》卷三十《艺文志第十》，中华书局1962年点校本。
③荆门市博物馆：《郭店楚墓竹简》，文物出版社1998年版。

我们可以发现，其记言的比例的确远远高于叙事的比例。①

《书》记录的君主之言主要是有关政事的，正如《庄子·天下》篇云："《书》以道事。"《荀子·劝学》篇亦说："《书》者，政事之纪也。"这些记载政事被称为"书"的档案，最初恐怕还是一件件的，并未集结成具有一定编排体例的定本。流传到后来，社会管理者发现其中的许多史事可以给人们提供学习社会、汲取人生乃至政治经验的宝贵资料，以及作为修身立德、为政理民的教材，故这些档案受到重视，逐渐被汇编在一起，但仍总称为《书》。

《书》的最早汇编起于何时已不可确考，但从文献视角看，应在学在官府、文化还未下移的时代。《左传·僖公》记载赵衰之言曰："臣亟闻其言矣，说《礼》《乐》而敦《诗》《书》。《诗》《书》，义之府也；《礼》《乐》，德之则也；德、义，利之本也。"这是传世文献中最早并言《诗》《书》者。鲁僖公二十七年为公元前633年，由赵衰称说的情况可知，《书》与《诗》《礼》《乐》已在当时的文化阶层中普遍存在，故《书》的汇编应远早于赵衰的时代。

三、诸子与《尚书》

《尚书》保存了我国上古时代最为重要的政治历史文献，成为历代人们了解和研究上古历史的最重要的文献依据。先秦诸子大都运用《尚书》来称道古史，称引、诠释《尚书》来宣扬自己的学说主张，以及议政干政。

儒家和墨家对《尚书》引用的次数最多。他们沿用一些旧《书》篇

---

① 按，无论是"记言"还是"记事"的史料，以及其他一些记录的文字资料，当初都可能称作"书"，正如许慎《说文解字·序》云："著于竹帛谓之书。"又于书部云："书，著也。从聿，者声。"吴澄《书纂言》亦曰："书者，史之所纪录也。从聿，从者。聿，古笔字，以笔画成文字，载之简册曰书。"只是发展到后来，"书"由泛指逐渐演变为专指记言。

材料，凡能为自己学说张目者，就选编、引用；有不尽适合者，他们就删去，或加工改造，或作断章取义的阐释，用以体现自己的学说观点。因此，先秦诸子与《尚书》的密切关系主要体现在引《书》和用《书》上，而引《书》是手段，用《书》是目的。

四、孔子与《书》

儒家学派在发展过程中，把《尚书》中的一些贤君明王纳入了自己的道统中，在选编、诠释、传授《尚书》的过程中，虽免不了掺入自己的思想，但后世流传的各种《尚书》版本，基本素材都是上古流传下来的《书》篇。儒家还将以《书》为教从官学下移到民间，除"孔子以《诗》《书》《礼》《乐》教，弟子盖三千焉"①以外，孔门弟子、孟子、荀子等也多继承孔子以《书》授徒的传统，为《尚书》在民间的传播做出了重要贡献，也使《尚书》的流布更为广泛、影响更为深远。

在儒家与《尚书》的删编与传习中，孔子对《尚书》所做的工作最为卓著。主要有三方面：一是编次或者删《书》为百篇，二是为《书》作序，三是以《书》教授弟子，汉唐以来的文献对此多有记载。历代学者讨论以上三方面，只对最后一条无异议。不过，大量史料表明，孔子与《尚书》的确有着非同寻常的关系。在周室衰微、诸侯争霸、《诗》《书》等文化史料渐趋消亡的关键时期，孔子积极倡导传承周代礼乐文化，在早期对《书》的整理、传播及诠释方面起到了重要作用。孔子是第一位以《书》为学的人，他不仅自己论释《书》，而且还将传统的官方《书》教下移至民间，用《书》教授弟子门人。为了更好地传授自己的思想，在以《书》为教的过程中，他还做过删《书》、序《书》的工作。

---

① （汉）司马迁：《史记》卷四十七《孔子世家第十七》，中华书局1959年点校本。

五、伏生与《书》

在中央广播电视总台大型文化节目《典籍里的中国》第一期《尚书》中，戏剧主要以伏生为主线展开。伏生之于《尚书》，主要进行了护书、藏书和授书的工作。在此需要强调的是众所周知的秦始皇"焚书"，实际上主要焚的是官方所藏之书，但同时也禁止民间私藏，而《诗》《书》首当其冲，然博士伏胜经历千辛万苦护《书》，并藏于自家墙壁之中。在汉初除挟书律后，其发掘所藏壁中《书》，发现已散佚数十篇，仅得二十九篇。他以此残本《尚书》在齐、鲁地区教授弟子，"学者由是颇能言《尚书》，诸山东大师无不涉《尚书》以教矣"①。在汉文帝时，朝廷派太常掌故晁错从伏生受《书》，晁错将抄录的《尚书》入藏秘府。伏生藏《书》、以《书》教授学生、《书》被征于朝廷，是汉代《尚书》学的发轫，同时也开创了《尚书》学发展的第一个高峰。

六、《尚书》的性质

《尚书》的文献性质，正如《荀子·劝学》篇所说："《书》者，政事之纪也。"《史记·太史公自序》亦云："《书》记先王之事，故长于政。"《尚书》上起唐尧，下迄秦穆，多数篇目是上古君王的文告和君臣的谈话记录，内容都和政史有关，是政史资料的汇编。

可以说，《尚书》是档案汇编，是史书，是政书，是儒家经典之一……

七、《尚书》的语言

《尚书》"佶屈聱牙"的原因：

方言。汉代扬雄《方言》曰："考九服之逸言，标六代之绝语。"有

---

① （汉）司马迁：《史记》卷一百二十一《儒林列传第六十一》，中华书局1982年版。

学者通过分析《尚书》和《方言》的语料，寻检出51例同时在这两本书中出现的方言古词，其中《尚书》中有35例某一义项与《方言》中义项基本相同，占68.6%。①

口语。宋代陈骙《文则》则云："《商盘》告民，民何以晓？然在当时，用民间之通语，非若后世待训诂而后明。"其谓《尚书》语言对时人而言是明白晓畅的，然因时间久远，本为当时民间的通用语，在后世看来也非常古奥。

八、《尚书》的文体

《尚书》文体开创中国古代政论与历史书写范式，其记言传统直接影响《左传》《国语》等史书。其文体，历史上主要有以下几种说法。

1. 六体：晚出孔《传》本《尚书序》将《尚书》的文体概括为典、谟、训、诰、誓、命六种；

2. 十体：唐代孔颖达于《尚书正义》中又将其扩充为十体：典、谟、贡、歌、誓、诰、训、命、征、范；

3. 四体：我国当代学者、《尚书》研究专家钱宗武先生认为，"根据文体特征的相似性原则粗线条归并，《尚书》可以分为四类：典、诰、誓、命"。

九、《尚书》的篇目

1. 篇目

四部：虞书、夏书、商书、周书

《尚书》的篇目问题较为复杂，主要涉及今文与古文、伪古文、篇目

---

① 朱岩：《于高古处觅奇崛——〈尚书〉体语言风格述略》，《扬州大学学报（人文社会科学版）》2013年第2期。

争议和现存版本等多方面问题。

篇目：与篇目有关的数字有28，29，33，34，58，102，120，3240等。

2.《尚书》流传三大系统

（1）今文《尚书》：伏生今文《尚书》29篇（一说28篇，不含后得《泰誓》）。由秦博士伏生在秦末战乱中保存并传授，后用汉代隶书写成，因此称为今文《尚书》。

（2）孔壁古文《尚书》：西汉鲁恭王在拆除孔子故宅墙壁时发现，比今文《尚书》多出16篇。但古文《尚书》后来亡佚，现存的古文《尚书》为东晋梅赜所献。

（3）梅赜所献晚出孔《传》本《古文尚书》：即58篇本（今文33篇＋晚出5篇）。乃唐以后《尚书》的主要通行本，其为今文《尚书》和所谓伪古文《尚书》的合编本。

十、《尚书》的真伪

《尚书》学发展到隋唐，完成了魏晋南北朝以来的多元一统，以集大成而又著为功令的《尚书正义》为标志。同时，学者舍弃两汉传统旧注而创立新说，甚至怀疑经文，变革传统经学的呼声渐起，引发了宋代以后《尚书》学的疑古惑经、真伪考辨之风。

从宋代开始，陆续有学者怀疑晚出孔《传》本《古文尚书》增多的二十五篇为伪作。首先提出怀疑的是吴棫；朱熹则进一步怀疑孔《传》及《古文尚书》经文、《小序》《大序》；蔡沈承朱熹之旨，作《书集传》一书，"别今古文之有无，辨《大序》《小序》之讹舛"，其注《尚书》，在每篇之首把今、古文标注清楚，暗示了真伪观念；又将《书序》从各篇之前删除，附于书后辨析之；还将孔安国《序》列后，全篇加以疑辨；王柏撰《书疑》，将宋人对《尚书》的怀疑推到了极致。

元明时期，《尚书》的辨伪工作持续进行，赵孟頫、吴澄、王充耘、郑瑗、梅鷟、汪玉、郑晓、归有光、罗敦仁、吴炯、焦竑、郝敬等学者都有相关著述。其中，以吴澄、梅鷟的成就最大。梅鷟的辨伪已经找到了主要的论据，为清人疑辨工作奠定了良好的基础。

至清代，《尚书》的疑古辨伪之风呈现出越刮越猛之势，顾炎武、黄宗羲、朱彝尊、姚际恒、胡渭、钱煌、方素北、阎若璩等，无不检举东晋梅赜奏献的晚出孔安国《古文尚书传》及经文，其中尤以阎若璩（《尚书古文疏证》）成就最为突出。

当然，阎氏及其前辈、后学的证伪并不十分完善，如证据不充分、系统性不足、立论太武断等，尤其是古文二十五篇与先秦两汉文献蹈袭雷同之处，到底是"谁抄谁"，无法证明。因此，很早就有学者撰文为晚出《古文尚书》经传鸣冤叫屈。其中最著名的当为与阎若璩同时代的毛奇龄（《古文尚书冤词》）。

近年来，在"走出疑古时代"思潮的影响下，这一辩护工作得以加强，李学勤、王保德、杨善群、张岩诸位学者撰有专论专著。然而，阎氏认定经伪的诸条证据难以驳倒。

十一、《尚书》的价值

《尚书》的史料价值在世界历史上绝无仅有，极其珍贵。我们可以与埃及金字塔和其他墓穴中出土的多讲咒语的《死者之书》，以及条文性且没有连续性的两河流域的《汉谟拉比法典》相比进行印证。

《尚书》的内容不仅是历代君王言论和行动的记载，也载入了观象授时（《尧典》）、物产地貌（《禹贡》）、审慎刑罚（《吕刑》）等社会、政治情况的诸多方面，也因其内容并非成于一时，又成为现代语言学者研究上古汉语演变的重要资料。众所周知，中华文明是世界古代文明中唯一没有中断的文明。我们中华民族虽然曾经饱经忧患，却能一次又一次浴火重生，这得益于记载在诸如《尚书》等经典中的我们华夏文明的深邃思想和无穷智慧。当今是一个快速发展的时代，我们面临前所未有的发展机遇，同时也面临亘古未有的巨大挑战。迎接当今的各种挑战，我们需要从祖先那里寻求我们这个民族不老的生命奥秘和丰富的生存智慧，要大力弘扬中华优秀传统文化，就让我们从读《书》开始吧！

第二节　选　读

一、选自《尚书序》

古者伏羲氏之王天下也，始画八卦，造书契，以代结绳之政，由是文籍生焉。伏羲、神农、黄帝之书，谓之"三坟"，言大道也。少昊、颛顼、高辛、唐、虞之书，谓之"五典"，言常道也。至于夏、商、周之书，虽设教不伦，雅诰奥义，其归一揆。是故历代宝之，以为大训。八卦之说，谓之"八索"，求其义也。九州之志，谓之"九丘"。丘，聚也，言九州所有，土地所生，风气所宜，皆聚此书也。《春秋左氏传》曰，楚左史倚相"能读三坟、五典、八索、九丘"，即谓上世帝王遗书也。

先君孔子，生于周末，睹史籍之烦文，惧览之者不一，遂乃定《礼》《乐》、明旧章，删《诗》为三百篇，约史记而修《春秋》，赞《易》道以黜八索，述《职方》以除九丘。讨论坟、典，断自唐虞以下，讫于周，芟夷烦乱，剪截浮辞，举其宏纲，撮其机要，足以垂世立教，典、谟、训、诰、誓、命之文凡百篇，所以恢宏至道，示人主以轨范也。帝王之制，坦然明白，可举而行，三千之徒并受其义。

及秦始皇灭先代典籍，焚书坑儒，天下学士，逃难解散，我先人用藏其家书于屋壁。汉室龙兴，开设学校，旁求儒雅，以阐大猷。济南伏生，年过九十，失其本经，口以传授，裁二十余篇，以其上古之书，谓之《尚书》。百篇之义，世莫得闻。

至鲁共王好治宫室，坏孔子旧宅，以广其居，于壁中得先人所藏古文虞、夏、商、周之书，及传《论语》《孝经》，皆科斗文字。王又升孔子堂，闻金石丝竹之音，乃不坏宅，悉以书还孔氏。科斗书废已久，时人无能知者，以所闻伏生之书，考论文义，定其可知者，为隶古定，更以竹简写之，增多伏生二十五篇。伏生又以《舜典》合于《尧典》，《益稷》合于《皋陶谟》，《盘庚》三篇合为一，《康王之诰》合于《顾命》，复出此篇，并序，凡五十九篇，为四十六卷。其余错乱摩灭，弗可复知，悉上送官，藏之书府，以待能者。

承诏为五十九篇作传，于是遂研精覃思，博考经籍，采摭群言，以立训传。约文申义，敷畅厥旨，庶几有补于将来。《书序》，序所以为作者之意。昭然义见，宜相附近，故引之各冠其篇首，定五十八篇。既毕，会国有巫蛊事，经籍道息，用不复以闻。传之子孙，以贻后代。若好古博雅君子，与我同志，亦所不隐也。

【译文】

古时候伏羲氏治理天下，他画八卦，造文字，用来代替结绳记事，自此文献书籍产生了。伏羲、神农、黄帝三皇的书，称之为"三坟"，讲的是大道（即宇宙间最根本、最深刻的道理或法则）；少昊、颛顼、高辛、唐尧、虞舜五帝的书，称之为"五典"，讲的是一般的常理。至于夏、商、周时代的书，虽然在设立教化方面可能各有特色，甚至相互之间存在差异，没有形成统一的体系或标准，但是它们的言辞都庄重典雅，最终指向或归结点是一致的，都体现了某种共同的道理或准则。因此，历代都把这些书籍视为珍宝，作为重要的教训和法则来遵循和传授。解说八卦的书被称为"八索",意为通过八卦来探寻或求索事物的含义或道理;而记载九州情况的志书则被称为"九丘"。丘,就是聚。说的是九州之内所有的事物,土地的物产,以及各地特有的风尚习气,都汇聚在"九丘"中。《春秋左氏传》说楚左史倚相"能读三坟、五典、八索、九丘",就是说的这些上古帝王遗留下来的书。

我的祖先孔子,生于周朝末,因为看到当时的史籍内容繁杂,担心读者无法统一理解,于是进行了整理和删减工作:修订《礼》《乐》,阐明旧有篇章,删定《诗》为三百篇,依照史书编写《春秋》,赞述《周易》的道义而废黜"八索",阐述《职方》这一部记载疆域整合以及九州和中央关系的书籍,同时废除记载九州地理情况的"九丘"。他讨论整理"三坟""五典"等古籍,从唐尧、虞舜时期开始,一直到周朝为止,删除了冗余和琐碎的内容,列举核心大纲,提取出了核心和要旨,足以流传后世,立为教育的规范与准则,最终形成了典、谟、训、诰、誓、命等百篇《尚书》之文。这些文献通过记载和传达古代圣贤的思想和智慧,旨在弘扬大道,为君主们提供治理国家和社会的行为规范和准则。于是帝王的制度和治国理念清晰明了,可以直接施行,孔子的三千弟子都接受了这些理念。

到了秦始皇毁灭前朝的典籍、焚烧书籍坑杀儒士的时候,天下的读书人各自逃难,流散四方,我的先祖因此把自己家的书籍藏在了房屋的墙壁中。汉朝国运兴旺,开设了学校,广泛征求儒雅有学问的学者,用来阐释圣人治国修身的大道。济南的伏生,年纪超过九十岁,失去了原本的经书,便口头传授,整理出二十余篇。因为这些书是古代的书,所以被称为《尚书》。至于《尚书》原本百篇的内容,世上已经无人能够知晓了。

鲁恭王喜好修建宫殿屋宇,当他拆毁孔子旧宅来扩大自己的居所时,就从屋壁中找到了我先祖藏匿的以古文书写的虞、夏、商、周之《书》以及所传《论语》《孝经》等，这些都是用科斗文字书写的。鲁恭王又登上孔子之堂，隐约听到了金石丝竹诸种乐声，于是他停止拆毁孔宅，并且把发现的所有书籍都归还给了孔氏家族。科斗文字已经废用很久，当时没有人能认识这些文字，于是学者们依据伏生所传的《尚书》来考辨文义，将其中能够确定的内容用隶书写定，称之为"隶古定"，并且用竹简将其记录下来，发现比伏生所传的《尚书》多出二十五篇。伏生又把《舜典》合并于《尧典》，把《益稷》合并于《皋陶谟》，把《盘庚》三篇合为一篇，把《康王之诰》合并于《顾命》。现再把它们分出来，再加上本篇序，共五十九篇，分为四十六卷。其余《尚书》篇章因为错乱和磨损，已经无法再辨认，于是全部被上交给官府，藏在书府中，等待有能力的人来辨识和研究。

我接受诏命为这五十九篇作注，于是就精心研读，深切思索，广泛研究各种经典，采集并摘录各家的言论，以此来撰写训释，并精简文字，阐述义理，希望这些工作能对将来有所补益。《书序》，是述说《尚书》每篇的作者之意。编纂者将内容相近的篇章归类在一起，并分别冠以相应的篇首。五十八篇考定完成时，却逢国家发生巫蛊事件，导致经籍之道受到了冲击，因此这部编纂完成的《尚书》也未能上报给朝廷。但是，我仍然希望将其传给子孙后代，并期待有好古而又广博高雅的君子与我有共同的志向，那么此书就不会隐没不闻的。

二、选自《尧典》

曰若稽古，帝尧曰放勋，钦、明、文、思、安安，允恭克让，光被四表，格于上下。

克明峻德，以亲九族；九族既睦，平章百姓；百姓昭明，协和万邦。

黎民于变时雍。

……

乃命羲和，钦若昊天，历象日月星辰，敬授（人）〔民〕时。

分命羲仲，宅嵎夷，曰旸谷。寅宾出日，平秩东作。日中，星鸟，以殷仲春。厥民析，鸟兽孳尾。

申命羲叔，宅南交。平秩南讹，敬致。日永，星火，以正仲夏。厥民因，鸟兽希革。

分命和仲，宅西，曰昧谷。寅饯纳日，平秩西成。宵中，星虚，以殷仲秋。厥民夷，鸟兽毛毨。

申命和叔，宅朔方，曰幽都。平在朔易。日短，星昴，以正仲冬。厥民隩，鸟兽氄毛。

帝曰："咨！汝羲暨和，稘（jī）三百有六旬有六日，以闰月定四时成岁。允厘百工，庶绩咸熙。"

【译文】

查考往事，帝尧名叫放勋，他处理政务敬慎节俭，明察四方，风度文雅，思虑通达，宽容温和，他确实对人恭敬，能够让贤，他的道德名望充溢于四海之内，至于天地上下。

他能发扬才智美德，使家族亲密和睦；家族和睦以后，又辨明彰显百官的善恶；百官的善恶辨明了，又使各部落协调和顺，天下众人从此也就友好和睦了。

……

于是命令羲氏与和氏，严肃谨慎地遵循天时，推算日月星辰运行的规律，制定出历法，把天时节令告诉人们。

命令羲仲，居住在东方的旸谷，恭敬地迎接日出，辨别测定太阳东升的时刻。昼夜长短相等，南方朱雀七宿之星宿黄昏时出现在南中天，这一天定为春分。这时，人们分散在田野，鸟兽开始繁殖生育。

又命令羲叔，居住在南方的交阯，辨别测定太阳往南运行的情况，恭敬地迎接太阳向南回来。白昼时间最长，东方苍龙七宿中的火星黄昏时出现南中天，这一天定为夏至。这时，人们住在高处，鸟兽的羽毛稀疏。

又命令和仲，居住在西方的昧谷，恭敬地送别落日，辨别测定太阳西落的时刻。昼夜长短相等，北方玄武七宿中的虚星黄昏时出现在南中天，这一天定为秋分。这时，人们又回到平地上居住，鸟兽换生新毛。

又命令和叔，居住在北方的幽都，辨别观察太阳往北运行的情况。白昼时间最短，西方白虎七宿中的昴星黄昏时出现在南中天，这一天定为冬至。这时，人们居住在室内，鸟兽长出了柔软的细毛。

尧说："啊！你们羲氏与和氏啊，一年是三百六十六天，要用加闰月的办法确定四时成岁。由此任用并治理百官，使各项事业都兴旺发达起来。"

三、选自《禹贡》

禹别九州，随山浚川，任土作贡。——小序

……

禹敷土，随山刊木，奠高山大川。——史辞

……

冀州。既载壶口，治梁及岐。既修太原，至于岳阳。覃怀底绩，至于衡漳。厥土惟白壤。厥赋惟上上错，厥田惟中中。恒、卫既从，大陆既作。岛夷皮服。夹右碣石入于河。

济、河惟兖州。九河既道，雷夏既泽，灉沮会同。桑土既蚕，是降丘宅土。厥土黑坟，厥草惟繇，厥木惟条。厥田惟中下，厥赋贞。作十有三载乃同。厥贡漆、丝，厥篚织文。浮于济、漯，达于河。

......

华阳、黑水惟梁州。岷、嶓既艺，沱、潜既道，蔡、蒙旅平，和夷底绩。厥土青黎。厥田惟下上，厥赋下中三错。厥贡璆、铁、银、镂、砮、磬，熊、罴、狐、狸织皮，西倾因桓是来。浮于潜，逾于沔，入于渭，乱于河。

【译文】

大禹将天下划分为九州，沿着山脉疏通河流，并根据土地的情况确定各州的贡赋。——小序

......

大禹划分土地的疆界，顺着山势行走时砍削树木作为路标，以高山大河奠定界域。——史辞

......

冀州。治罢壶口，向东再治理吕梁与岐山。太原整治完毕之后，又至于岳阳。再向东延及于覃怀之地，事功确定之后，又至于漳水。冀州一带的土壤是白壤。其贡赋为九等中的第一等，其田土为九等中的第五等。恒水、卫水先后治理完毕，大陆泽通过治理后的土地都可以用于耕种。岛夷之民以兽皮为衣服。人们沿右碣石山东行，可以由此入黄河。

济水与黄河之间是兖州。古黄河的多条河道经过疏导，皆已顺畅。雷夏之水汇成湖泽，灉水与沮水会合。适宜桑树生长的土地皆种桑养蚕，于是，洪水退去，老百姓纷纷走下山丘。这里的土地色黑而膏肥，这里水草丰茂，林木高大。其田土为第六等，赋税为第九等。兴治水之工十三年之后，本州贡赋的水平才与他州相同。这里进贡的物品有漆和丝，人们用竹筐盛上有图纹的丝织品作为贡物。顺着济水、漯水而至于黄河。

......

华阳、黑水之间是梁州。岷山、嶓冢山治理以后已可种植庄稼，沱水、潜水也已经疏通了。蔡山、蒙山治理后，和夷一带也取得了治理的功效。这里的土壤是疏松的青黎土。这里的田是第七等，赋税是第八等，还杂出第七等和第九等。这里的贡物是黄金、铁、银、镂钢、做箭镞的石头、磬、熊、马熊、狐狸、野猫等用来制作衣裘的兽皮。织皮和西倾山的贡物沿着桓水而来。进贡的船只行于潜水，然后离船上岸陆行，再进入沔水，进到渭水，最后横渡渭水到达黄河。

……

第三节　知识链接

一、天坛与中国天文思想

天坛始建于明永乐十八年（1420），原名"天地坛"。因嘉靖九年（1530）立四郊分祀制度，于嘉靖十三年（1534）改称"天坛"，后又经清乾隆、光绪帝重修改建后，才形成天坛现在的格局。天坛占地270余万平方米，比北京故宫还大2倍多。二重垣墙，形成内外坛，垣墙南方北圆，象征天圆地方。圜丘坛在南，祈谷坛在北，二坛同在一条南北轴线上，中间有墙相隔。圜丘坛内主要建筑有皇穹宇等，祈谷坛内主要建筑有祈年殿、皇乾殿、祈年门等。

天坛斋宫是皇帝举行祭天大典前进行斋戒的场所。祭天前，皇帝提前三天来这儿斋戒沐浴，要求不茹荤、不饮酒、不听音乐、不入内寝、不理刑名、不问疾吊丧，清正洁身，以示诚敬。斋宫正殿红墙绿瓦，分外壮观。殿的大门匾额为"敬天"，表示皇帝对天神无比的尊敬。殿内陈设简朴，横额"钦若昊天"，语出《尚书·尧典》，为乾隆御笔，彰显着

北京天坛圜丘坛

北京天坛斋宫正殿悬挂的乾隆御笔"钦若昊天"匾额及正殿门匾额

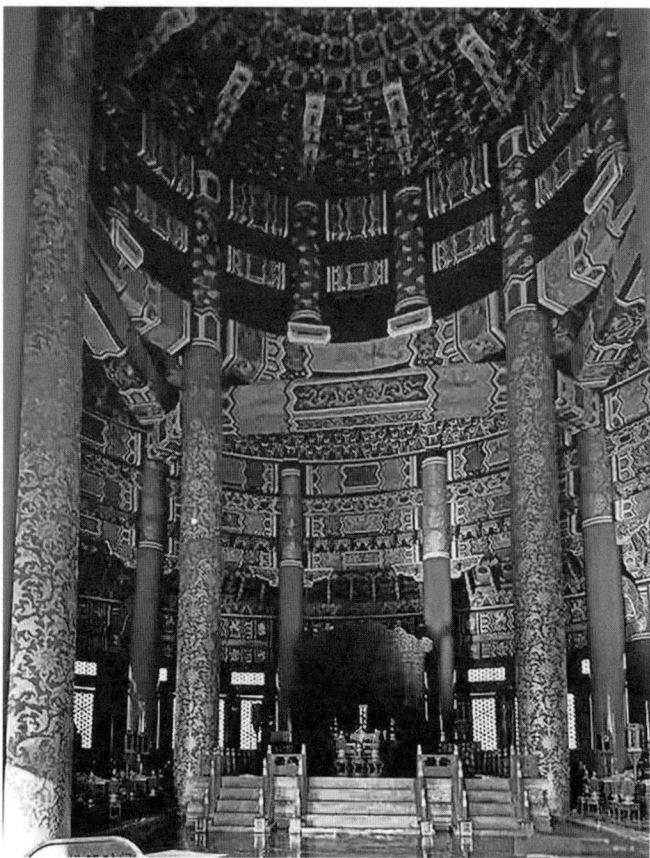

北京天坛祈天殿

皇帝对天的敬畏之心。

祈年殿位于天坛北部的祈谷坛内，初名"大祀殿"，为矩形大殿，明嘉靖时更名为"大享殿"，殿顶覆盖上青、中黄、下绿三色琉璃，寓意天、地、万物。清乾隆时期改三色瓦为统一的蓝瓦金顶，更名"祈年殿"，是孟春（正月）祈谷的专用建筑。

祈年殿内的四根"龙井柱"象征春、夏、秋、冬一年四时；中围的十二根"金柱"象征一年十二个月；外围的十二根"檐柱"象征一天十二个时辰。中层和外层相加的二十四根柱子，象征一年二十四个节气；三层总共二十八根柱子，象征天上二十八星宿。

二、九州

《禹贡》记载大禹以高山、大河、海洋等为经界，把中国大陆分为九个区域，是为九州。九州叙述顺序是：冀—兖—青—徐—扬—荆—豫—梁—雍。何谓"州"？《说文解字·川部》谓："水中可居曰州，周绕其旁，从重川。昔尧遭洪水，民居水中高土，或曰九州。"当时人们以水流环绕而可以人居之高地为州，其中小者环河，大者环海，皆可称州（或称洲），且小九州外，又有大九州。

《禹贡》九州，各州一段，内容大致由六部分组成：首讲州之疆界，次讲禹迹地理，次讲土壤植被，次讲田赋等级，次讲上贡方物，末讲贡道。

其中的禹迹地理，多被历代学者诠释为大禹所经治水之地，一般又可再细分为山、川、泽、原四项内容。全段行文，娓娓道来，虽然不见人居聚落的片言只语，但又处处是对那居人之州的地理环境之描述：州以哪些大山大水为疆界，州内又治了哪些山川泽原，土壤有什么特性，植被呈什么景观，田赋是如何分等，上贡有哪些方物，贡道经哪些地方，可以说几乎包含了西学东来引发地理学成为独立学科——近现代地理学的所有地理要素——地貌、水系、植被、土壤等自然地理要素，居民点、道路网、地区界线、经济文化等人文地理要素，凸显了《禹贡》的地理本色，也表明了古今中外地理学核心内容的一致性和连贯性。从这一意义上说，《禹贡》不愧"地理志之祖"称号，其地理学价值可谓亘古而弥新。

《禹贡》九州的性质是什么，地理范围多大，记载是否可信，历代学者众说纷纭，不论是在古代还是到了今天，都难以找到令人信服的答案。

我们本着求同存异的态度，可以发现，九州内容（计678字）占《禹贡》全部篇幅（共1193字）一半以上，无论其为哪一种性质的区划，其实归根结底都是地理区划，突出的是《禹贡》的地理本旨。同时，《禹贡》九州为中国古代"九州"说的滥觞，影响非常深远。

首先，九州制是中国行政区划的最初理论来源：至少从汉代开始，官吏学者多有视九州为理想的行政区划模式者，如汉武帝就根据《禹贡》《周礼》的九州以及十二州制，在全国实行十三刺史部（监察区，简称"十三部"，一称"十三州"），进而东汉灵帝于中平五年（188）改刺史为州牧，且州牧直接掌管一州的军事、民政等大权，位于郡守之上，使十三州遂成为郡以上的一级行政区划。从此，以九州为导引的行政区划得以变成现实。

其次，《禹贡》九州制及其后来的发展，在我国古代人民心中形成这样一个普遍的信念——以九州为主体范围的中国，自古就是统一的、疆域辽阔的国家，九州常常成为"中国"的代名词，禹迹是华夏儿女的地理家园，这对中华民族大一统国家观的形成与巩固具有深远的政治意义。

《禹贡》是大禹治水并划分九州的重要记载，体现了大禹的智慧和勤劳，以及他对中国古代地理和政治格局的深远影响。

三、地理

从我国的传世文献来看，"地理"一词，实由"地"与"理"二字组成。关于"地"，《说文解字》曰："元气初分，轻清阳为天，重浊阴为地。万物所陈列也。从土，也声。"《尔雅·释名》则云："地，底也，其体底下载万物也。"西晋张华《博物志》说："地以名山为之辅佐，石为之骨，川为之脉，草木为之毛，土为之肉。"可见我国古代的"地"之义，与今天自然地理学中的地形地貌相似。与其他许多字一样，"地"后来又被附加上其他含义，诸如以"地"比附君子之道德高尚。

关于"理"，《说文解字》曰："理，治玉也。从玉，里声。"《战国策·秦策》云："郑人谓玉未理者璞。"五代南唐徐锴《说文解字系传》曰："物之脉理惟玉最密。"即"理"是依玉的脉理而治，其后亦引申为条理、道理、法则或某种规律性等多种含义。如《荀子·儒效》"井井兮其有理也"，杨倞注曰："理，条理也。"《文心雕龙·论说》则说："是以论如析薪，贵能破理。"《韩非子·安危》云："先王寄理于竹帛，其道顺，故后世服。"当然，理字还有其他多种含义，此不赘述。

"地理"作为一词，在现存文献中以《周易》使用最早。

《周易·系辞上》云："《易》与天地准，故能弥纶天地之道。仰以观于天文，俯以察于地理，是故知幽明之故。"

《系辞下》又说："古者包牺氏之王天下也，仰则观象于天，俯则观法于地，观鸟兽之文与地之宜，近取诸身，远取诸物，于是始作八卦，以通神明之德，以类万物之情。"

以天文、地理对举对证，可知"天文"指天象，"地理"即地法。

后世对"地理"一词，大约演变成两种不同的理解。

一种是对"地理"较为平实的阐释和延伸，在一定程度上是指地球表面的山川陵谷的分布和特点，即地球表面的自然环境。如《淮南子·泰族训》曰："俯视地理，以制度量，察陵陆水泽肥墩高下之宜。立事生财，以除饥寒之患。"

另一种是将"地理"附会阴阳五行的较为神秘的解释。如东汉袁康《越绝书》云："范子曰：'夫阳动于上，以成天文；阴动于下，以成地理。'"唐代李鼎祚《周易集解》引荀爽曰："阴升之阳则成天之文也，阳降之阴则成地之理也。"是汉人已以阴阳说地理。

中国经典，天文祖《尧典》，地理宗《禹贡》，《易传》道阴阳，《洪范》序五行，对中国思想影响至深。它们除《易传》附于《易经》，皆在《尚书》中，《禹贡》居其一。中国古代天下观，最初的表述就是《禹贡》九州。

《禹贡》九州，自古相传，是大禹治水，用脚一步一步走出来的。禹的足迹，古人叫"禹迹"。《左传》襄公四年，魏绛引辛甲《官箴》，其《虞人之箴》曰："芒芒（茫茫）禹迹，画为九州。"《禹贡》主要讲"禹迹"。

夏、商、周三代都以夏人自居，认为自己住在"禹迹"的范围之内。这是中国最早的地域认同。"禹迹"是个以夏地为名的符号，其实代表的是夏、商、周融为一体的天下。

阅读书目

1. （汉）孔安国：《尚书孔氏传》，西安碑林《开成石经》本。

2. （唐）孔颖达：《尚书正义》，宋两浙东路茶盐司刻本（卷七至八、卷十九至二十配日本影宋抄本），杨守敬跋。

3. （宋）蔡沈：《书集传》，宋淳祐十年吕遇龙上饶郡学刻本。

4. （清）胡渭：《禹贡锥指》，邹逸麟整理，上海古籍出版社，2006年。

5. （清）阎若璩：《尚书古文疏证》，文渊阁《四库全书》本。

6. （清）孙星衍：《尚书今古文注疏》，清嘉庆二十年孙氏冶城山馆刻《平津馆丛书》本。

7. 陈梦家：《尚书通论》，中华书局，1985年。

8. 刘起釪：《尚书学史》（订补本），中华书局，1989年。

9. 程元敏：《尚书学史》，华东师范大学出版社，2014年。

问题与思考

1. 谈谈孔子与《尚书》的关系。

2. 《尚书》中有哪些重要的历史思想? 哪些有用于当今社会?

3. 中国文化中的《尚书》烙印还有哪些?

第三章 礼仪制度的百科全书
——"三礼"导读

第一节 概 述

"三礼"是《周礼》《仪礼》和《礼记》三部古典文献的统称，属于儒家"十三经"，在中国思想文化史上占有重要地位。与其他经典一样，"三礼"的文字、篇目、思想等都极其复杂。自古以来，很多学人围绕"三礼"文本展开了热烈的讨论，并取得了丰硕的成果。

一、《周礼》概述

《周礼》又名《周官》《周官经》，是"十三经"中唯一一部详言班朝治军、设官分职之书。全书共分为《天官》《地官》《春官》《夏官》《秋官》《冬官》六篇，分别叙述各个系统之职官。其中天官系统共有六十三个职官，其长曰大宰，亦曰冢宰。据《叙官》，可知天官系统之职官属于"治官"，即治理国政之官。地官系统共有七十八个职官，其长曰大司徒。据《叙官》，可知地官系统之职官属于"教官"，即掌教育之官。春官系统共有七十个职官，其长是大宗伯。据《叙官》，可知春官系统之职官属于"礼官"，即掌吉、凶、军、宾、嘉五礼之官。夏官系统共有六十九个职官，其长是大司马。据《叙官》，可知夏官系统之职官属于"政官"，即掌理军政之官。秋官系统共有六十六个职官，其长是大司寇。据《叙官》，可知秋官系统之职官属于"刑官"，即掌刑法之官。《周礼》缺冬官，据《总叙》，可知冬官系统之职官当属"事官"，掌富国之事。今本《周礼》之冬官部分是《考工记》，共三十工，分为六类，分别是攻木之工、攻金之工、攻皮之工、设色之工、刮摩之工、搏埴之工。

1.《周礼》的发现

《周礼》最开始称《周官》。《汉书·礼乐志》曰："自夏以往，其流不可闻已，《殷颂》犹有存者。《周诗》既备，而其器用张陈，《周官》具焉。"①《汉书·王莽传》载汉平帝元始四年（公元4年）征天下异能之士，所列书名中有《周官》。其曰："征天下通一艺教授十一人以上，及有逸《礼》、古《书》《毛诗》《周官》《尔雅》、天文、图谶、钟律、月令、兵法、《史篇》文字，通知其意者，皆诣公车。网罗天下异能之士，至者前后千数。"②以"周礼"为书名者，最早见于《汉书·王莽传》。王莽居摄三年（公元8年），莽母功显君死，当时刘歆与博士诸生七十八人议功显君服，就有《周礼》之称谓。其议有云："圣心周悉，卓尔独见，发得《周礼》，以明因监。"③由此可见，《周官》改名《周礼》当在王莽居摄之后、居摄三年之前。改《周官》为《周礼》之原因，如孙诒让所云："歆盖以《周官》故名与《尚书》淆混，而此经为周公遗典，与士礼同为正经，因采左氏之文，以为题署，义实允当。"④

《周礼》被发现，是较晚的事，文献的记载亦各有异。归纳起来主要有四种观点，即河间献王所得说、秘府说、孔壁说和孔安国所献说。

---

① （汉）班固：《汉书》卷二十二《礼乐志第二》，中华书局1962年点校本。
② （汉）班固：《汉书》卷九十九上《王莽传第六十九上》，中华书局1962年点校本。
③ 同上。
④ （清）孙诒让：《周礼正义》卷一，中华书局1987年点校本。

　　一是认为《周礼》是河间献王所得。

　　《汉书·景十三王传》曰："河间献王德以孝景前二年立，修学好古，实事求是。从民得善书，必为好写与之，留其真，加金帛赐以招之。由是四方道术之人不远千里，或有先祖旧书，多奉以奏献王者。……献王所得书皆古文先秦旧书，《周官》《尚书》《礼》《礼记》《孟子》《老子》之属，皆经传说记，七十子之徒所论。"[1]河间献王究竟何年得书，此并无明言。河间献王立于景帝前元二年（前155年），薨于武帝元光五年（前130年），若《景十三王传》的记载属实，《周礼》被发现当在前155年至前130年之间。

　　陆德明《经典释文·序录》所引"或曰"云："景帝时，河间献王好古，得古礼献之。或曰：河间献王开献书之路，时有李氏上《周官》五篇，失《事官》一篇，乃购千金不得，取《考工记》以补之。"[2]《隋书·经籍志》亦有相似之载："而汉时有李氏得《周官》。《周官》盖周公所制官政之法，上于河间献王，独阙《冬官》一篇。献王购以千金不得，遂取《考工记》以补其处，合成六篇奏之。"[3]李氏献书之事，两汉史书无记载，故阙疑。

　　二是认为《周礼》出自秘府。

　　贾公彦《序周礼废兴》曰："《周官》，孝武之时始出，秘而不传。《周礼》后出者，以其始皇特恶之故也。是以马融《传》云：'秦自孝公已下，用商君之法，其政酷烈，与《周官》相反，故始皇禁挟书，特疾恶，欲绝灭之，搜求焚烧之独悉，是以隐藏百年。孝武帝始除挟书之律，开献书之路，既出于山岩屋壁，复入于秘府，五家之儒莫得见焉。至孝

---

①（汉）班固：《汉书》卷五十三《景十三王传第二十三》，中华书局1962年点校本。
②（唐）陆德明著、黄焯断句：《经典释文》卷一《序录》，中华书局1983年版。
③（唐）魏徵：《隋书》卷三十二《志第二十七·经籍一》，中华书局1973年点校本。

成皇帝，达才通人刘向子歆校理秘书，始得列序，著于《录》《略》，然亡其《冬官》一篇，以《考工记》足之。'"①马融认为，《周礼》曾因秦始皇焚书而被隐藏于山岩屋壁，直到汉代废挟书之律，《周礼》才见天日，然旋即又被藏入秘府，以至于汉代传礼诸儒亦未得见。

　　至于《周礼》献王所得本与秘府本之关系，孙诒让做如此推测："案：贾所引马《传》，盖即《周礼传序》之佚文。……马序所述此经隐显源流，最为综析，且去古未远，当得其实。……《释文序录》载或说云：'河间献王开献书之路，时有李氏上《周官》五篇，失《事官》一篇，乃购千金，不得，取《考工记》以补之。'《隋·经籍志》云：'李氏上于河间献王，献王补成，奏之。'……《左传序》孔疏亦云：'汉武帝时河间献王献《左氏》及《古文周官》。'此则秘府之本。"②近人黄侃亦云："汉武帝时，河间献王献《左传》及《古文周官》，此则马所云'出于山岩屋壁，复入于秘府'者，即指此献王之本矣。"③今人杨天宇云："盖因河间献王献书时，汉王朝立于学官的儒家经典已经确定了《诗》《书》《易》《礼》《春秋》五经，这五经都是用当时通行的隶书写成的，而又得此古文《周礼》，且其所述制度又与当时的制度相左，故即将其藏之秘府，致使'五家之儒莫得见焉'。这部'入于秘府'的《周礼》，到成帝刘向、歆父子校理秘书，始又发现而著于《录》《略》，到王莽时方得表彰而大显于世。"④诸家皆认为《周礼》秘府本即河间献王所得本，各家皆是推论，未知然否。

　　三是认为《周礼》出自孔壁。

---

①（清）阮元校刻：《十三经注疏（附校勘记）》，中华书局1980年版。
②（清）孙诒让：《周礼正义》卷一，中华书局1987年点校本。
③黄侃：《礼学略说》，载《二十世纪中国礼学研究论集》，学苑出版社1998年版。
④杨天宇：《周礼译注》，上海古籍出版社2004年版。

《礼记》孔《疏》引郑玄《六艺论》曰："《周官》，壁中所得，六篇。"①《太平御览》卷六一引杨泉《物理论》曰："鲁恭王坏孔子旧宅，得《周书》，阙，无《冬官》，汉武购千金而莫有得者，遂以《考工记》备其数。"②考《汉书·艺文志》《楚元王传》、刘歆《让太常博士书》及许慎《说文解字·叙》，诸家所列孔壁所得经传皆无《周官》。此可明杨泉之记载无甚根据。

四是认为《周礼》乃孔安国所献之书。

《后汉书·儒林传》曰："孔安国所献《礼》古经五十六篇及《周官经》六篇，前世传其书，未有名家。"③安国献书之事，《汉书》已言之，所献之书乃《古文尚书》和《逸礼》，而不曾言《周礼》。故安国献《周礼》，亦乃缪悠之说。

2.《周礼》的作者和成书

自古以来，《周礼》的作者和成书问题可谓聚讼纷纭，莫衷一是。观点大致有五种：

一是西周成书说。西汉刘歆认为《周礼》成书于西周之初。他说："其周公致太平之迹，迹具在斯。"④东汉郑玄承其说曰："周公居摄而作'六典'之职，谓之《周礼》，营邑于土中，七年致政成王，此以《礼》授之，使居洛邑治天下。"⑤贾公彦《序周礼废兴》云："《周礼》后出者，以其始皇特恶之故也。……时众儒并出共排，以为非是。唯歆独识，其年尚幼，务在广览博观，又多锐精于《春秋》。末年，乃知其周公致太平

①（清）阮元校刻：《十三经注疏（附校勘记）》，中华书局1980年版。
②（宋）李昉：《太平御览》卷六百一十九《学部一三》，中华书局1960年影印本。
③（南朝）范晔：《后汉书》卷七十九下《儒林列传第六十九下》，中华书局1965年点校本。
④（清）阮元校刻：《十三经注疏（附校勘记）》，中华书局1980年版。
⑤同上。

之道，迹具在斯。"①魏晋王肃、伊说、干宝，宋代李觏、杨杰、王安石、郑伯谦、郑樵、潘元明、赵汝腾、王与之，元人丘葵、吴澄，明人陈凤梧、柯尚迁、徐即登、李材，清人汪中、惠士奇、江永、孙诒让、刘师培等，皆信主此说。

二是战国成书说。二十世纪以来，不少学者认为《周礼》成书于战国后期，持此观点的学者有郭沫若、钱穆、顾颉刚、史景成、钱玄、金春峰等人。然各家之说又不尽一致。如杨向奎于1954年发表《〈周礼〉的内容分析及其成书年代》一文，从《周礼》所反映的社会经济制度、习惯法和社会习俗的角度，以证《周礼》成书于战国中叶，作者是战国时期之齐国人。如《周礼·秋官·大司寇》"禁民讼""禁民狱"之记载，杨向奎曰："这是齐国的法令，见于《管子》和《国语·齐语》。……其后《淮南子》也有类似记载，当亦本于齐法。"②杨氏据《管子》《国语》之记载，认为《周礼》所记法令出于战国时代之齐国。然而郭沫若通过将金文与《周礼》所记之职官进行比较，发现二者有很大的差异，遂认为《周礼》所记职官不可能出于周初至春秋中叶。郭沫若还通过《周礼》所记制度和思想以判断其成书时代。如关于《周礼》之五行思想，郭沫若曰："今《周官》以冢宰配天，司徒配地，宗伯配春，司马配夏，司寇配秋，司空配冬，三说虽小有出入，然其用意则同，且同为五行说之派演。是则作《周官》者乃周末人也。"③郭氏认为，《周礼》以职官与天地四时相配，乃五行说之流衍，五行说流行于战国末年，故知《周礼》当成书于战国末年。郭沫若甚至认为《周礼》是荀子弟子所作，他说："余

---

① (清) 阮元校刻：《十三经注疏（附校勘记）》，中华书局1980年版。
② 杨向奎：《〈周礼〉的内容分析及其成书年代》，载《绎史斋学术文集》，上海人民出版社1983年版。
③ 郭沫若：《周官质疑》，《沫若文集》第十四卷，人民文学出版社1957年版。

谓《周官》一书，盖赵人荀卿子之弟子所为，袭其师'爵名从周'之意。纂集遗闻佚志，参以己见而成一家言。其书盖为未竣之业，故书与作者均不传于世。知此，则其书自身之矛盾，及与旧说之龃龉，均可无庸置辩。"①郭氏推测，荀子的弟子袭其师"爵名从周"之意，据遗闻佚志而成《周礼》。

三是西汉初期成书说。彭林撰著《〈周礼〉主体思想与成书年代研究》一书，对《周礼》的成书年代做了系统的探讨。彭林将《周礼·天官·冢宰》中的十条官法归纳为三个问题：八法、八则、八柄为治官之要，八统、九两为治民之要，九职、九赋、九式、九贡为理财之要，六典兼统三者。彭林认为，透过六官之官法和设官分职情况，可知《周礼》的作者以法家思想治官理财，以儒家思想治民，儒家与法家相结合，儒、法又与阴阳五行相结合，《周礼》思想之整体性、条理性、成熟性，非《管子》《吕氏春秋》所能匹比，亦非战国末期任何一位学者或著作所能企及。彭林认为，《周礼》与汉初贾谊等人的思想相一致。如礼法合用，王霸杂用，是汉初社会的共识，当时的儒者对此尤其热衷，其中贾谊的政论思想可为代表。彭林曰："贾谊对礼、法的功能做了精辟的阐述，礼是'禁于将然之前'，法是'禁于已然之后'，若能礼法结合，则其政'坚如金石'。而礼对人民的教化，是更为重要的，它能'使民日迁善远罪而不自知'，'绝恶于未萌，而起教于微眇'。这种理论与《周礼》中关于礼与刑的安排是完全吻合的。"②通过将《周礼》与贾谊的政论思想进行比较，彭林认为《周礼》与贾谊于礼法关系之认识完全相同。彭林进一步指出《周礼》的作者与贾谊是同一时代的人，他说："我们认为，《周礼》一书的作者当是与贾谊同时代的人。此时的儒学已经充分吸收了

① 郭沫若：《周官质疑》，《沫若文集》第十四卷，人民文学出版社1957年版。
② 彭林：《〈周礼〉主体思想与成书年代研究》，中国人民大学出版社2009年版。

法家思想，并且日益阴阳五行化，《周礼》的作者以此为指导，撷拾先秦旧制，参以当时新制，编撰了这一宏伟的治国模式，以供统治者采用。"①彭林认为，《周礼》一书缺乏道家思想，又少谶纬、灾异之说，故该书当成于汉初道家思想尚未成为主流思潮以前，因为"《周礼》作为一部希望被当政者采用的理想国制度，若不迎合当政者的所好，顺应当时潮流，是很难想象的"②。由此，彭林推断"《周礼》成书的下限，当不得晚于文景之世，即道家思想尚未成为主流之前"③。彭林又据《汉书·景十三王传》河间献王得《周礼》之记载，认定《周礼》"出于西汉景武年间无疑"④。

　　四是有人认为《周礼》系刘歆伪造，成书于西汉末年。此说之首倡者是宋代的胡安国、胡宏父子。如胡宏曰："夫歆……所列序之书，假托《周官》之名，剿入私说，希合贼莽之所为耳。"⑤洪迈曰："《周礼》一书，世谓周公所作，而非也，昔贤以为战国阴谋之书，考其实，盖出于刘歆之手。"⑥宋人苏辙、晁说之、包恢、洪迈，清人崔适、康有为，以及近人钱玄同，今人杜国庠等均持此说。如康有为曰："《周官经》六篇，则自西汉前未之见，《史记·儒林传》《河间献王传》无之。其说与《公》《榖》《孟子》《王制》、今文博士皆相反。《莽传》所谓'发得《周礼》，以明因监'，故与莽所更法立制略同，盖刘歆所伪撰也。歆欲附成莽业而为此书，其伪群经，乃以证《周官》者。故歆之伪学，此书为首。"⑦康有为于此所列《周礼》出自刘歆诸理由，如《周礼》于西汉前未见、《史

---

① 彭林：《〈周礼〉主体思想与成书年代研究》，中国人民大学出版社2009年版。
② 同上。
③ 同上。
④ 同上。
⑤（宋）胡宏著、吴仁华点校：《极论周礼》，载《胡宏集》，中华书局1987年版。
⑥（宋）洪迈：《容斋续笔》卷十六《周礼非周公书》，上海古籍出版社1978年标点本。
⑦（清）康有为：《新学伪经考·汉书艺文志辨伪第三上》，《康有为全集》第一集，中国人民大学出版社2020年版。

记》无记载，以及《周礼》与《孟子》等文献所记制度不符，皆肇始于宋儒也。

五是西周至战国或西周至汉代成书说。

周何在其晚年所撰《礼学概论》一书中对"三礼"的作者和成书年代做了研究。其曰："本书秋官系以刑法为推行教化的工具，以补礼乐功能之不足，其刑法观念虽非纯粹法家之认识，然已实受法家思想之影响无疑。又此书详密之组织制作，战国以前所未见。战国以前，诸经大抵为杂记形态，至《管子·杂记》《庄子》内七篇始有部分组织体系，至《吕氏春秋》《淮南子》始见完密，故此书非至战国不成。因试推论如下：a周公始作，b随时增补，c战国完成。"①周何认为，《周礼》一书有法家思想，故可推断其出自战国时期；《周礼》之成书可分为三个阶段，即周公始作、随时增补和战国完成。

刘起釪在《两周战国职官考》一书中将春秋之官制分为南北两大系统，南统为楚、宋诸国，北统为周、鲁、卫、郑诸国。通过比较，刘氏得出结论曰："《周礼》一书，最初作为官职之汇编，至迟必成于春秋前期。它录集自西周后期以来逐渐完整的姬周系统之六官官制资料，再加以条理系统以成书。不涉及姬周系统以外诸国之官制，尤与战国官制不相干。"②刘氏认为，尽管《周礼》的大部分材料反映的是春秋官制，然也不乏战国、汉代之官制。其曰："《周礼》的成书有一发展过程。……除主要保存了春秋以上资料外，还录进了不少战国资料，所以全书的补充写定当在战国时期。到汉代整理图书时，又有少数汉代资料掺进去

---

① 周何：《礼学概论》，台湾：三民书局1998年版。
② 刘起釪：《〈周礼〉真伪之争及其书写成的真实依据》，载《古史续辨》，中国社会科学出版社1991年版。

了，但不影响这部书原是周代的旧籍。"①刘氏认为，《周礼》不乏反映战国、汉代之内容，不过这些内容是《周礼》在流传的过程中不断递加增益的。

在中国古代，对于《周礼》的认知，可以部分地反映出学者的学术立场或政治立场。今人杨世文曰："对《周礼》的辨疑，……还与宋代政治史密切相关，尊《周礼》者极力提升《周礼》一书的地位，誉之为'太平经国'的大典，政治改革的蓝图；而疑《周礼》者斥之为后儒附会之书，甚至认为是刘歆编造的伪经，不得与其他儒家经典并称，后世按照《周礼》推行改革，无不遭受败亡。随着王安石改革的失败，宋儒对《周礼》的怀疑更趋激进，胡宏等人甚至欲废《周礼》而后快。"②杨世文于此所做之分析是切合实际的。在中国古代，儒者"学而优则仕"，从事《周礼》之诠释者，大多既是经纶满腹之儒生，又是跻身政权之高官。而从汉代新莽改制以来，《周礼》就被赋予了浓厚的政治色彩，尊《周礼》者意味着赞同改制，疑《周礼》者意味着否定变革。如王安石尊《周礼》，并积极从《周礼》中获取制度和思想资源从事变法，然而反对者势必贬低《周礼》，从而在理论上占据优势，以此阻扰变法。因此，中国古代学者关于《周礼》作者和成书时代之认识，带有很强的主观色彩。

现代以来，学者如钱穆、郭沫若、顾颉刚、杨向奎、徐复观、史景成、彭林、金春峰摆脱了经学门户及政治立场之影响，力图从客观的角度对《周礼》之成书问题加以探讨。各家于《周礼》作者和成书时代问题之探讨，方法多样，角度新颖。他们或将《周礼》与先秦文献或金文所记制度相比较，从而寻找《周礼》成书时代之参照系；或对《周礼》

---

① 刘起釪：《〈周礼〉真伪之争及其书写成的真实依据》，载《古史续辨》，中国社会科学出版社1991年版。
② 杨世文：《走出汉学——宋代经典辨疑思潮研究》，四川大学出版社2008年版。

所记职官职掌加以分析，以判断其是否为圣人所为；或将《周礼》放到思想史背景下加以考察，以断其学派属性，进而判断其成书之时代。特别是郭沫若等人开风气之先，积极采用金文从事《周礼》成书问题之研究，影响甚为深远。后来一些学者如张亚初、刘雨等人，皆是沿着郭沫若所开创的研究路径从事《周礼》的研究。多年过去了，今天我们发现，尽管各家都力图最大限度地还原《周礼》之成书过程，但是结论却五花八门。有西周成书说、战国成书说、西汉成书说，战国说还分战国早期说、中期说和晚期说。各家根据自己所占有的材料，各抒己见，谁也说服不了谁。事实上，各家在从事《周礼》文本之诠释时，"主观"性仍不可避免，这是所有研究的共性，本身无可非议。比如杨向奎和顾颉刚认为五行思想流行于战国，《周礼》有五行思想，故《周礼》出于战国。彭林则从整体性、条理性、成熟性的角度，认为《周礼》的五行思想非《管子》《吕氏春秋》所能匹比，亦非战国末期任何一位学者或著作所能企及，由此推知《周礼》成书于汉代。由此可见，由于所采用的研究视角不同，面对同一问题，所得出的结论可能大相径庭。

迄今为止，《周礼》的作者和成书问题依然没有解决。从今天看来，要想通过《周礼》所记思想和制度的考察从而找到其成书之线索，其难度还是很大的。学者们所常用的研究方法，如将《周礼》所记制度和思想与一些成书年代相对确定的文献加以比较，或者与某些时代的思想流派加以比较，从而找到其成书年代的参照系。然而即使《周礼》与其他文献所记制度相同、相似，还是很难得出结论的，因为相同、相似并不能说明二者一定出自同一时代，因为不能排除两者之间有承袭关系，而这种承袭关系又是极其复杂的。制度的相同或相似还是比较具体的，若是思想的相同或相似，则更难以辨明孰先孰后。在笔者看来，前贤时人对于《周礼》成书问题所做的探讨，对于深化《周礼》之研究可谓功不可没，并丰富了《周礼》学的内容。然而若没有新的出土文献记载加以佐证，《周礼》的作者和成书问题很难有一致的答案。

二、《仪礼》概述

《仪礼》是一部记载古代贵族生活中之冠、昏、丧、祭、乡、射、朝、聘等各种礼仪的书。据郑玄《三礼目录》，可知《仪礼》的篇次在汉代有三种，分别是刘向《别录》本、戴德本、戴圣本。郑玄在为《仪礼》作注时采用刘向校书时之整理本，而不用大、小戴之篇次。今本《仪礼》共十七篇。《士冠礼》第一，记载了古代青年贵族男子加冠的礼仪。《士昏礼》第二，记载了古代士娶妻的礼仪。《士相见礼》第三，记载了古代的士以及其他各级贵族互相拜访的礼仪。《乡饮酒礼》第四，记载了诸侯的乡大夫主持饮酒礼招待乡中贤能之士和德高望重者的礼仪。《乡射礼》第五，记载了乡的下级组织中举行的一种射箭比赛的礼仪。《燕礼》第六，记载了诸侯国君在政事完毕之后，为安乐群臣而举行的饮酒礼。《大射》第七，记载诸侯为即将进行祭祀、朝觐、会盟等活动选择人员或群臣练习射技而在大学举行的射箭、宴饮活动。《聘礼》第八，记载了诸侯国之间的聘问之礼。《公食大夫礼》第九，记载了诸侯用食礼款待聘问使者的礼仪。《觐礼》第十，记载了诸侯朝见天子之礼。《丧服》第十一，记载了古代的丧服制度。《士丧礼》第十二，记载了古代的士死后，其子为其操办丧事之礼。《既夕礼》第十三，是《士丧礼》的下篇，记载了从起殡到下葬的礼仪。《士虞礼》第十四，记载了葬后所举行的安魂礼。《特牲馈食礼》第十五，记载了诸侯祭祀父祖之神的礼仪。《少牢馈食礼》第十六，记载了诸侯的卿大夫岁时用少牢以及黍稷等多种食物和酒在庙中祭祀已故父祖之神的礼仪。《有司彻》第十七，为《少牢馈食礼》的下篇，记载了正祭之后所行的傧礼。

1.《仪礼》的作者及成书年代

先秦时期,《仪礼》只称"《礼》",如《庄子·天运》:"孔子谓老聃曰:'丘治《诗》《书》《礼》《乐》《易》《春秋》六经。'"汉代《仪礼》又名"《礼》""《士礼》""《礼记》"等,《史记·儒林传》:"言《礼》自鲁高堂生。""诸学者多言《礼》,而鲁高堂生最本。《礼》固自孔子时而其经不具,及至秦焚书,书散亡益多,于今独有《士礼》,高堂生能言之。"①《说文解字·叙》:"鲁恭王坏孔子宅,而得《礼记》《尚书》《春秋》《论语》《孝经》。"

汉代尚无《仪礼》之名,对此,古今学者皆无疑义。黄以周云:"郑氏师弟子并无《仪礼》之名也。《礼》注大题《仪礼》,当是东晋人所加,东晋人盛称《仪礼》。"②东晋元帝司马睿时,尚书仆射荀崧上疏请求增立博士,其中便有"郑《仪礼》博士一人"③。由此可见,《仪礼》之名为东晋人所加。

关于《仪礼》的作者,一说是周公,贾公彦《仪礼疏序》云:"至于《周礼》《仪礼》,发源是一。理有终始,分为二部,并是周公摄政太平之书。"④此说在中国古代经学史上的影响很大。然而,由于文献根据不够充分,此说越来越受到后人的质疑,其影响也越来越小,当今学术界已少有人持此说。第二种观点认为《仪礼》十七篇为孔子所编修。《礼记·杂记下》载:"恤由之丧,哀公使孺悲之孔子学士丧礼,士丧礼于是乎书。"孺悲所书的"士丧礼",其内容当不限于今本《仪礼》的《士丧礼》,应

---

①（汉）司马迁:《史记》卷一百二十一《儒林列传第六十一》,中华书局1959年点校本。
②（清）黄以周著、王文锦点校:《礼书通故》第一,中华书局2007版。
③（唐）房玄龄等撰:《晋书》卷七十五《列传第四十五·荀崧》,中华书局1974年点校本。
④（清）阮元校刻:《十三经注疏（附校勘记）》,中华书局1980年版。

包括所有关于士丧之礼。据沈文倬的意见，它应包括《仪礼》中的《士丧礼》《既夕礼》《士虞礼》和《丧服》四篇的内容。[1]研究者们据此推定，孔子当年所教的、孺悲所记的，除了《士丧礼》外，尚有其他方面的礼仪。

关于周公制礼作乐，金景芳指出："周公不但制过礼，而且这是周公为了进一步巩固周朝政权而采取的又一项重要措施。它的意义远远超出了周公时代，成为在整个中国古代史上发生重大影响的历史现象。……《周礼》非周公所作，已为今天的学术界所公认，无须赘述。至于《仪礼》，则如崔述所说：'其文繁，其物奢'，与周公的'享多仪，仪不及物，惟曰不享，惟不役志于享'的主张相违背，也肯定不是周公所作。而且像《仪礼》十七篇这样周详细密，也不是某一个人短时间内所能作出来的。"[2]虽然礼乐不可能是周公一个人所作，但是作为周朝的摄政者，以周公为首的周朝统治者对以前的礼仪进行改造，从而制定出适合周代需要的礼仪制度则是可能的。这些礼仪制度曾在周代实行并一直流传下来，到后世被损益，编入《仪礼》中。丁鼎认为，《仪礼》的成书既与周公制礼作乐有关，又与孔子的编修有关。[3]我们认为，《仪礼》一书保留了周公"制礼作乐"的一些礼仪规范。至于将这些礼仪规范进行损益并编成书，当是孔子。《史记·儒林传》曰："礼固自孔子时而其经不具。及至秦焚书，书散亡益多。于今独有《士礼》，高堂生能言之。""其经不具"，说明孔子之时尚无《仪礼》一书。司马迁又云："孔子之时，周室微而礼乐废，《诗》《书》缺。追迹三代之礼，序《书传》，上纪唐虞之

---

[1] 沈文倬：《略论礼典的实行和〈仪礼〉书本的撰作》，载《菿闇文存》，商务印书馆2006年版。
[2] 金景芳：《周公对巩固姬周政权所起的作用》，载《古史论集》，齐鲁书社1981年版。
[3] 丁鼎：《〈仪礼·丧服〉考论》，社会科学文献出版社2003年版。

际，下至秦缪，编次其事。……故《书传》《礼记》自孔氏。"①此处所言《礼记》即指《仪礼》，不过此处所说的《仪礼》，并非今所见《仪礼》十七篇，而是《仪礼》的初本，篇目当远不止十七。先秦古籍，如《礼记》《大戴礼记》《墨子》《孟子》《荀子》多引《仪礼》之文。墨子乃战国初期之人，由此可以推断，《仪礼》的成书当在春秋末、战国初，这也恰好是孔子生活的时代。

今传《仪礼》十七篇为今文，已经没有什么争议。但在汉代，《仪礼》的古文经却有三种。王国维在《观堂集林·汉时古文本诸经传考》中认为有三种古文《仪礼》，分别为鲁淹中本、孔壁本和河间本。《汉书·艺文志》云："《礼古经》五十六卷……《礼古经》者，出于鲁淹中及孔氏，与十七篇文相似，多三十九篇，及《明堂阴阳》《王史氏记》所见，多天子、诸侯、卿大夫之制，虽不能备，犹愈仓等推《士礼》而致于天子之说。"②《汉书》补注改"七十"为"十七"，《礼古经》五十六卷，出于鲁淹中，其中有十七篇与今文《仪礼》相似，这十七篇即古文《仪礼》淹中本。《汉书》云："歆因移书太常博士，责让之曰：……及鲁恭王坏孔子宅，欲以为宫，而得古文于坏壁之中，《逸礼》有三十九，《书》十六篇。天汉之后，孔安国献之，遭巫蛊仓卒之难，未及施行。"③《汉书·艺文志》："武帝末，鲁共王坏孔子宅，欲以广其宫，而得《古文尚书》及《礼记》《论语》《孝经》凡数十篇，皆古字也。……孔安国者，孔子后也，悉得其书，以考二十九篇，得多十六篇。安国献之。遭巫蛊事，未列于学官。"④此处所说的《礼记》即《仪礼》，这是《仪礼》的孔

---

① （汉）司马迁：《史记》卷四十七《孔子世家第十七》，中华书局1959年点校本。
② （汉）班固：《汉书》卷三十《艺文志第十》，中华书局1962年点校本。
③ （汉）班固：《汉书》卷三十六《楚元王传第六》，中华书局1962年点校本。
④ （汉）班固：《汉书》卷三十《艺文志第十》，中华书局1962年点校本。

壁本。《汉书·景十三王传》云："河间献王德以孝景前二年立，修学好古，实事求是。从民得善书，必为好写与之，留其真，加金帛赐以招之，由是四方道术之人不远千里，或有先祖旧书，多奉以奏献王者，故得书多，与汉朝等。……献王所得书皆古文先秦旧书，《周官》《尚书》《礼》《礼记》《孟子》《老子》之属，皆经传说记，七十子之徒所论。"[1]河间献王所得书有古文《仪礼》，这是《仪礼》的河间本。

郑玄《六艺论》曰："后得孔子壁中古文《礼》凡五十六篇。其十七篇与高堂生所传同，而字多异。其十七篇外，则《逸礼》是也。"[2]刘歆校理古籍，认为《礼古经》五十六篇中包括天子、诸侯之礼，远不止《仪礼》十七篇之"士礼"，故刘歆主张将《礼古经》列为学官。此举遭到今文经学家的反对而作罢。鲁高堂生所传十七篇是用汉代常见的隶书书写，故属于今文的系统。

我们认为，十七篇与五十六篇均出于孔子之编修。十七篇为删简本，只述士礼，而略及大夫诸侯之礼；五十六篇为繁本，乃孔子所定之完全本。其中不仅有士、大夫礼，还有天子、诸侯礼。只不过除今天所传十七篇外，《礼古经》的其他篇目均已亡佚，亡佚的三十九篇称为《逸礼》。今可考的《逸礼》，有《天子巡狩礼》《朝贡礼》《烝尝礼》《中溜礼》《王居明堂礼》《古大明堂礼》。

2.《记》的作者及年代

《仪礼》十七篇，其中十二篇有《记》，这些《记》文或阐发礼的意义，或追述远古异制，或补充说明仪制的变异及原因，或详述器物的形制及其规格数量，或附录礼典仪式所用之辞，意义极大。[3]学术界一般认为，

---

① （汉）班固：《汉书》卷五十三《景十三王传第二十三》，中华书局1962年点校本。
② （清）阮元校刻：《十三经注疏（附校勘记）》，中华书局1980年版。
③ 丁鼎：《〈仪礼·丧服〉考论》，社会科学文献出版社2003年版。

《仪礼》的《记》文与经文的作者不一，《记》文的出现晚于经文。至于这些《记》文出自什么时代和何人之手，古今学人说法不一。清人盛世佐认为："凡为《记》者有三：有记经所未备者，有记礼之变异者，有各记所闻颇与经义相违者。记经所未备者，周公之徒为之，与经并行者也；记礼之变异，则非周之盛时之书矣，……其在春秋之际乎？至于各记所闻而颇失经意者，则七十子后学所记也。意其初，经与《记》分，《记》与《记》亦不相杂，至汉儒掇拾灰烬之余，审以经师之说，而三者之辨不可复知。且有经连于《记》，《记》混于经者，错乱无次，于《记》为甚，读者不可不分别观之也。"①盛世佐还说："据《汉书·艺文志》所载，诸《记》与经文各自为书，本不相杂，以《记》附于逐篇之下者，其始于郑氏乎？郑氏注《易》，合象象于经，亦其例也。"②盛世佐认为，《仪礼》的《记》文作者不一，有周公，有春秋时人，有战国时人；汉儒将《记》文附于《仪礼》经文之下，遂成今日所见经文和《记》文合为一书者。

清人刘沅亦认为《仪礼》的《记》文与汉儒有关，其曰："周之典礼明备，凡《经礼》《曲礼》，盖皆有方策记之。周衰渐以凌迟，孔门弟子采缀其要及所闻于孔子者记之，大、小戴之类是也，二戴亦从秦火之后就其闻见所得者汇记之。此下所记与《冠义》与《戴记》所载详略不同，又汉儒撮其要者附于篇后，以明冠礼之概，不必执同异以相疑也。"③刘沅认为，《仪礼》的《记》文乃孔门弟子采掇或闻于孔子者，汉儒将这些说记进行汇集，从而使经、《记》合为一书。

我们认为，与《礼记》《大戴礼记》中有些篇目的性质一样，《仪礼》的《记》文也是先秦到秦汉时期人们在研习《仪礼》的过程中所记下来

---

① （清）盛世佐：《仪礼集编》卷二，《文渊阁四库全书》第110册。
② 同上。
③ （清）刘沅：《仪礼恒解》卷一，《续修四库全书》第91册。

的礼学资料。《记》文在流传过程中，被一些礼学家选编，或为大、小戴《礼记》，或附于《仪礼》经文之后。这些《记》文作者的时代，目前尚不可考。我们认为，考证《记》文的作者和撰作时代对于礼学史研究来说固然是重要的，但是对于认识《记》文的性质并无太大意义。因为可以肯定的是，这些《记》文是解释和补充《仪礼》的，我们更看重的，是其对于《仪礼》和先秦礼制研究的意义。

3.《仪礼》的篇次和各篇的内容

据贾公彦《士冠礼疏》引郑玄《三礼目录》，今本《仪礼》共十七篇在汉代有三种不同的排列次序。杨志刚将其用表格的形式予以表述，甚为清楚，兹录于下。[①]

篇名	刘向《别录》本次序	戴德本次序	戴圣本次序
士冠礼	第一	第一	第一
士昏礼	第二	第二	第二
士相见礼	第三	第三	第三
乡饮酒礼	第四	第十	第四
乡射礼	第五	第十一	第五
燕礼	第六	第十二	第六
大射	第七	第十三	第七
聘礼	第八	第十四	第十五
公食大夫礼	第九	第十五	第十六
觐礼	第十	第十六	第十七
丧服	第十一	第十七	第九
士丧礼	第十二	第四	第十三
既夕礼	第十三	第五	第十四
士虞礼	第十四	第六	第八
特牲馈食礼	第十五	第七	第十
少牢馈食礼	第十六	第八	第十一
有司彻	第十七	第九	第十二

———————

① 杨志刚：《中国礼仪制度研究》，华东师范大学出版社2001年版。

郑玄在为《仪礼》作注时，篇次采用刘向整理本，而不用大、小戴本。贾公彦认为，刘向《别录》本，序"皆尊卑吉凶、次第伦叙，故郑用之"①。

《仪礼》记载了古代贵族生活中的冠、昏、丧、祭、乡、射、朝、聘等各种礼仪，各篇内容如下：

《士冠礼》记载了古代青年贵族男子的加冠礼仪。古代贵族男子到了二十岁要举行隆重的加冠典礼，作为成年的标志。此后，加冠者就拥有了一个贵族成员的权利和义务。

《士昏礼》记载了古代的士娶妻的礼仪。婚礼步骤有六，分别是纳采、问名、纳吉、纳征、请期、亲迎。

《士相见礼》记载了古代的士以及其他各级贵族互相拜访的礼仪。

《乡饮酒礼》记载了乡大夫为了招待乡中的贤能之士和德高望重者而主持的饮酒礼。

《乡射礼》记载了乡的下级组织中举行的射箭比赛之礼，意在教民礼让、敦化成俗。

《燕礼》记载了诸侯国君在政事完毕之后，为安乐群臣而举行的饮酒礼。

《大射》记载了诸侯在大学举行的射箭、宴饮活动，这些活动意在为将举行的祭祀、朝觐、会盟活动选拔人员，或是让群臣练习射技。

《聘礼》记载的是诸侯国之间的聘问礼。若诸侯国之间很长时间没有会盟，就要互派使者，带着礼物访问，以结友好，这就是聘礼。

《公食大夫礼》记载了诸侯用食礼款待聘问使者的礼仪。

《觐礼》记载了诸侯朝见天子之礼。

---

① (清) 阮元校刻：《十三经注疏（附校勘记）》，中华书局1980年版。

《丧服》记载了古时的丧服制度。古时人死以后，活着的人要为死者服丧。根据与死者的亲疏和尊卑关系的差异，所穿的丧服以及服丧的时间也有所不同。

《士丧礼》记载了古代的士死后，为其操办丧事之礼。该篇与下篇的《既夕礼》实为一篇，因内容太多，编者将其分为两篇。本篇只记载到卜丧日。

《既夕礼》是《士丧礼》的下篇，记载从起殡到下葬的礼仪。

《士虞礼》记载了人落葬后的安魂礼。父母葬后，当天中午就要迎父母的神灵于殡宫，并举行祭祀以安之，这就是虞祭。

《特牲馈食礼》记载了诸侯祭祀父祖之神的礼仪。诸侯的士于岁时用猪、黍稷、酒在庙中祭祀已故的父祖神灵，此与父祖生前子孙馈食以奉养之的礼仪相同。

《少牢馈食礼》与下篇《有司彻》实为一篇，记载了诸侯的卿大夫岁时用少牢以及黍稷等多种食物在庙中祭祀已故父祖之神的礼仪，此与父祖生前子孙馈食以奉养父祖的礼仪相同。本篇只是记载到正祭部分。

《有司彻》为《少牢馈食礼》的下篇，主要记载正祭之后所行的傧礼。

三、《礼记》概述

《礼记》是一部先秦到秦汉时期礼学资料的汇编，共四十九篇，篇目编次没有义例。各篇内容博杂，有的是对《仪礼》部分内容所做之诠释，有的是对孔子及其弟子言行之记录，还有的是对礼学所做之通论。

1. 《礼记》各篇的来源

关于《礼记》各篇的来源，自古及今，人们看法不一。有人认为《礼记》来源于《记》百三十一篇，代表人物如钱大昕、李学勤等；也有人认为《礼记》来源于《记》百三十一篇、《明堂阴阳记》三十三篇、《孔子三朝记》七篇、《王史氏》二十一篇、《乐记》二十三篇等五种，代表人物如陈邵、陆德明、陈寿祺等；还有人认为，《礼记》各篇不但选自《记》百三十一篇等五种，还选自其他一些文献，代表人物有洪业、钱玄、王文锦、杨天宇等。各家的观点不同，然皆有相关的材料作为佐证。近几十年来，随着出土文献的大量出现，《礼记》的来源问题变得愈来愈清晰。结合出土文献和传世文献之记载，我们认为《礼记》有三大来源，即诸子之说，先秦到秦汉时期礼学家的《记》文，以及《礼古经》。

1993年湖北省荆门市郭店一号墓出土八百余枚竹简，经过整理，这批竹简主要被分为儒家和道家著作。儒家著作有《缁衣》《鲁穆公问子思》《穷达以时》《五行》《唐虞之道》《忠信之道》《成之闻之》《尊德义》《性自命出》《六德》《语丛》等共十四篇。1994年，上海博物馆从香港购得一千二百余枚战国竹简，这批竹简约三万字，内容涉及儒家、道家、兵家等，共约百余种古籍。其中少数有传世本，如《缁衣》《易经》《孔子闲居》《曾子立孝》等。其他多数是佚书，如《诗论》《性情论》《乐礼》《鲁邦大旱》《四帝二王》《乐书》《子羔》等。[①]

郭店竹简和已公布的上博竹简中，《缁衣》两件与《礼记·缁衣》内容基本一致；上博竹简中的《民之父母》与《礼记·孔子闲居》内容基本一致；郭店简的《性自命出》与《礼记·乐记》有着密切的关系；《六德》《内礼》与《礼记·丧服四制》《内则》等密切相关。正因为郭店竹简、上博竹简与《礼记》有着密切联系，所以不少学者对二者的关系做

---

① 张立行：《战国竹简露出真容》，载《文汇报》1999年1月5日；郑重：《"上博"看竹简》，载《文汇报》1999年1月14日；马承源主编：《上海博物馆藏战国楚竹书》（一），上海古籍出版社2001年版，序、前言。

了研究，有的学者将郭店简称作"荆门礼记"，①有的学者从郭店简中的《子思子》来看《礼记》中的《子思子》，并对郭店简与《礼记》思想关联进行了探讨。②还有的学者利用这些文献重新考察《礼记》各篇的成书年代。③从郭店竹简和上博竹简中，可知《礼记》这类文献在先秦时期曾经大量存在，并且广为流传，其中的各篇在先秦时期是以单篇的形式流传。

先秦时期，礼学家们在传习《仪礼》的过程中都编写一些参考资料，这种资料被称为"《记》"。先秦时期，这些《记》是很多的，其非一人一时之作，而是累世相传。郭店竹简和上博竹简中关于《礼记》的这类文献，正是这些以单篇形式流传的《记》文。到了西汉时期，这些传抄的《记》遗失了不少，留传下来的也不多。西汉礼家在传习《仪礼》的过程中，也各自选辑了一些资料作为参考，如汉宣帝于甘露年间召集诸儒讲论"五经"于石渠阁，其议有曰：

> 《经》云："宗子孤为殇。"言孤何也？闻人通汉曰："孤者，师传曰：'因殇而见孤也。'男子二十冠而不为殇，亦不为孤，故因殇而见之。"戴圣曰："凡为宗子者，无父乃得为宗子。然为人后者，父虽在，得为宗子，故称孤。"圣又问通汉曰："因殇而见孤，冠则不为孤者，《曲礼》曰：'孤子当室，冠衣不纯采。'此孤而言冠，何也？"对曰："孝子未曾忘亲，有父母无父母衣服辄异。《记》曰：'父母存，冠衣不纯素；父母殁，冠衣不纯采'，故言孤。言孤者，别衣服也。"圣又曰："然则子无父母，年且百岁，犹称孤不断，何

---

① 陈来：《郭店简可称"荆门礼记"》，载《人民政协报》1998年8月3日。
② 龚建平：《郭店简与〈礼记〉二题》，载《武汉大学学报》1999年第5期。
③ 如王锷所撰《〈礼记〉成书考》，中华书局2007年版。

也?"通汉对曰:"二十冠而不为孤,父母之丧,年虽老,犹称孤。"①

　　此所谓"《经》云"者,见于《仪礼·丧服》,所谓"《曲礼》曰"者,见于今《礼记·曲礼》,所谓"《记》曰"者,大概是《曲礼》的逸文。另外,《通典》卷八一有引《王制》的内容,卷八三有引《礼记·杂记》的内容。由此可见,当时的经师们都各自拥有篇数不等的礼的《记》文。这些《记》文为当时的经师们所熟悉,故能在论辩的时候运用自如。这些《记》文,在西汉初期也仅是以单篇的形式流传。1973年,河北定县40号西汉墓出土有《哀公问五义》《保傅》,内容与今传本《大戴礼记》基本一致。竹简《儒家者言》与《礼记》的《曾子大孝》《曾子本孝》以及小戴《礼记·祭义》中的内容大致相同。②这是西汉时期有今传大、小戴《礼记》单篇流传的有力证据,也说明大、小戴《礼记》部分篇目是选自这些单篇流传的《记》文。

　　班固云:"《记》百三十一篇,七十子后学者所记也。"③"七十子后学",上自战国,下至秦汉,时间跨度很大。班固虽然未能明确指出各篇的撰著者,但却使我们知道,《礼记》选编的材料很大一部分为先秦诸子之文。如《小戴礼记》的《月令》出自《吕氏春秋》;《坊记》《中庸》《表记》《缁衣》等选自《子思子》,《大戴礼记》的《曾子立事》等十篇选自《曾子》。顾实云:"如小戴《记》之《三年问》全出《礼论》篇,《乐记》《乡饮酒义》所引俱出《乐论》篇,《聘义》'贵玉贱珉'语亦与《法行》篇大同。《大戴礼记》之《礼三本》篇出《礼论》篇;《劝学》篇

---

① (唐) 杜佑著、王文锦等校点:《通典》卷七十三《礼三十三·嘉礼十八》,中华书局1988年版。
② 定县汉墓竹简整理组:《定县40号汉墓出土竹简简介》,载《文物》1981年第8期。
③ (汉) 班固:《汉书》卷三十《艺文志第十》,中华书局1962年点校本。

即《荀子》首篇，而以《宥坐》篇末'见大水'一则附之;《哀公问五义》出《哀公》篇之首。"①据顾氏所言，可知《礼记》的好些篇目选自《荀子》。

除了参考礼学家所传的《记》文以及诸子之说以外，大、小戴《礼记》的有些篇目还来自《礼古经》。《汉书·艺文志》著录《礼古经》五十六篇，除今传《仪礼》十七篇外，其他各篇均已亡佚。《礼记》中的《奔丧》和《投壶》均为《礼古经》的逸篇。对于《礼记》中的《奔丧》篇，郑玄《三礼目录》云："名曰'奔丧'者，以其居他国，闻丧奔归之礼。此于《别录》属丧服之礼矣，实逸《曲礼》之正篇也。汉兴后得古文，而礼家又贪其说，因合于《礼记》耳。"②对于《礼记》中的《投壶》篇，郑玄《三礼目录》云："名曰'投壶'者，以其记主人与客燕饮讲论才艺之礼。此于《别录》属吉礼，亦实《曲礼》之正篇。"③任铭善云："谓'逸《曲礼》'者，郑君误以《仪礼》为《曲礼》耳。此于《别录》属吉礼，亦实《曲礼》之正篇。"④据郑玄之说，可知《奔丧》《投壶》是《礼古经》之篇目，本来是经，而不是《记》。

《礼记》类文献大量产生于先秦时期，故古有《礼记》为"七十子之徒所论"的说法。王锷《〈礼记〉成书考》进而对《礼记》每篇的成书年代做了考辨，发现有春秋末、战国初、战国中期、战国后期的作品，而其最晚出的《檀弓》《月令》《明堂位》也是战国后期的文献。⑤这些成篇于先秦时期的作品，是研究春秋末到战国晚期儒家思想的重要资料，对

---

① 顾实:《汉书艺文志讲疏》，上海古籍出版社1987年版。
②（清）阮元校刻:《十三经注疏（附校勘记）》，中华书局1980年版。
③ 同上。
④ 任铭善:《礼记目录后案》，齐鲁书社1982年版。
⑤ 笔者认为，《礼记》的少数篇目出自西汉。如汉初礼学家在阐释和补充《仪礼》时所辑的一些"记"文，《礼记》的选编者曾参考之。

于先秦古制的研究，同样有着重要意义。

2.《礼记》的纂集成书

关于《礼记》的选编，孔颖达《礼记正义序》引郑玄《六艺论》曰："今礼行于世者，戴德、戴圣之学也。……戴德传《记》八十五篇，则《大戴礼》是也；戴圣传《礼》四十九篇，则此《礼记》是也。"①据郑玄之记载，戴德和戴圣分别传《大戴礼记》八十五篇和《小戴礼记》四十九篇。戴圣所传四十九篇，每篇都有此于《别录》属某类的记载。如《曲礼上第一》下，《目录》云"此于《别录》属制度"；《曾子问第七》下，《目录》云"此于《别录》属丧服"；《大传第十六》下，《目录》云"此于《别录》属通论"，等等。从郑玄《三礼目录》所引刘向《别录》关于《礼记》各篇之分类，可知《礼记》四十九篇的抄辑时间当在成帝命刘向校书之前。

晋代陈邵始偏离郑玄的说法。陈邵《周礼论序》云："戴德删古《礼》二百四篇为八十五篇，谓之《大戴礼》；戴圣删《大戴礼》为四十九篇，是为《小戴礼》。后汉马融、卢植考诸家同异，附戴圣篇章，去其繁重及所叙略而行于世，即今之《礼记》是也。郑玄亦依卢、马之本而注焉。"②陈邵偏离郑玄之处在于他首次提出戴德删古《礼》二百零四篇为八十五篇，戴圣又删八十五篇为四十九篇。《隋书·经籍志》又在陈邵的基础之上提出"马融足三篇"说③。清代学者毛奇龄、永瑢、戴震、钱大昕、陈寿祺，近代学者王国维、龚道耕、吴承仕、洪业、钱玄、王文锦、杨天宇等都力辨"小戴删大戴，马融足三篇"说之非。如永瑢云：

---

① （清）阮元校刻：《十三经注疏（附校勘记）》，中华书局1980年版。

② 吴承仕：《经典释文序录疏证》，中华书局2008年版。

③ 《隋书》云："汉末马融，遂传小戴之学。融又定《月令》一篇、《明堂位》一篇、《乐记》一篇，合四十九篇；而郑玄受业于融，又为之注。"（见魏徵：《隋书》卷三十二《志第二十七·经籍一》，中华书局1973年点校本。）

"其（《隋志》）说不知所本。今考《后汉书·桥玄传》云：'七世祖仁，著《礼记章句》四十九篇，号曰桥君学。'仁即班固所谓小戴授梁人桥季卿者，成帝时尝官大鸿胪。其时已称四十九篇，无四十六篇之说。又孔《疏》称《别录》《礼记》四十九篇，《乐记》第十九。四十九篇之首，《疏》皆引郑《目录》，郑《目录》之末必云此于刘向《别录》属某门。《月令目录》云：'此于《别录》属《明堂阴阳记》。'《明堂位目录》云：'此于《别录》属《明堂阴阳记》。'《乐记目录》云：'此于《别录》属《乐记》。'盖十一篇，今为一篇，则三篇皆刘向《别录》所有，安得以为马融所增？《疏》又引玄《六艺论》曰：'戴德传《记》八十五篇，则《大戴礼》是也。戴圣传《礼》四十九篇，则此《礼记》是也。'玄为马融弟子，使三篇果融所增，玄不容不知，岂有以四十九篇属于戴圣之理？况融所传者乃《周礼》，若小戴之学，一授桥仁，一授杨荣。后传其学者有刘祐、高诱、郑元、卢植。融绝不预其授受，又何从而增三篇乎？知今四十九篇实戴圣之原书，《隋志》误也。"①陈邵"小戴删大戴"与《隋志》"马融足三篇"之说固不可信，然陈邵和《隋志》并没有否定戴德和戴圣分别为大、小戴《礼记》的纂集者。传统的观点一直还是坚持认为《大戴礼记》和《小戴礼记》分别为戴德和戴圣所纂集。可是到了近代，受疑古思潮的影响，这一传统说法受到了挑战，首先是洪业先生在《礼记引得序》中首次提出《礼记》并非戴圣所录，是在大、小戴之后郑玄之前，由多人抄合而成，非一人一时之作。②蔡介民、钱玄、王文锦等人也认为《大戴礼记》和《礼记》非二戴所辑。这些持怀疑态度者，有的是从严谨求实的态度来对《礼记》的成书问题进行探讨，但是由于时代的局限和资料的不足，所以得出的结论还值得商榷；有的并不是抱着实

---

① （清）永瑢等：《四库全书总目》卷二一《经部·礼类三》，中华书局1965年影印本。
② 洪业：《礼记引得序——两汉礼学源流考》，载《洪业论学集》，中华书局1981年版。

事求是的研究态度来讨论《礼记》成书问题，他们从怀疑《礼记》的成书进而否定《礼记》各篇的价值，怀疑其文献的可信度，进而否定其中所蕴含的儒家思想。

上述各家以《礼记》非戴圣所纂集者均以《汉志》不载二戴《记》为依据，对于此，近代学者龚道耕有新的观点，其曰："《释文·叙录》引刘向《别录》云'《古文礼》二百四篇'，此《古文记》都数也。《正义》云'刘向《别录》《礼记》四十九篇，《乐记》第十九'，此《小戴记》都数及目录也。……是古文与诸家之《记》，刘向俱载其目。……至刘歆总群书而奏《七略》，遂仅载刘所校诸记篇数，而古文、戴、庆诸《记》，《别录》有其目者，并不著录。"自注："《别录》著录刘向定本，而仍存古文今文之篇目，犹乾隆间《四库全书》之有'存目'也；《七略》但著刘向定本、篇目，犹《四库简明目录》，不载'存目'之书也。"[①]各家均注意到《汉志》未载二戴《记》，然却在没有探讨原因的状况下，便认为《礼记》非戴圣所集。而龚道耕从刘向《别录》与刘歆《七略》著录方式差异着眼，从而探讨《汉志》不载二戴《记》的原因。龚氏之说，可以解决戴圣所辑《礼记》为何不载于《汉志》的问题，可惜龚氏此论并没有受到学术界的重视。

近代以来，疑古学者认为戴圣为今文家，不可能纂集杂今古文的《礼记》。此论已为不少学者所驳。如龚道耕辩正曰："廖君（平）作《戴记今文古文篇目表》，以为《戴记》'古多于今'。近人泥之，遂疑戴氏为今文家，何以多录古学？又以其采及《逸礼》（即《奔丧》《投壶》二篇）及曾、思、荀、贾诸子书，疑今之《礼记》并非二戴所辑。夫古文晚出，戴氏所传之记适与古经相同，初非取经附记。曾、思、荀、贾，

---

① 龚道耕：《礼记郑义疏发凡》，载《志学》1942年第3期。

儒家大宗，吐词为经，宁谓非当？且诸子之书亦多述古，必谓出于自作，则又识昧通方，斯为妄矣。"①龚氏认为戴圣古文经晚出，戴圣辑《礼记》并非取古文，其所传之《记》与古文相合而已。

当代学者杨天宇对戴圣辑《礼记》时兼采今古文的现象做了探讨，杨先生认为，两汉时期的今文经学和古文经学并非水火不容，今文经学家懂古文学，而古文经学家也懂今文学，因此，作为今文经学家的戴圣纂集今古文杂之的《礼记》也就不难理解。

龚、杨二人跳出成见，对于今人认识《礼记》的辑者甚有启发。我们知道，"今文"乃指汉代文字，"古文"指先秦六国文字，而"今文经"与"古文经"的区别则是比较复杂的。以前人们大多认为，凡是用隶书抄写的经书都是今文经，凡用秦以前的文字抄写的经书就是古文经。其实，仅仅用文字的不同来区分今古文经是不妥当的。六国文字在汉代已不通行，为了传授的方便，西汉的经师们多将古文经改写为当时通行的隶书本，而今文经的系统在西汉尚未形成，所以西汉的经书抄本多介于今文与古文之间。据学者考证，马王堆帛书和银雀山汉简都是用隶书体写于汉初，而用字往往与许慎、郑玄等人所说的古文一致。②由此可见，古义经很可能有今文抄本，而今文经也可能有古文祖本。如人所共知的今文《尚书》，此书用战国古文写成，在传授过程中，古文本写成今文抄本，逐渐形成今文《尚书》。

---

① 龚道耕：《礼记郑义疏发凡》，载《志学》1942年第3期。
②《周礼·小宗伯》郑玄《注》引郑司农之说曰："《春秋经》'公即位'为'公即立'。"而"位"字在马王堆帛书和银雀山汉简均作"立"，与古文经一致。《仪礼·觐礼》郑《注》云："古文'尚'作'上'。"而马王堆帛书《老子》"不尚贤"写为"不上贤"，"吉事尚左，凶事尚右"写作"吉事上左，凶事上右"，与古文经用字一致。（见姜广辉编：《中国经学思想史》第二卷，中国社会科学出版社2003年版。）

汉代的经师大多是今古文兼通，时时表现出混淆今古文的立场。刘向在汉宣帝时为《春秋》穀梁派的代表人物，桓谭《新论·识通》云："刘子政、子骏、伯玉三人，尤珍重《左氏》。下至妇女，无不读论者。"①《汉书·楚元王传》引刘向于汉元帝时所上疏云："周室多祸，……郑伤桓王。"②杨树达先生对此句的解释为："伤王事但见于《左氏传》，《公》《穀》二传并无之。然则（刘）向虽持《穀梁》义，亦时兼用《左氏》之说也。"③由此可见，刘向虽为今文经学的代表，却也研习古文经，也不排斥采用古文经说。

刘向之子刘歆的《移让太常博士书》是公认的古文经学的代表作，文中说："是故孔子忧道之不行，历国应聘，自卫反鲁，然后乐正，《雅》《颂》乃得其所；修《易》，序《书》，制作《春秋》，以纪帝王之道。"④学者们通常以为，古文家眼中的孔子是史料的编修者，今文家才将《六经》归为孔子所作。⑤刘歆认为孔子制作《春秋》，恰恰是今文家的立场。王葆玹曰："《汉书·艺文志》由刘歆《七略》删成，书中屡次称颂孔子而不提周公，如说儒家'祖述尧舜，宪章文武，宗师仲尼'，在这圣王统绪之中有孔子而没有周公的位置，可见古文经学未必尊崇周公超过孔子。"⑥在东汉，兼通今古文经的经师比比皆是，如马融、许慎、郑玄等，皆是汇通今古的大儒。

事实上，汉代的今古文之争多是利禄之争而非学术之争，学术之争

---

① （宋）李昉等:《太平御览》卷六百一十《学部四》，中华书局1960年影印本。
② （汉）班固:《汉书》卷三十六《楚元王传第六》，中华书局1962年点校本。
③ 杨树达:《汉书窥管》卷四，湖南教育出版社2007年版。
④ （汉）班固:《汉书》卷三十六《楚元王传第六》，中华书局1962年点校本。
⑤ 周予同:《经今古文学》，见朱维铮编:《周予同经学史论》，上海人民出版社2010年版。
⑥ 姜广辉:《中国经学思想史》（第二卷），中国社会科学出版社2003年版。

的根本原因是为了维护利禄。杨天宇曾言："至于博士们一致反对立古文经的根本原因，则是为了垄断利禄之途，不愿古文经学派出来跟他们争饭碗。"①也就是说，汉代的今古文之争集中表现在今文经学家与古文经学家争立学官上。今文家为了保持学术上的统治地位，当然要竭力反对古文家，但是只要不争立博士，两派便可相安无事。由此我们便不难理解为什么作为今文经大师的戴圣在纂集《礼记》时收入《奔丧》《投壶》等古文经作品。

李学勤说："晚清以来的疑古之风，很大程度上是对学术史的怀疑否定，而这种学风本身又是学术史上的现象。只有摆脱疑古的局限，才能对古代文明做出更好的估价。"②实际上，只要我们证明了《礼记》各篇撰著的大致年代出于先秦和汉初，至于是谁将这些篇章收集起来编订成书，对于本书之史料价值似乎没有太大干系。因为不管是谁选编了《礼记》，都只表明其去取态度，并不能左右其所选者的史料价值。然而为了明确在历史上围绕《礼记》编者问题所发生的种种争议，以窥学术史曲折发展之一斑，我们在上面还是无可回避地对其具体编者的争论略做回顾，并略有考证。

3.《礼记》的篇目及分类

《礼记》四十九篇，内容博杂，篇目编次没有义例。孔颖达《礼记正义》引郑玄《三礼目录》记录了刘向《别录》对《礼记》各篇的分类。《别录》将《礼记》各篇分为制度、通论、明堂阴阳、丧服、世子法、祭祀、乐记、正篇、吉事九类。

制度类有《曲礼上》《曲礼下》《王制》《礼器》《少仪》《深衣》；

通论类有《檀弓上》《檀弓下》《礼运》《玉藻》《大传》《学记》《经

---

① 杨天宇：《略论汉代今古文经学的斗争与融合》，载《郑州大学学报》2001年第2期。
② 李学勤：《重写学术史》后记，河北教育出版社2002年版。

解》《哀公问》《仲尼燕居》《孔子闲居》《坊记》《中庸》《表记》《缁衣》《儒行》《大学》；

明堂阴阳类有《月令》《明堂位》；

丧服类有《曾子问》《丧服小记》《杂记上》《杂记下》《丧大记》《问丧》《服问》《间传》《三年问》《丧服四制》；

世子法类有《文王世子》《内则》；

祭祀类有《郊特牲》《祭法》《祭义》《祭统》；

乐记类有《乐记》；

正篇类有《奔丧》《投壶》；

吉事类有《冠义》《昏义》《乡饮酒义》《射义》《燕义》《聘义》。

刘向分类标准比较混乱。比如"通论"是根据文体来进行划分的，而"祭祀"是根据内容来进行划分的，"乐记"则是根据出处来进行划分的。

梁启超在《要籍解题及其读法》中将大、小戴《礼记》的篇目混合在一起，分为十类。分别为：

记述某项礼节条文之专篇；

记述某项政令之专篇；

解释《礼经》之专篇；

专记孔子言论；

记孔门及时人杂事；

制度之杂记载；

制度礼节之专门的考证及杂考证；

通论礼意及学术；

杂记格言；

某项掌故之专记。①

梁启超划分的条目太多，又有繁复之弊。

杨天宇在各家划分之基础上对《礼记》篇目的命名做了归纳：

一是依据篇中所记主要内容命名；

二是仅据首节，或仅据篇中部分内容命名；

三是取篇首或首句中若干字，或取篇中若干字命名；

四是以所记内容的性质命名；

五是命名之由不详者。②

杨天宇主要探讨的是《礼记》各篇的命名，并从命名的角度对《礼记》的篇目进行划分。

在各家对《礼记》篇目所做的分类中，王锷的归纳是比较科学的。其根据《礼记》各篇的内容，将四十九篇分为四类：

一是记礼节条文，补他书所不备，如《曲礼》《檀弓》《玉藻》《丧服小记》《大传》《少仪》《杂记》《丧大记》《奔丧》《投壶》等；

二是阐述周礼的意义，如《曾子问》《礼运》《礼器》《郊特牲》《内则》《学记》《乐记》《祭法》《祭义》《祭统》《经解》《哀公问》《仲尼燕居》《孔子闲居》《坊记》《中庸》《表记》《缁衣》《问丧》《服问》《间传》《三年问》《儒行》《大学》《丧服四制》等；

三是解释《仪礼》之专篇，如《冠义》《昏义》《乡饮酒义》《射义》《燕义》《聘义》等；

四是专记某项制度和政令，如《王制》《月令》《文王世子》《明堂

---

①（清）梁启超：《要籍解题及其读法》，见《国学要籍研读法四种》，国家图书馆出版社2008年版。

②杨天宇：《〈礼记〉简述》，《礼记译注》卷首，上海古籍出版社2004年版。

位》等。①

王锷的划分，可使《礼记》的初学者找出自己感兴趣的篇目，研究者亦可借此重点阅读某些篇目，因此其划分比较合理和实用。

第二节 选 读

一、选自《周礼》

1. 大宰之职，掌建邦之六典，以佐王治邦国：一曰治典，以经邦国，以治官府，以纪万民。二曰教典，以安邦国，以教官府，以扰万民。三曰礼典，以和邦国，以统百官，以谐万民。四曰政典，以平邦国，以正百官，以均万民。五曰刑典，以诘邦国，以刑百官，以纠万民。六曰事典，以富邦国，以任百官，以生万民。

以八法治官府：一曰官属，以举邦治。二曰官职，以辨邦治。三曰官联，以会官治。四曰官常，以听官治。五曰官成，以经邦治。六曰官法，以正邦治。七曰官刑，以纠邦治。八曰官计，以弊邦治。

以八则治都鄙：一曰祭祀，以驭其神。二曰法则，以驭其官。三曰废置，以驭其吏。四曰禄位，以驭其士。五曰赋贡，以驭其用。六曰礼俗，以驭其民。七曰刑赏，以驭其威。八曰田役，以驭其众。

以八柄诏王驭群臣：一曰爵，以驭其贵。二曰禄，以驭其富。三曰予，以驭其幸。四曰置，以驭其行。五曰生，以驭其福。六曰夺，以驭其贫。七曰废，以驭其罪。八曰诛，以驭其过。

以八统诏王驭万民：一曰亲亲，二曰敬故，三曰进贤，四曰使能，

---

① 王锷:《〈礼记〉成书考》，中华书局2007年版。

五曰保庸，六曰尊贵，七曰达吏，八曰礼宾。

以九职任万民：一曰三农，生九谷。二曰园圃，毓草木。三曰虞衡，作山泽之材。四曰薮牧，养蕃鸟兽。五曰百工，饬化八材。六曰商贾，阜通货贿。七曰嫔妇，化治丝枲。八曰臣妾，聚敛疏材。九曰闲民，无常职，转移执事。

以九赋敛财贿：一曰邦中之赋，二曰四郊之赋，三曰邦甸之赋，四曰家削之赋，五曰邦县之赋，六曰邦都之赋，七曰关市之赋，八曰山泽之赋，九曰币余之赋。

以九式均节财用：一曰祭祀之式，二曰宾客之式，三曰丧荒之式，四曰羞服之式，五曰工事之式，六曰币帛之式，七曰刍秣之式，八曰匪颁之式，九曰好用之式。

以九贡致邦国之用：一曰祀贡，二曰嫔贡，三曰器贡，四曰币贡，五曰材贡，六曰货贡，七曰服贡，八曰斿贡，九曰物贡。

以九两系邦国之民：一曰牧，以地得民。二曰长，以贵得民。三曰师，以贤得民。四曰儒，以道得民。五曰宗，以族得民。六曰主，以利得民。七曰吏，以治得民。八曰友，以任得民。九曰薮，以富得民。

正月之吉，始和布治于邦国都鄙，乃县治象之法于象魏，使万民观治象，挟日而敛之。乃施典于邦国，而建其牧，立其监，设其参，傅其伍，陈其殷，置其辅。乃施则于都鄙，而建其长，立其两，设其伍，陈其殷，置其辅。乃施法于官府，而建其正，立其贰，设其考，陈其殷，置其辅。凡治，以典待邦国之治，以则待都鄙之治，以法待官府之治，以官成待万民之治，以礼待宾客之治。祀五帝，则掌百官之誓戒，与其具修。前期十日，帅执事而卜日，遂戒。及执事，视涤濯。及纳享，赞王牲事。及祀之日，赞玉币爵之事。祀大神示，亦如之。享先王，亦如之。赞玉几、玉爵。大朝觐会同，赞玉币、玉献、玉几、玉爵。大丧，赞赠玉、含玉。作大事，则戒于百官，赞王命。王视治朝，则赞听治；视四方之听朝，亦如之。凡邦之小治，则冢宰听之。待四方之宾客之小治。

岁终，则令百官府各正其治，受其会，听其致事，而诏王废置。三岁则大计群吏之治而诛赏之。（《周礼·天官·冢宰》）

【译文】

大宰的职责，掌管创设和颁行王国的六种法典，以辅助王统治天下各国。第一是治典，用来治理天下各国，治理官府，治理民众。第二是教典，用来安定天下各国，教育官府的官吏，使民众顺服。第三是礼典，用来谐调天下各国，统御百官，使民众和谐。第四是政典，用来使天下各国平服，百官政风端正，民众赋役平均。第五是刑典，用来禁止天下各国的叛逆，惩罚百官的违法者，纠察民众。第六是事典，用来使天下各国富强，百官胜任职事，民众能得生养。

依据八种法则来治理官府。第一是官属，用来开展王国的政事。第二是官职，用来区别王国官吏的职责。第三是官联，用来会合各官共同办事。第四是官常，用来考察官吏的工作。第五是官成，用来治理王国的政事。第六是官法，用来端正王国的政风。第七是官刑，用来纠察王国的政事。第八是官计，用来评断王国的吏治。

依据八种制度治理王畿内的采邑。第一是祭祀制度，用来节制对神的祭祀。第二是〔有关宫室、车服等级的〕制度，用来统御属官。第三是废置制度，用来治理官吏。第四是禄位制度，用来督励学士。第五是赋贡制度，用来调节财用。第六是礼仪风俗，用来约束民众。第七是刑赏制度，用来树立威信。第八是田役制度，用来役使民众。

用八种权柄辅助王统御群臣。第一是授予爵位的权柄，以使臣尊贵。第二是授予俸禄的权柄，以使臣富有。第三是赐予的权柄，以使臣得宠幸。第四是安置官吏的权柄，以劝励臣下的贤行。第五是赦免死罪的权柄，以使臣得免死之福。第六是剥夺的权柄，以使臣贫穷。第七是废黜的权柄，以惩罚罪臣。第八是诛杀的权柄，以使罪臣遭祸。

用八项原则辅助王统御民众。第一是亲近亲族，第二是尊敬故旧，第三是荐举贤人，第四是任用能人，第五是抚慰有功的人，第六是尊重尊贵的人，第七是提拔勤劳的小吏，第八是礼敬宾客。

以九类职业任用民众。第一是在三种不同地形从事农业，生产各种谷物。第二是园圃之业，培育瓜果。第三是虞衡之业，开发利用山林川泽的材物。第四是薮牧之业，蕃养鸟兽。第五是百工之业，利用各种原材料制造器物。第六是商贾之业，使财物大流通。第七是嫔妇之业，治理丝麻。第八是臣妾（奴婢）之业，采集草木果实。第九是闲民，没有固定职业，经常转换雇主为人做工。

用九种赋税法征收财物。第一是王都中的赋税法，第二是〔距王都百里的〕四郊的赋税法，第三是〔距王都百里至二百里的〕邦甸的赋税法，第四是〔距王都二百里至三百里的〕家削的赋税法，第五是〔距王都三百里至四百里的〕邦县的赋税法，第六是〔距王都四百里至五百里的〕邦都的赋税法，第七是关市的赋税法，第八是山泽的赋税法，第九是给公用的剩余财物的回收法。

用九种法则调节财物用度。第一是祭祀所用财物的法则，第二是接待宾客所用财物的法则，第三是遇死丧或灾荒所用财物的法则，第四是饮食和车服所用财物的法则，第五是工匠制作所用财物的法则，第六是行聘问礼所用财物的法则，第七是饲养牛马草料支出的法则，第八是分颁群臣俸禄所用财物的法则，第九是〔王闲暇时〕为与诸侯和臣下结恩好而赐予财物的法则。

按九种贡法收取诸侯国的财物。第一是贡献祭祀用物，第二是贡献接待宾客用物，第三是贡献各种器物，第四是贡献丝织物，第五是贡献竹、木材，第六是贡献珠贝金玉等自然之物，第七是贡献缝制祭服用的材料，第八是贡献玩赏之物，第九是贡献各地土特产。

用九种和协的办法联系天下各国的民众。第一是诸侯国君，以土地取得民众。第二是官长，以尊贵的爵位取得民众。第三是老师，以贤德取得民众。第四是儒士，以道艺取得民众。第五是大宗，以亲睦族人取得民众。第六是主人，以有利可依取得民众。第七是官吏，以治理民事取得民众。第八是朋友，以可托付信任取得民众。第九是掌管山林川泽的官吏，以山林川泽的材物取得民众。

〔周历〕正月初一，开始向各国诸侯和王畿内的采邑宣布治典，把形成文字的治典悬挂在象魏上，让民众观看治典，过十天而后收藏起来。在各诸侯国和王畿内的采邑施行治典，为各州设州牧，为各国设国君，为国君设三卿，为卿设五大夫，为大夫设众士，为士置府史。在王畿施行八则，为各采邑设君长，为君长设两卿，为卿设五大夫，为大夫设众士，为士置府史。在官府施行八法，为各官府设长官，为长官设副手，副手下设考核官，属官下设众士，士下置府史。凡治理政务，用六典以待治理天下各国，用八则以待治理王畿内的采邑，用八法以待治理官府，用官成以待治理民众，用宾礼以待接待宾客。

祭祀五帝，掌管告诫百官〔不要失礼〕，以及供给祭祀用品并把祭祀场所打扫干净。祭祀前的第十天，率有关官员占卜祭祀的日期，接着就斋戒。〔到祭祀的前夕〕携同有关官员视察祭器是否洗涤干净。到〔祭祀那天黎明王牵牲〕行纳亨礼的时候，帮助王牵牲。到祭祀那天天大亮的时候，帮助王拿玉器、币帛和爵。祭祀天神和地神的礼仪也是这样。祭祀先王也是这样。还要帮助王拿玉几和玉爵。诸侯朝觐王大会同而来，大宰协助王接受诸侯奉献的玉币，协助王接受诸侯进献的珍异之物，协助王设置玉几，协助王接受诸侯向王进酢酒的玉爵。有大丧，协助〔嗣王〕行赠玉、含玉之礼。采取大的军事行动，负责告诫百官，协助王发布命令。王在治朝处理政事，就协助王评断政事。王巡守四方时听断政事，〔大宰的职责〕也是这样。凡王国政务的小事，就由大宰处理。四方来朝宾客有小事也有待大宰处理。

〔夏历〕年终，命令各官府实事求是地整理文书资料，接受他们的会计总账，评断他们汇报的政绩，而帮助王决定对官吏的罢黜和提升。三年大考核众官吏的政绩，而〔帮助王〕决定对他们的惩罚和奖励。

2. 国有六职，百工与居一焉。或坐而论道；或作而行之；或审曲面势，以饬五材，以辨民器；或通四方之珍异以资之；或饬力以长地财；或治丝麻以成之。坐而论道，谓之王公；作而行之，谓之士大夫；审曲面势，以饬五材，以辨民器，谓之百工；通四方之珍异以资之，谓之商旅；饬力以长地财，谓之农夫；治丝麻以成之，谓之妇功。（《周礼·冬官·考工记》）

【译文】

国家有六类职业，百工是其中之一。有的人安坐而谋虑治国之道；有的人起来执行治国之道；有的人审视〔五材的〕曲直、方圆，以〔加工〕整治五材，而具备民众所需的器物；有的人使四方珍异的物品流通以供人们购取；有的人勤力耕耘土地而使之生长财富；有的人纺绩丝麻而制成衣服。安坐而谋虑治国之道的，是王公；起来执行治国之道的，是士大夫；审视〔五材的〕曲直、方圆，以〔加工〕整治五材，而具备民众所需器物的，是百工；使四方珍异的物品流通以供人们购取的，是商旅；耕耘土地而使之生长财富的，是农夫；纺绩丝麻而制成衣服的，是妇功。

二、选自《仪礼》

1. 士冠礼。筮于庙门。主人玄冠朝服，缁带素韠，即位于门东，西面。有司如主人服，即位于西方，东面，北上。筮与席、所卦者，具馔于西塾。布席于门中，闑西阈外，西面。筮人执策，抽上韇，兼执之，进受命于主人。宰自右少退，赞命。筮人许诺，右还，即席坐，西面。卦者在左。卒筮，书卦，执以示主人。主人受视，反之。筮人还，东面。旅占，卒，进，告吉。若不吉，则筮远日，如初仪。彻筮席。宗人告事毕。

主人戒宾。宾礼辞，许。主人再拜，宾答拜。主人退，宾拜送。

前期三日，筮宾，如求日之仪。

乃宿宾。宾如主人服，出门左，西面再拜。主人东面答拜，乃宿宾；宾许。主人再拜，宾答拜。主人退，宾拜送。宿赞冠者一人，亦如之。

厥明夕，为期于庙门之外。主人立于门东，兄弟在其南，少退；西面，北上。有司皆如宿服，立于西方，东面，北上。摈者请期。宰告曰："质明行事。"告兄弟及有司。告事毕。摈者告期于宾之家。（《仪礼·士冠礼》）

【译文】

冠礼。在庙门前占筮。主人头戴玄冠，身穿朝服，束着缁带，系着白色的蔽膝，在庙门外东边就位，面朝西而立。有司们穿着和主人同样的服装，在庙门外西边就位，面朝东而立，以北边为上位。蓍草、蒲席和用来记卦爻的木版，都陈放在西塾。在门中闑西、阈外的地方设席，席面朝西。筮人左手拿着盛蓍草的下韇，右手抽开上韇，又将上韇交由左手与下韇一并拿着，进前向主人请示命筮辞。宰从主人的右边稍后退一些，代主人发布命筮辞。筮人答应了，从主人的右边转到门中的席上坐下，面朝西。记卦者在筮人的左边。占卦完毕，记卦者记下所得的卦，再由筮人拿给主人看。主人接过卦看后，交还给筮人。筮人回到庙门西边原来的位置，面朝东而立。众筮人都根据所得卦以占问吉凶，占毕，进前向主人报告占筮的结果：所选择的举行冠礼的日期吉利。如果不吉，那就要选下一旬的某日以至再下一旬的某日，再行占筮，占筮的礼仪如前。最后，收起蓍草，撤去蒲席，由宗人向主人报告筮日的礼仪完毕。

主人到宾家去把举行冠礼的日期告诉宾，请宾到时来参加。宾礼节性推辞一下，就答应了。主人向宾行再拜礼致谢，宾回礼答拜。主人退去，宾行拜礼相送。

行冠礼前的第三天，要通过占筮选择一位可使为子弟加冠的宾。筮宾的礼仪也同筮日一样。

宾选定后，主人便前往约请宾。宾穿着和主人同样的服装，从门左侧出来，面朝西向主人行再拜礼。主人站在门的西边，面朝东向宾回礼答拜，于是约请宾为自己的子弟行加冠礼。宾答应了。主人向宾行再拜礼致谢，宾回礼答拜。主人退去，宾行拜礼相送。主人又为宾约请一位协助加冠的人，礼仪也同约请宾一样。

主人约请宾的第二天黄昏，在庙门外约定明日举行冠礼的具体时间。主人站在庙门东边，将冠者的宗亲站在主人的南边，比主人稍退后一些，面朝西，以北边为上位。有司们穿着如同主人约请宾时穿的朝服，站在庙门西边，面朝东，以北边为上位。摈者向主人请示举行冠礼的具体时间。宰传达主人的指示说："明天天亮的时候开始举行冠礼。"由摈者把这时间告诉宗亲和有司们。最后，宗人向主人报告为期的礼仪完毕。摈者又把举行冠礼的时间告诉宾家。

2. 昏辞曰："吾子有惠，贶室某也。某有先人之礼，使某也请纳采。"对曰："某之子蠢愚，又弗能教。吾子命之，某不敢辞。"致命，曰："敢纳采。"

问名，曰："某既受命，将加诸卜，敢请女为谁氏？"对曰："吾子有命，且以备数而择之，某不敢辞。"

醴，曰："子为事故，至于某之室。某有先人之礼，请醴从者。"对曰："某既得将事矣，敢辞。""先人之礼，敢固以请。""某辞不得命，敢不从也？"

纳吉，曰："吾子有贶命，某加诸卜，占曰'吉'，使某也敢告。"对曰："某之子不教，唯恐弗堪。子有吉，我与在。某不敢辞。"

纳征，曰："吾子有嘉命，贶室某也。某有先人之礼，俪皮束帛，使某也请纳征。"致命，曰："某敢纳征。"对曰："吾子顺先典，贶某重礼，某不敢辞，敢不承命？"

请期，曰："吾子有赐命，某既申受命矣。惟是三族之不虞，使某也请吉日。"对曰："某既前受命矣，唯命是听。"曰："某命某听命于吾子。"对曰："某固唯命是听。"使者曰："某使某受命，吾子不许，某敢不告期？"曰："某日"。对曰："某敢不敬须？"

凡使者归，反命，曰："某既得将事矣，敢以礼告。"主人曰："闻命矣。"（《仪礼·士昏礼》）

【译文】

男家使者向女家主人致婚辞说："您施惠赐妻予某，某有先人遗留下来的礼物，派某来赠送给您，请您接受采礼。"女父回答说："某之女很愚蠢，某又未能很好教导她。现在您下达了命令，某不敢推辞。"使者入庙上堂后，向女父致纳采之辞说："谨向您赠送采礼。"

男家使者向女父问女名时致辞说："某既已承蒙您接受采礼，还将对女名进行占卜，因此冒昧地请问女名叫什么？"女父回答说："您既已下达了命令，那就姑且用某之女备数以供选择，某不敢推辞。"

女家主人请男家使者接受醴礼时说:"您为了我们两姓婚事,来到某的家。某有先人传下来的礼仪,请您接受醴礼。"使者回答说:"某的事情都已经办完了,不敢再打扰您了。"主人说:"这是先人传下来的礼仪,不敢不坚持请您接受。"使者回答说:"某推辞既然不得允许,敢不从命!"

男家主人派使者到女家纳吉时说:"承蒙您赐告女名,某对女名进行占卜,占卜的结果很吉利,因此使某谨向您报告。"女父回答说:"某之女教导得不好,唯恐她经受不起占卜。现在您来报告占卜得了吉兆,某也就在吉利之中了。某不敢不接受您带来的好消息。

男家主人派使者到女家来纳征时说:"您有美好的命令,赐妻予某。某有先人遗留下来的礼物,两张鹿皮和一束帛,派某前来赠送给您,请您接受聘礼。"使者入庙上堂,向女家主人转致男家主人纳征之辞说:"某冒昧地向您赠送聘礼。"女家主人回答说:"您遵循先人的制度,赐某重礼,某不敢推辞,敢不奉命?

男家主人派使者到女家请期时说:"承蒙您接受聘礼,赐命许婚,某已经一再地接受了您的赐命。考虑到三族中可能会有难以预料的事情发生,因此乘着现在这好时机,派某前来,请您选定个吉日做婚期。"女父回答说:"某前已遵命行事了,现在仍然唯命是听。"使者说:"某命某前来听取您的命令。"女父回答说:"某一定唯命是听。"使者说:"某命某前来接受您的命令,您既然不允许,某也就不敢不把某所选择的日子告诉您:婚期定在某日。"女父说:"某敢不敬待吉日到来?"

使者归来,向主人报告都要说:"某已经把事情办完了,请允许依礼向您报告。"主人说:"知道了。"

3. 士相见之礼。挚,冬用雉,夏用腒。左头奉之,曰:"某也愿见,无由达。某子以命命某见。"主人对曰:"某子命某见,吾子有辱。请吾子之就家也,某将走见。"宾对曰:"某不足以辱命,请终赐见。"主人对曰:"某不敢为仪,固请吾子之就家也,某将走见。"宾对曰:"某不敢为仪,固以请。"主人对曰:"某也固辞,不得命,将走见。闻吾子称挚,敢辞挚。"宾对曰:"某不以挚,不敢见。"主人对曰:"某不足以习礼,敢固辞。"宾对曰:"某也不依于挚,不敢见,固以请。"主人对曰:"某也固辞,不得命,敢不敬从!"出迎于门外,再拜。宾答再拜。主人揖,入门右。宾奉挚,入门左。主人再拜受,宾再拜送挚,出。主人请见,宾反见,退。主人送于门外,再拜。

主人复见之,以其挚,曰:"向者吾子辱,使某见。请还挚于将命者。"主人对曰:"某也既得见矣,敢辞。"宾对曰:"某也非敢求见,请还挚于将命者。"主人对曰:"某也既得见矣,敢固辞。"宾对曰:"某不敢以闻,固以请于将命者。"主人对曰:"某也固辞,不得命,敢不从?"宾奉挚入,主人再拜受。宾再拜送挚,出。主人送于门外,再拜。(《仪礼·士相见礼》)

【译文】

士相见之礼。相见时所拿的挚,冬天用雉,夏天用干雉。挚的拿法是使雉头朝左,用双手捧着。到了要访见的士家大门外,通过摈者传言说:"某早就希望拜见您,只是没有人介绍。现在有某子传达您的命令,命某来见您。"主人回答说:"某子传达您的命令,命某前往见您,现在您反而屈驾前来。还是请您先回家,某将急速前往见您。"宾回答说:"您这样说,某实在不敢当。请您一定赐见。"主人回答说:"某不是表面说说,是诚心要去见您,还是请您回家,某将急速往见。"宾回答说:"某也不是表面说说,是诚心来见您,还是请您赐见。"主人回答说:"某一再推辞,得不到您的允许,某将立即出去见您。但听说您还拿着挚,某不敢当此重礼。"宾回答说:"某不拿挚,就不敢来见您。"主人回答说:"某实在不敢当此重礼,不敢不再次推辞。"宾回答说:"某不依托挚,就不敢来见您,还是请您赐见。"主人回答说:"某一再推辞,得不到您的允许,敢不恭敬从命!"于是主人出大门外迎接宾,向宾行再拜礼。宾回再拜礼。主人揖请宾入大门,然后主人从门的右侧进入。宾捧着挚从门的左侧进入。主人行再拜礼,从宾手中接受了挚。宾授挚后也行再拜礼,然后出大门。主人为了与宾结欢心,又让摈者请宾相见。宾于是返回来再次与主人相见,与主人结欢心而后退出。主入送宾到大门外,向宾行再拜礼。

主人拿着宾所赠的挚回访,到了前之宾而今之主人家大门外,通过主人的摈者传话说:"不久前蒙您屈驾光临,使某能够见到您。现在请允许某把挚还给您的摈者。"主人回答说:"某已经得您允许见过您了,现在您又屈驾来访,实在不敢当。"宾回答说:"某不敢求见您,只是请求把挚还给您的摈者。"主人回答说:"某已经得您允许见过您了,对于您的屈驾来访,再次表示不敢当。"宾回答说:"某不敢使还挚的事情让您知道,只是再次向摈者请求还挚。"主人回答说:"某一再推辞得不到您的允许,敢不从命?"宾捧着挚进入大门,主人行再拜礼,从宾手中接过挚。宾授挚后行再拜礼,然后出门。主人送宾到大门外,向宾行再拜礼。

三、选自《礼记》

1. 夫礼之初,始诸饮食,其燔黍捭豚,污尊而抔饮,蒉桴而土鼓,犹若可以致其敬于鬼神。及其死也,升屋而号,告曰:"皋某复。"然后饭腥而苴孰,故天望而地藏也。体魄则降,知气在上,故死者北首,生者南乡,皆从其初。

昔者先王未有宫室，冬则居营窟，夏则居橧巢。未有火化，食草木之实、鸟兽之肉，饮其血，茹其毛。未有麻丝，衣其羽皮。后圣有作，然后修火之利，范金合土，以为台榭、宫室、牖户，以炮以燔，以亨以炙，以为醴酪。治其麻丝，以为布帛，以养生送死，以事鬼神上帝。皆从其朔。（《礼记·礼运》）

【译文】

礼的最初，开始于饮食活动。原始时代，人们把黍米放在石板上用火烘熟，把小猪放在火上烧烤，地上挖个小坑盛水当作酒樽，用两手捧着饮用，抟泥烧制鼓槌，瓦框蒙皮做鼓，就这样简陋，还可以向鬼神致敬呢。及至人死的时候，亲人就升上屋顶望着天空呼喊，呼告说："啊！某某，你回来吧！"招魂无效，然后人们就用生米填满死者口中，下葬时又用草包包裹些熟肉送给死者。就这样望天招魂，入地埋藏，因为人死了形体降入地里，灵魂升往上空。死者都头朝北，由于北方属阴；活人都朝南居住，由于南方属阳。现在人们也是如此，这都是依从最初的习俗。

从前上古先王时代，没有宫室，冬天就住在挖掘的土穴里，夏天就住在薪木架上的柴屋。那时还没有发明火，就生吃草木的果实，鸟兽的肉，喝禽兽的血，连毛也咽下。那时还不知道利用苎麻、蚕丝，就披穿鸟羽兽皮。后来圣人出世，研究应用火的热能，镕化金属，注入模型，铸造器皿，合土做坯，烧制砖瓦，用来创建台榭、宫室、窗户，又用火来炮、烤、煮、炙各种肉类，酿制醴酒、酸浆，加工麻的纤维来织布，缫治蚕丝来织绸，人们用种种新的物质生活资料来养生送死，来事奉鬼神上帝。现在人们也是如此，这都是依从圣人最初的创造。

（王文锦　译）

2．凡音之起，由人心生也。人心之动，物使之然也。感于物而动，故形于声。声相应，故生变，变成方，谓之音。比音而乐之，及干戚羽旄，谓之乐。

乐者，音之所由生也，其本在人心之感于物也。是故其哀心感者，其声噍以杀，其乐心感者，其声啴以缓；其喜心感者，其声发以散；其怒心感者，其声粗以厉；其敬心感者，其声直以廉；其爱心感者，其声和以柔。六者非性也，感于物而后动。是故先王慎所以感之者。故礼以道其志，乐以和其声，政以一其行，刑以防其奸。礼乐刑政，其极一也，所以同民心而出治道也。

……　……

人生而静，天之性也。感于物而动，性之欲也。物至知知，然后好恶形焉。好恶无节于内，知诱于外，不能反躬，天理灭矣。夫物之感人无穷，而人之好恶无节，则是物至而人化物也。人化物也者，灭天理而穷人欲者也。于是有悖逆诈伪之心，有淫泆作乱之事。是故强者胁弱，众者暴寡，知者诈愚，勇者苦怯，疾病不养，老幼孤独不得其所，此大乱之道也。

是故先王之制礼乐，人为之节。衰麻哭泣，所以节丧纪也。钟鼓干戚，所以和安乐也。昏姻冠笄，所以别男女也。射乡食飨，所以正交接也。礼节民心，乐和民声，政以行之，刑以防之。礼乐刑政，四达而不悖，则王道备矣。

乐者为同，礼者为异。同则相亲，异则相敬。乐胜则流，礼胜则离。合情饰貌者，礼乐之事也。礼义立，则贵贱等矣。乐文同，则上下和矣。好恶着，则贤不肖别矣。刑禁暴，爵举贤，则政均矣。仁以爱之，义以正之，如此，则民治行矣。（《礼记·乐记》）

【译文】

大凡音的兴起，是由人心发生的。人心的活动，又是外界事物使之如此的。人心有感于外界事物而活动，故尔表现于声。声互相应和，就产生了变化。变化形成一定的方式，就叫作"音"。排比音节而用乐器演奏，又用盾牌、斧钺、雉尾、牦牛尾进行舞蹈，就叫作"乐"。

乐是由声音所产生的，其根本在于人心之有感于外界事物。人们心中起了悲哀的感应的，发出的声音就显得焦急而衰微；心中起了快乐的感应的，发出的声音就显得宽绰而徐缓；心中起了喜悦的感应的，发出的声音就显得悠扬而舒畅；心中起了愤怒的感应的，发出的声音就显得粗猛而凌厉；心中起了恭敬的感应的，发出的声音就显得正直而清明；心中起了爱恋的感应的，发出的声音就显得平和而温柔。这六种心情并非天性自发的，而是有感于外界事物而后萌动的。因此，古代圣君贤王很重视引起人们感触的外界事物。所以就用礼来引导人们的心志，用乐来调和人们的歌声，用政治来统一人们的行动，用刑法来防止人们的奸邪。礼乐刑政的终极目标是一致的，都是用以和同人心从而走向国家大治的正道。

……　……

人生来就心静，这是天生的本性。感受外界事物而心动，这是本性派生出的情欲。外界事物纷至沓来，心智加以感知，然后心中形成了爱好和憎恶两种情欲。如果爱好和憎恶在心中没有适当的节制，而为人感知的外界事物又不断地诱惑，不能反躬自省，那么天生的理性就要灭绝了。外界事物无穷无尽地撼动人心，而人的好恶的情欲又不能加以节制，那么就等于外界事物的到来而竟人随物化了。所谓人随物化，就是灭绝天理而尽情人欲。这样一来，人们就要产生悖乱忤逆、欺诈虚伪的念头，就要发生纵情放荡、为非做歹的事情。因而强者胁迫弱者，多数欺侮少数，聪明的诈骗愚昧的，胆大的苦害胆小的，疾病的人得不到调养，老幼孤独得不到应有的照顾。这种灭绝天理、放纵人欲的做法，是导致社会大乱的歪道。

为了防止人欲横流而酿成大乱，所以古圣先王制礼作乐，人为地加以节制。丧服的等次，哭泣的礼数，是用以节度丧事的。设置钟鼓和作为舞具的盾牌、巨斧，是用以协调宴乐的。制定婚姻制度以及男子成人加冠、女子成人加笄的典礼，是用以章明男女各自的本分的。制定射礼、乡饮酒礼、食礼、飨礼，是用以规范人们交际接触的。用礼来调节民心，用乐来协和民声，用政令来推行，用刑罚来防奸。礼乐刑政四事通行而不相悖，那么君王的治道就完备了。

乐是为了和同人们的情感，礼是为了区别等级的差异。情感和同就能互相亲近，等级差异就能互相尊敬。不过，乐过分了就会招致放荡，礼过分了就会产生隔阂。联合人们的情感，整饬人们的仪容，这都是礼乐方面的事宜。礼仪建立了，就显示了贵贱的等级；乐章相同，上下情感得到交流也就互相和睦了。好恶的标准昭明彰著了，那贤人与不肖之徒就有了显然的区别。用刑罚严禁凶暴，以官位拔举贤能，政治就均平公正了。凭着仁心来爱民，依据道义来匡正，仁义并施，这样，民众大治的局面就得以实现了。

（王文锦　译）

3. 祭不欲数，数则烦，烦则不敬。祭不欲疏，疏则怠，怠则忘。是故君子合诸天道，春禘秋尝。霜露既降，君子履之，必有凄怆之心，非其寒之谓也。春雨露既濡，君子履之，必有怵惕之心，如将见之。乐以迎来，哀以送往，故禘有乐而尝无乐。

致齐（通"斋"）于内，散齐于外。齐之日，思其居处，思其笑语，思其志意，思其所乐，思其所嗜。齐三日，乃见其所为齐者。祭之日，入室，僾然必有见乎其位；周还出户，肃然必有闻乎其容声；出户而听，忾然必有闻乎其叹息之声。是故先王之孝也，色不忘乎目，声不绝乎耳，心志嗜欲不忘乎心。致爱则存，致悫则著。著存不忘乎心，夫安得不敬乎！（《礼记·祭义》）

【译文】

祭祀不要次数频繁，频繁就显得烦扰了，烦扰就是对神灵不恭敬了。祭祀也不要次数稀疏，稀疏就显得怠慢了，怠慢就是对神灵遗忘了。遗忘与不敬是最为悖礼的行为。所以君子配合天地四时的变化而行祭，譬如春季举行禘礼，秋季举行尝礼。秋天，霜露降临大地之后，君子走在上面，必然有一种凄凉悲怆的心情，这不是指感到寒意说的。春天，雨露湿润大地之后，君子走在上面，必然有一种震惊的心情，万物复苏，好像将要见到逝去的亲人。以欢乐的心情迎接亲人的到来，以悲哀的心情送走亲人的长往，所以春天的禘祭有音乐，而秋天的尝祭没有音乐。

为了至诚至敬的进行祭祀，主人事前必须独处一室，从生活上心理上做出充分的准备，这就是斋。斋十天，其中散斋七天，致斋三天。散斋着重检束生活，比如不吊丧，不娱乐，不和女人过夜，等等。致斋着重于齐一心志。致斋可在内宅进行，散斋可在外舍进行。致斋的日子里，要时刻思念着死者在世时的生活起居，思念着他的谈笑，思念着他的心意，思念着他的喜爱，思念着他的嗜好。致斋三天，心目中就能浮现出所为之致斋者的形象。经过散斋、致斋，祭祀的那天，当主人进入庙堂室中的时候，隐约地必定见到了亲人安处在神位上；当主人转身走出室户的时候，肃穆地必定闻见了亲人的音容；主人出户而聆听，伤感地必定听到了亲人的叹息之声。所以，往昔帝王对已逝双亲的孝心是，父母的容颜永不从眼中消失，他们的声音永不从耳中断绝，他们的心意和嗜好永不从心中遗忘。由于极为热爱，双亲就永远存活在心中；由于极为挚诚，双亲的形象就永远显著。显著的形象、生存的风貌在心目中永不淡忘，那怎能对他们不恭敬呢？

（王文锦　译）

4. 儒有衣冠中，动作慎；其大让如慢，小让如伪，大则如威，小则如愧；其难进而易退也。粥粥若无能也。其容貌有如此者。

儒有居处齐难，其坐起恭敬；言必先信，行必中正；道涂不争险易之利，冬夏不争阴阳之和；爱其死以有待也，养其身以有为也。其备豫有如此者。

儒有不宝金玉，而忠信以为宝；不祈土地，立义以为土地；不祈多积，多文以为富；难得而易禄也，易禄而难畜也。非时不见（通"现"），不亦难得乎？非义不合，不亦难畜乎？先劳而后禄，不亦易禄乎？其近人有如此者。

儒有委之以货财，淹之以乐好，见利不亏其义；劫之以众，沮之以兵，见死不更其守；鸷虫攫搏，不程勇者；引重鼎，不程其力；往者不悔，来者不豫；过言不再，流言不极；不断其威，不习其谋。其特立有如此者。

儒有可亲而不可劫也，可近而不可迫也，可杀而不可辱也。其居处不淫，其饮食不溽，其过失可微辨而不可面数也。其刚毅有如此者。

儒有忠信以为甲胄，礼义以为干橹；戴仁而行，抱义而处；虽有暴政，不更其所。其自立有如此者。

儒有一亩之宫，环堵之至，筚门圭窬，蓬户瓮牖；易衣而出，并日而食；上答之不敢以疑；上不答不敢以谄。其仕有如此者。

儒有今人与居，古人与稽；今世行之，后世以为楷；适弗逢世，上弗援，下弗推，谗谄之民，有比党而危之者；身可危也，而志不可夺也；虽危起居，竟信（伸）其志，犹将不忘百姓之病也。其忧思有如此者。

儒有博学而不穷，笃行而不倦，幽居而不淫，上通而不困；礼之以和为贵，忠信之美，优游之法；举贤而容众，毁方而瓦合。其宽裕有如此者。

儒有内称不辟亲，外举不辟怨；程功积事，推贤而进达之，不望其报，君得其志；苟利国家，不求富贵。其举贤援能有如此者。

儒有闻善以相告也，见善以相示也；爵位相先也，患难相死也；久相待也，远相致也。其任举有如此者。

儒有澡身而浴德，陈言而伏，静而正之，上弗知也，粗而翘之，又不急为也；不临深而为高，不加少而为多；世治不轻，世乱不沮；同弗与，异弗非也。其特立独行有如此者。

儒有上不臣天子，下不事诸侯；慎静而尚宽，强毅以与人，博学以知服；近文章，砥厉廉隅；虽分国，如锱铢；不臣不仕。其规为有如此者。

儒有合志同方，营道同术；并立则乐，相下不厌；久不相见，闻流言不信；其行本方立义；同而进，不同而退。其交友有如此者。（《礼记·儒行》）

【译文】

儒者的衣冠适中，动作谨慎，临大利而辞让有如傲慢，临小利而谦让有如虚伪；做大事审慎，如同有所畏惧，做小事恭谨，如同心怀惭愧；他们难于躁进而易于谦退，柔弱谦卑的样子好像是无能。儒者的容貌就是这样的。

儒者日常起居庄重小心，他们坐下站起都很恭敬；讲话必以信用为先。行为必定中正不偏；在道路上不与人争难走易走的便宜，冬天夏天不与人争暖和凉快的舒适；爱惜生命为了有所等待，保养身体为了有所作为。儒者从政前修养方面的准备就是这样的。

儒者不把金玉当宝贝，而把忠信当宝贝；不祈望土地，而把建立道义当作土地；不祈望多积财富，而把多学得文化知识当作财富；儒者为人公直，难于得到，得到了，因儒者不争物质待遇，所以容易授予俸禄，虽然容易授他俸禄，但儒者坚持原则，所以难于畜养。不到适当的时候儒者不出现，岂不是很难得到吗？不是正义的事儒者就不合作，岂不是难以畜养吗？先效劳而后受禄，岂不是很容易给俸禄吗？儒者的待人接物就是这样的。

对儒者，把钱财货物付与他，用玩乐嗜好沉溺他，儒者不会见利而害义；利用众人来胁迫他，使用兵器来恐吓他，儒者不会面对死亡而改变操守；遭到鸷鸟猛兽攻击，挺身与之搏斗，不度量自己的武勇成不成；牵引重鼎，尽力而为，不度量个人的体力够不够；过去的机遇不追悔，到来的机遇不欢欣；说错的话不会再说，听到流言，不屑于刨根问底；不断地保持自己的威重，不研习什么权术谋略。儒者立身独特就是这样的。

儒者可以亲近而不可以劫持，可以接近而不可以强迫，可以杀掉而不可以侮辱；他们的居处不奢淫，他们的饮食不丰厚，他们的过失可以委婉地辨析而不可以当面数落。儒者的刚强坚毅就是这样的。

儒者用忠信作为盔甲，用礼义作为盾牌，头戴着仁而行动，怀抱着义而居处，即使国有暴政，也不变更自己所守。儒者的自立就是这样的。

儒者有一亩地的宅院，住着周围一丈见方的房间，竹子编的院门，又在院墙上挖出上尖下方其形如圭的小旁门，用蓬草编的房户，用破瓮为边框做的圆窗，全家共有一件完整外衣，谁出门就换上，两天吃一天的粮食；君上答应采纳自己的建议，就不敢产生疑虑，君上不答应自己的建议，就不敢谄媚求进。儒者做官入仕清廉奉公的精神就是这样的。

儒者与今人一起居住，而与古人的意趣相合；儒者今世的行为，可以作为后世的楷模；碰巧没遇到盛世，上边没人援引，下边没人推荐，进谗言、献谄媚的人又有结党而要危害他的；身体是可以危害的，而志向是不可以剥夺的；即使危及他的生活起居，最终他还要伸展自己的志向，仍将念念不忘老百姓的痛苦。儒者的忧虑思念就是这样的。

儒者广博学习而无休止，专意实行而不厌倦，隐居独处的时候而不淫邪放纵，通达于上的时候而不失态困窘；遵循礼的以和为贵的原则，本着忠信的美德，应用优柔的方式方法；仰慕贤能而包容群众，有时可以削损自己方正的棱角而依随众人，有如房瓦之叠合。儒者的宽容大度就是这样的。

儒者推荐人才，只要对方德才兼备能够胜任，对内不避称举亲属，对外不避推举怨家。儒者度量功绩，积累事实，推荐贤能而进达于上，不祈望他们的报答，从而也遂了国君用贤的心愿；只要有利于国家就行，儒者并不通过荐贤而企求富贵。儒者推举贤能的风格就是这样。

儒者之间，听到善事就互相告知，见到善言就互相传示；有了爵位就互相推先，有了患难就互相效死；有的朋友久在下位，就等待他升迁，有的朋友在远方不得意，就设法招致他来入仕。儒者对待和举荐志同道合的朋友，就是这样的。

儒者沐浴身心于道德之中，陈述自己的建言而伏听君命，安静不躁而谨守正道，君上不理解，就略加启发，又不操之过急。面临地位卑下的人，而不显示自己的高贵；不把自己很少的成就妄自增加，而自诩为成就很多。世局大治的时候，群贤并处而不自轻；世局混乱的时候，坚守正道而不沮丧。与自己政见相同的人，不和他营私结党；与自己政见相异的人，也不对他诽谤诋毁。儒者的特立独行就是这样的。

有的儒者上不为臣于天子，下不事奉于诸侯；谨慎安详而崇尚宽和，刚强坚毅而善与人交，广博学习而又知所当行；接近礼乐法度，砥砺公方正直的品格；即使把国家分封给他，也视如轻微小事，不想给谁做臣，不想出任官吏。儒者规范自己的行为就是如此的。

儒者之间有的志趣相合，方向一致，营求道艺，路数相同，并立于世就都高兴，地位互有上下也不彼此厌弃；久不相见，听到关于对方的流言蜚语，绝不相信。他们的行为本乎方正，建立于道义之上。与自己志向相同的，就进一步交往；与自己志向不同的，就退避疏远。儒者交朋友的态度就是如此。

（王文锦 译）

5. 凡人之所以为人者，礼义也。礼义之始，在于正容体，齐颜色，顺辞令。容体正，颜色齐，辞令顺，而后礼义备，以正君臣，亲父子，和长幼。君臣正，父子亲，长幼和，而后礼义立。故冠而后服备，服备而后容体正、颜色齐、辞令顺。故曰："冠者，礼之始也。"是故古者圣王重冠。

古者冠礼筮日、筮宾，所以敬冠事，敬冠事所以重礼，重礼所以为国本也。故冠于阼，以著代也。醮于客位，三加弥尊，加有成也。已冠而字之，成人之道也。见于母，母拜之，见于兄弟，兄弟拜之，成人而与为礼也。玄冠玄端奠挚于君，遂以挚见于乡大夫、乡先生，以成人见也。

成人之者，将责成人礼焉也。责成人礼焉者，将责为人子、为人弟、为人臣、为人少者之礼行焉。将责四者之行于人，其礼可不重与！

故孝弟忠顺之行立而后可以为人，可以为人而后可以治人也。故圣王重礼。故曰："冠者，礼之始也，嘉事之重者也。"是故古者重冠。重冠故行之于庙，行之于庙者，所以尊重事。尊重事而不敢擅重事，不敢擅重事，所以自卑而尊先祖也。（《礼记·冠义》）

【译文】

凡人之所以成为人，是因为有礼义。礼义的开始，在于端正姿容体态，整饬面部表情，理顺言谈辞令。姿容体态端正了，面部表情整饬了，言谈辞令理顺了，然后礼义才算略备，以此来端正君臣的地位，密切父子的亲情，协和长幼的关系。君臣地位端正了，父子感情亲密了，长幼的关系和谐了，然后礼义才算成立。所以，举行加冠典礼，然后祭服、军服、礼服各种服装才算完备；服装完备了，然后就能姿容体态端正，面部表情整饬，言谈辞令恭顺。所以说冠礼是成人之礼的起始。因此古代圣王重视冠礼。

古时候行冠礼之前，要通过蓍草茎占筮来决定行礼日期，来决定为冠者加冠的贵宾，这是为了敬重加冠之事；敬重加冠之事是为了重视礼法，而重视礼法乃是立国的根本。为被加冠者在阼即在堂上东序西、南当阼阶的主位上加冠，这是用以表明被加冠者以后将以继承人的身份替代父亲为一家之主。加冠后，请冠者处在堂上户牖之间所设的客位，向他敬酒；加冠过程中，经过缁布冠、皮弁、爵弁三次加冠，冠服越加越尊：这都是嘉勉他有所成就。已经加冠，贵宾就郑重地给他拟定个表字，幼年称名，成年就称他的表字，这是对待成人的道理。加冠后，冠者从闱门出庙外见母亲，母亲先拜他，他回拜，母亲又拜他；见兄弟，兄弟向他再拜，他答拜：这是因为他已成人而与他行礼。冠者戴上玄冠，穿上玄端服，面见国君，将礼品奠放地上，再拜；然后再带上礼品分别拜见卿大夫和乡中退休先辈：这都是以成人身份的拜见。

加冠使之为成人，就是将要求他行成人之礼。所谓将要求他行成人之礼，就是将要求他作为人子、人弟、人臣、晚辈之礼的实行。通过冠礼将向人要求这四种礼的实行，那么对这种冠礼能不重视吗！

为人子而能孝，为人弟而能悌，为人臣而能忠，为晚辈而能顺，孝悌忠顺的品行树立了，然后才可以做人，可以做人了，才能够治理别人，因而圣王重视此礼。所以说，加冠礼是成人礼的开始，是嘉礼当中重要的典礼。因此古时候重视加冠。重视加冠，所以要在祖庙里举行；在祖庙里举行，就是为了尊重加冠大事；尊重加冠大事，从而不敢专擅大事；不敢专擅大事，就在祖宗的神灵面前行事，这就是为了表示自谦自卑而尊敬祖宗。

（王文锦 译）

6. 昏礼者，将合二姓之好，上以事宗庙，而下以继后世也，故君子重之。是以昏礼纳采、问名、纳吉、纳征、请期，皆主人筵几于庙，而拜迎于门外。入，揖让而升，听命于庙，所以敬慎重正昏礼也。

父亲醮子而命之迎，男先于女也。子承命以迎，主人筵几于庙，而拜迎于门外，婿执雁入，揖让升堂，再拜奠雁，盖亲受之于父母也。降出，御妇车，而婿授绥，御轮三周，先俟于门外。妇至，婿揖妇以入，共牢而食，合卺而酳，所以合体同尊卑，以亲之也。

敬慎重正而后亲之，礼之大体，而所以成男女之别而立夫妇之义也。男女有别而后夫妇有义，夫妇有义而后父子有亲，父子有亲而后君臣有正。故曰："昏礼者，礼之本也。"

夫礼始于冠，本于昏，重于丧祭，尊于朝聘，和于射乡。此礼之大体也。（《礼记·昏义》）

【译文】

婚礼，就是将结合两姓的欢好，夫妇对上要事奉宗庙，往下要接续后代，所以君子重视它。因而婚前每当进行纳采、问名、纳吉、纳征、请期等礼节，男方使者到来的时候，女方的父亲作为主人，都要在家庙中为先父神灵铺席设几，而自己亲自迎拜使者于大门之外，引入庙中，揖让升堂，在庙堂之上，在先父神灵之前，听受男方使者传致的辞命，这样做都是为了庄敬、恭慎、隆重、堂堂正正地对待婚礼。

迎娶那天，男方的父亲亲自向儿子敬酒，而吩咐他去迎娶新娘，这样表示夫倡妇随，男先于女。儿子禀承父命而去迎亲，女方主人在家庙中铺席设几，供先父神灵凭依，亲自迎拜女婿于大门之外，女婿执鹅从入，来至庙门，互揖而进，三揖三让而升堂，女婿将鹅奠放堂上，再拜磕头，这表明女婿是亲自从女方父母手中迎受新娘的。女婿下堂，新娘跟随出来，女婿驾御新娘礼车，亲手将上车用的挽索递给新娘，新娘上车坐好，女婿驾车，车轮转了三周，女婿就下车，将车交给车夫驾驭，新郎乘坐自己的车先行，到自家大门之外等候；新娘来到，新郎向新娘作揖，一同进门；在寝室中吃饭时，二人同享各俎中的鱼、肉，吃饭毕，席上特设置由一瓠剖制的两瓢，夫妇各执一瓢，来饮为了净口安食的酒，这都是为了表示夫妇一体、尊卑等同的亲密。

经过庄敬、恭慎、隆重、堂堂正正的一系列礼节之后才去亲她爱她，这是礼的原则，从而用以形成了男女间的分限，并建立起夫妻间的道义。男女间有了分限，然后夫妇间才有了道义；夫妻间有了道义，然后父子间才有了亲情；父子间有了亲情，然后君臣间也就有了正确关系。所以说，婚礼是礼的根本。

礼，以冠礼为起始，以婚礼为根本，隆重突出体现于丧礼、祭礼，尊敬突出体现于朝礼、聘礼，和洽突出体现于射礼、乡饮酒礼，这是礼的大体上的要点。

（王文锦 译）

7. 主人拜迎宾于庠门之外，入，三揖而后至阶，三让而后升，所以致尊让也。盥洗扬觯，所以致洁也。拜至，拜洗，拜受，拜送，拜既，所以致敬也。尊让洁敬也者，君子之所以相接也。君子尊让则不争，洁敬则不慢。不慢不争则远于斗辨矣，不斗辨则无暴乱之祸矣，斯君子之所以免于人祸也。故圣人制之以道乡人、士、君子。

尊于房户之间，宾主共之也。尊有玄酒，贵其质也。羞出自东房，主人共之也。洗当东荣，主人之所以自洁而以事宾也。

宾、主，象天地也。介、僎，象阴阳也。三宾，象三光也。让之三也，象月之三日而成魄也。四面之坐，象四时也。

天地严凝之气始于西南而盛于西北，此天地之尊严气也，此天地之义气也。天地温厚之气始于东北而盛于东南，此天地之盛德气也，此天地之仁气也。主人者尊宾，故坐宾于西北，而坐介于西南以辅宾，宾者，接人以义者也，故坐于西北；主人者，接人以仁以德厚者也，故坐于东南，而坐僎于东北以辅主人也。仁义接，宾主有事，俎豆有数，曰圣；圣立而将之以敬，曰礼；礼以体长幼，曰德。德也者，得于身也。故曰："古之学术道者，将以得身也，是故圣人务焉。"（《礼记·乡饮酒义》）

【译文】

主人拜迎正宾在乡学门外，宾主入门，三揖而后来至堂阶，三让而后升堂，这是为了对正宾表示尊重和礼让。酌酒前，洗手洗杯，再酌酒举杯，这是为了表示清洁。正宾升堂而主人拜至，主人洗爵而正宾拜谢，主人献酒而正宾先拜后受，正宾接过酒爵而主人拜送爵，正宾喝尽爵中酒而主人拜既爵，这都是为了表达恭敬。尊重、谦让、清洁、恭敬，这是君子们用以互相交往、接待的原则。君子互相尊重、谦让就不会争执，清洁、恭敬就不会怠慢；不怠慢，不争执，就会远离打架吵架了；不打架，不吵架，也就没有暴乱的祸患了。这就是君子之所以免于人祸的缘由。所以圣人制定此礼来教导乡人、士、君子。

行乡饮酒礼的时候，主人席在房户之南，西向，正宾席在室户之西，南向，酒樽设在房户和室户之间，这是表示此酒为宾主所共同享用。两个酒樽并设，一樽盛着备而不用的清水，尊名之为玄酒，一樽盛着备以酌用的酒，玄酒在西，位尊于酒，这是由于水早于酒而表示尊崇它的原始性、质朴性。菜肴由东房端出来，主人之位在东，这表示菜肴是主人供应的。阼阶下东南侧放个洗手、洗杯时的接水器——洗，北面正对着东檐角，这表示主人用它来保持自己双手的清洁而来敬事宾客。

正宾和主人象征天和地，介即副宾和僎即主人特邀参加饮酒礼的卿大夫象征着阴阳，众宾中的三位长宾象征大火、伐、北极三大星辰。升阶前宾主彼此三次谦让，象征月亮于月初的第三天而现出体魄。在堂上东南西北四面铺设坐席，象征着春夏秋冬四季。

天地寒冷之气，开始于西南方，强盛于西北方，这是天地间的尊严之气，这是天地间的义气。天地温厚之气，开始于东北方，强盛于东南方，这是天地间的盛德之气，这是天地间的仁气。作主人的尊重正宾，所以让正宾坐在西北方，而让副宾坐在西南方来辅助正宾。宾客是以道义来接待人的，所以坐在西北方。主人是以仁德宽厚接待人的，所以坐在东南方，而让僎坐在东北方来辅助主人。仁义交接，宾主各有当行之事，俎豆各有一定之数，就叫作圣明；圣明既立，而又持之以敬，就叫作礼；用礼来体现长幼之序，就叫作德。所谓德，就是得于自身。所以说，古代研习学术道艺的人，就是要在自己的身心上有所收获。因此圣人力行这种包括仁义道德的宾主之礼。

（王文锦 译）

第三节　知识链接

1. 吉礼：古代五礼之一。即祭祀天神、地祇、人鬼等的礼仪活动。如郊天、大雩、大享明堂、祭日月、大蜡、祭社稷、祭山川、籍田、祀先蚕、祭天子宗庙、祫禘、功臣配享于宗庙、上陵、释奠、祀先代帝王、巡狩、封禅等。历代有所损益，但都为统治阶级所重视。

2. 凶礼：是与凶丧有关的礼节。凶礼不仅包括丧葬礼，还有其他跟灾难有关的礼节。《周礼·春官·大宗伯》说"以凶礼哀邦国之忧"，包括以丧礼哀死亡，以荒礼哀凶札，以吊礼哀祸灾，以襘礼哀围败，以恤礼哀寇乱。

3. 军礼：是军事活动方面的礼节仪式。郭沫若说："我们中国的周代，在一年四季里也都是有军事上的操练的，春天的叫作振旅，夏天的叫作茇舍，秋天的叫作治兵，冬天的叫作大阅。这些是被称为'军礼'。"

4. 宾礼：是诸侯朝见天子的礼节。《周礼·春官·大宗伯》规定："以宾礼亲邦国：春见曰朝，夏见曰宗，秋见曰觐，冬见曰遇，时见曰会，殷见曰同，时聘曰问，殷频曰视。"孙诒让说："谓制朝聘之礼，使诸侯亲附，王亦使诸侯自相亲附也。"

5. 嘉礼：是饮宴婚冠、节庆活动方面的礼节仪式。嘉，美、善之义。后代的帝王登基、太后垂帘、帝王圣诞、立储册封、帝王巡狩等也属嘉礼。其主要内容有六：一曰饮食，二曰婚冠，三曰宾射，四曰飨燕，五曰脤膰，六曰庆贺。

6. 媒妁：即说合婚姻的人，又称"媒人"。媒人在我国出现的时间很早，在两千多年前的周代即已出现，所谓"男女非有行媒不相问名""男女无媒不交""女无媒不嫁""天上无云不下雨，地上无媒不成亲"等古训俗语,就是从那个时代流传下来的。

7. 奠雁:雁是候鸟,随气候变化南北迁徙,且配偶固定,一只死亡后,另一只不再择偶。古人由此认为,雁南往北来顺乎阴阳,配偶固定合乎义礼,婚姻以雁为礼,象征一对男女的阴阳和顺,也象征婚姻的忠贞专一。后来因雁越来越难得,人们就改用木刻的雁代之,到近代,改用鹅、鸭、鸡三种活禽行奠雁礼,以定婚姻的和顺。

8. 九拜:古代汉族祭祀时的九种礼拜形式,即稽首、顿首、空首、振动、吉拜、凶拜、奇拜、褒拜、肃拜。

稽首:拜礼中最重者,屈膝跪地,左手按右手,拱手于地,头至地停留一段时间;

顿首:次重者,行礼时头触地即起;

空首:两手拱地,引头至手不着地。

振动:哀恸之拜,两手相击而拜;

吉拜:拜而后稽首;

凶拜:稽首而后拜;

奇拜:先屈一膝而后空首拜,汉代称雅拜;

褒拜:答拜,也称"报拜";

肃拜:直立推手,用于军人。

9. 五服:《仪礼·丧服》所规定的丧服,由重至轻,分别是斩衰、齐衰、大功、小功、缌麻五个等级,故称为五服。五服分别适用于与死者亲疏远近不同的亲属,每一种服制都有特定的居丧服饰、居丧时间和行为限制。

10. 特牲馈食礼:诸侯之士岁时祭其祖祢之礼。特牲,即一豕。凡牲一为特,二为牢。所谓馈食,简言之就是用食。清人胡培翚说:"大夫曰少牢馈食,所以别于天子国君之大牢也;士曰特牲馈食,所以别于卿大夫之少牢也。"蔡德晋也说："士丧遣奠用羊、豕，是士之祭亦有用少牢者，盖特牲其常，而少牢乃其盛礼也。"由此可见，古代不同阶层的人在祭祖祭神时存在等级和规格的差别，只不过这种差别不具有绝对的意义罢了。

11. 少牢馈食礼：诸侯之卿大夫祭其祖祢于庙之礼。卿大夫之祭礼用"少牢"（羊、豕）是相对于天子诸侯之祭礼用"大牢"（牛、羊、豕）而言的，也是相对于士之祭礼用"特牲"（豕）而言的。

12. 昊天：华夏文化圈中的上帝，自古以来受到朝廷的祭祀，是继承古代汉族民间昊天上帝信仰而来。在各朝天坛祭祀上，都有明确分别，昊天上帝是皇帝和朝廷正典祭祀的对象，而三清、释迦牟尼等，皆不入国家正典祭祀。

13. 五帝：五帝，主要有三种说法，一说指黄帝、颛顼、帝喾、尧、舜。第二种说法指大皞（伏羲）、炎帝、黄帝、少皞（少昊）、颛顼。第三种说法指少昊（少皞）、颛顼、高辛（帝喾）、尧、舜。秦国原有四帝（白帝、青帝、黄帝、炎帝）崇拜，后来加上黑帝，为五帝。

14. 郊祭：郊祭是周代最为隆重的祭典，它原属于自然崇拜的一种。至夏商时，自然属性的天，转而为自然属性与社会属性合一的天。在周代，天既是社会的"至上神"，亦是周人王权的合法性的来源。郊祭既反映了人们对上天的敬畏，又反映了人们的根源性追溯。

15. 雩祭：是中国古代求雨的祭祀。殷墟卜辞中有许多以舞求雨的记载，说明雩就是求雨的专祭，殷商已很流行。雩祭之礼，天子、诸侯都有，天子雩于天，称为"大雩"。

16. 社稷：土神和谷神的总称。分言之，社为土神，稷为谷神。土神和谷神是在以农为本的中华民族最重要的原始崇拜物。由于古时的君主为了祈求国事太平、五谷丰登，每年都要到郊外祭祀土地神和五谷神，社稷也就成了国家的象征，后来人们就用"社稷"来代表国家。

17. 五祀：古代汉族祭俗中所祭的五种神祇。具体神祇各文献记载不一。如其中一种观点认为五祀是户神、灶神、中霤（土神）、门神、行神。

18. 释奠礼：祭祀大成至圣先师孔子的典礼，称为"释奠礼"。释、奠都有陈设、呈献的意思，指的是在祭典中，陈设音乐、舞蹈，并且呈献牲、酒等祭品，对孔子表示崇敬之意。

19. 士冠礼：古代青年男子到了二十岁时，就要举行隆重的加冠典礼。冠礼是该男子前十多年家庭教育的毕业典礼，带有总结以前所受家庭教育的意味；同时，冠礼也是男子的成年礼，表明该男子具有了承担家庭和社会责任的能力，并对他未来的生活提出了新的要求。《士冠礼》就是记载这种加冠典礼的。全篇可分为三部分：一是冠礼前的各种准备，包括筮日、戒宾、筮宾、宿宾、为期；二是行冠礼的具体过程，包括始加、再加、三加、宾礼冠者、见母；三是杂记冠礼的变例及宾主所致之辞，包括庶子和孤子的冠礼、宾字冠者、三加之辞等。

阅读书目

1. （汉）郑玄注、（唐）贾公彦疏、彭林整理：《周礼注疏》，上海：上海古籍出版社，2010年。

2. （汉）郑玄注、（唐）贾公彦疏、王辉整理：《仪礼注疏》，上海：上海古籍出版社，2008年。

3. （汉）郑玄注、（唐）贾公彦疏、吕友仁整理：《礼记正义》，上海：上海古籍出版社，2008年。

4. 王锷编著：《三礼研究论著提要》，兰州：甘肃教育出版社，2007年增订本。

5. 丁鼎编著：《三礼学通史》，北京：人民出版社，2023年。

问题与思考

1. 《周礼》在历史上对中国政治有何影响？

2. 《仪礼》记载了哪些内容？

3. 《礼记》的资料来源如何？其篇目都有哪些类型？

4. 冠礼在今天已不流行，但是其意义却不可小觑，如何让这种古老的礼仪实现其现代意义的转化？

5. 在今天多元化的世界中，中国传统的婚礼如何实现其现代转化？

6. 士相见礼是如何体现"礼轻情意重"这一交往原则的？

7. 乡饮酒礼的功能主要体现在哪几方面？

8. 丧礼中"复"（招魂）的意义是什么？

9. 从大敛到下葬有一系列的仪式，这些仪式的作用和意义是什么？

10. 《仪礼》记载的五服制度规定十分细密，在今天是否还有其意义和价值？如果有，当如何实现其现代转化？

11. 《礼记·礼器》说："礼也者，反本修古，不忘其初者也。"结合《礼记》中的这句话，谈谈你对祭祀祖先意义的认识。

12. 根据《礼记》，谈谈乐对于社会秩序整合的具体功用。

第四章　春秋风云变幻　旷世微言大义
——《春秋》导读

第一节　概　述

《春秋》为儒家五（六）经之一，是中国传统经典的重要代表。《春秋》文简意赅，围绕其事与义，产生了《左传》《公羊》《穀梁》三传。《春秋》与三传的内容涵盖了春秋时期的大部分时间，展现了当时的历史风云，是我们今天了解春秋时期历史的必读之书。同时，作为儒家经典的《春秋》经传蕴含了丰富的思想内容，对中国古代政治、思想、文化产生了深远的影响。

一、《春秋》的产生与经典化

中国古代的史官记事制度非常完善，在孔子作《春秋》之前，已有丰富的"春秋"著作，"春秋"不是某一部书的专名，而是各国史记的通称，由史官所修。除了通称"春秋"外，当时的史记亦有"乘""梼杌"等别名，《孟子·离娄下》便曰："晋之《乘》，楚之《梼杌》，鲁之《春秋》，一也。"孔颖达亦云："'春秋'是其大名，晋、楚私立别号，鲁无别号，故守其本名。"①实际上，有别称的各国史记也可叫"春秋"，《国

---

① 《春秋左传正义》卷一《春秋序》孔颖达疏引。

语·楚语上》"教之《春秋》"与《晋语》"羊舌肸习于《春秋》"就是明证。

"百国春秋"即大量名为"春秋"的史记的存在，为《春秋》的编写提供了丰富的素材，以及可供参考的编写体例，即以事系日，以日系月，以月系时，以时系年，按年排列。

《左传》《公羊》《穀梁》三传虽没有明言《春秋》为孔子所作，但从中可看出三传认为孔子作《春秋》。《左传·僖公二十八年》曰："是会也，晋侯召王，以诸侯见，且使王狩。仲尼曰：'以臣召君，不可以训。'故书曰：'天王狩于河阳。'言非其地也，且明德也。"显然，《左传》认为孔子作《春秋》。《公羊》解昭公十二年"齐高偃帅师纳北燕伯于阳"曰："'伯于阳'者何？'公子阳生'也。子曰：'我乃知之矣。'在侧者曰：'子苟知之，何以不革？'曰：'如尔所不知何？《春秋》之信史也，其序则齐桓、晋文，其会则主会者为之也，其词则丘有罪焉耳。'"这段话记载了孔子修《春秋》不改"伯于阳"为"公子阳生"的一个情节，孔子曾作《春秋》更是不言自明。《穀梁》解桓公二年"宋督弑其君与夷……及其大夫孔父"时曰："孔，氏；父，字谥也。或曰，其不称名，盖为祖讳也。孔子故宋也。"孔父名嘉，为孔子的祖先，这里不称孔父嘉，是孔子为祖讳。这也透露了孔子作《春秋》的消息。

如果说三传只是间接地反映了孔子作《春秋》，那么从《孟子》开始，则非常直接明确地说"孔子作《春秋》"。《孟子·滕文公下》曰：

> 世衰道微，邪说暴行有作，臣弑其君者有之，子弑其父者有之。孔子惧，作《春秋》。《春秋》，天子之事也；是故孔子曰："知我者其惟《春秋》乎！罪我者其惟《春秋》乎！"

孔子成《春秋》，而乱臣贼子惧。

《孟子·离娄下》曰：

王者之迹熄而《诗》亡，《诗》亡然后《春秋》作。晋之
《乘》，楚之《梼杌》，鲁之《春秋》，一也：其事则齐桓、晋文，其
文则史。孔子曰："其义则丘窃取之矣。"

孟子的这三段话说明孔子是《春秋》的作者，孔子作《春秋》虽取
材于旧史，但绝不是抄录旧史，而是借事明义，以之来表达自己的政治
理想，达到拨乱反正的目的。

孟子之后，汉代《春秋》学大师董仲舒也明确说："孔子作《春秋》，
先正王而系万事，见素王之文焉。"[1]司马迁继承孟子与董仲舒之说，在
《史记》的《太史公自序》《十二诸侯年表》《孔子世家》中多处言及孔
子作《春秋》。司马迁以后，刘向、桓宽等也认为孔子作《春秋》。这
说明从战国到东汉，人们对孔子作《春秋》深信不疑，且认为孔子作
《春秋》对旧史有严格的取裁，是为了明道义与"王法"。

除上述引文能证明孔子笔削《春秋》外，《春秋》经传中亦有许多内
证证明之。如庄公七年有"星陨如雨"的经文，据《公羊》，"不修《春
秋》"对此的记载是"雨星不及地尺而复"，两相比较，孔子的笔削之功
不言而明。再如《左传·襄公二十年》载宁殖对其子悼子（宁喜）曰：
"吾得罪于君，悔而无及也。名藏在诸侯之策，曰'孙林父、宁殖，出其
君'，君入则掩之。若能掩之，则吾子也；若不能，犹有鬼神，吾有馁

而已，不来食矣。"宁殖所言"得罪于君"之事，是指襄公十四年，他与孙林父迫使卫侯出奔齐之事。对此事，《春秋》记为"卫侯出奔齐"①，不是"孙林父、宁殖，出其君"，何休注曰"不书孙、宁逐君者，举君绝为重"，表明国君的责任更大。毫无疑问，孔子作《春秋》时，对此事的记载，根据表达政治内容的需要，对史策进行了笔削。这样的例子很多，这里限于篇幅，不再列举。因此，孔子作《春秋》的传统说法不能轻易否定。

《春秋》修成后，孔子以之教授学生，传授自己的政治思想，是为儒家六艺之一。随着战国时期儒学成为显学，孔子地位逐渐提高，儒家六艺地位也随之提高，被称之为"六经"，如《庄子·天运》中就有"丘治《诗》《书》《礼》《乐》《易》《春秋》六经"的说法，《春秋》成为儒家六经之一。同时，围绕《春秋》形成了左氏、公羊、穀梁、邹氏、夹氏等多种传说，这也标志着"春秋"逐渐摆脱史书通名之意，成为孔子《春秋》的专名。汉武帝"罢黜百家，表章六经"，立五经博士，《春秋》为其中之一，更是巩固了《春秋》的经典地位。

《春秋》由于其文简意赅，给学者留下了巨大的发挥空间，《左传》《公羊》《穀梁》三传应运而生。《左传》《公羊》《穀梁》三传本是《春秋》的传，但由于《春秋》太过简单，如果离开三传根本无法探究《春秋》中所载史实及所蕴含的微言大义，这种不可或缺性使三传在《春秋》学中扮演着非常重要的角色，研究《春秋》必须研究三传。因此，随着研究三传著作的增多，三传也上升为儒家经典，甚至一度取代了《春秋》作为经的地位。所以，以下便对三传的产生与经典化做一讨论。

---

① 此为《左传》《穀梁》所载经文，《公羊》所载经文为"卫侯衍出奔齐"。

二、《左传》的作者与时代

汉儒都认为《左传》的作者是左丘明。司马迁在《史记·十二诸侯年表序》中说鲁君子左丘明作《左氏春秋》。不过，他在《报任安书》中又说："盖西伯拘而演《周易》；仲尼厄而作《春秋》；屈原放逐，乃赋《离骚》；左丘失明，厥有《国语》。"这段话引起后人争议。有的学者认为《国语》实际上就是《左传》，而非传世的《国语》。①关于左丘明，《论语·公冶长》有这样一段话："子曰：巧言、令色、足恭，左丘明耻之，丘亦耻之。匿怨而友其人，左丘明耻之，丘亦耻之。"刘歆据此认为左丘明"好恶与圣人同"。杜预《春秋序》也说："左丘明受经于仲尼，以为经者不刊之书也，故传或先经以始事，或后经以终义，或依经以辩理，或错经以合异，随义而发。"左丘明既然"受经于仲尼"，就是孔子的弟子。

不过，唐代学者开始对左丘明提出怀疑。赵匡认为孔子所称赞的都是前代贤人，而不是同时之人或门人弟子。因此，《左传》不是孔子所称的左丘明所作。他还从《左传》文体和记述内容上的差异性，判断《左传》与《国语》并非一人所作，《左传》也不是出于一人之手。②宋代《春秋》学者继续对《左传》的作者问题进行考辨，在前人的基础上提出了不少新的观点。承唐宋学者之疑，明清以及20世纪亦有不少学者对《左传》的作者与时代进行了各种论说。归纳起来，历代质疑《左传》作者与时代的说法，主要有子夏或弟子作《左传》、吴起作《左传》、鲁国左姓人作《左传》、战国人作《左传》（分为成书于春秋末或战国初、成书于战国中期、成书于战国末年三派）、秦汉人作《左传》（有笼统言秦

---

① 参见顾颉刚讲授、刘起釪笔记：《春秋三传及国语之综合研究》，巴蜀书社1988年版；杨伯峻《左传成书年代论述》，《文史》第6辑，中华书局1979年版。
② 陆淳：《春秋集传纂例》卷一《赵氏损益义第五》，景印文渊阁《四库全书》本。

汉人作、张苍作、刘歆作三说)、《左传》先于《春秋》说、孔子作《左传》等七种。其中以刘歆作《左传》说影响最大,引发了清末民初(刘逢禄、康有为——章太炎、刘师培)、20世纪20—40年代(疑古派顾颉刚、钱玄同——钱穆),1980年前后(徐仁甫——胡念贻、赵光贤等)三次争论。综观这些观点提出的各种论据,大都出于主观推测,不足以否认司马迁、刘歆等人关于《左传》为春秋末年鲁国人左丘明所作的观点。这是因为:

第一,《左传》记事到哀公二十七年为止,可见作者为春秋末年人。如果是战国时人,他会写到战国时代,因为战国、西汉人写史都是写到当代为止,魏襄王《竹书纪年》、司马迁《史记》都如此,《左传》当不例外。

第二,《左传》叙事以鲁国为中心。凡写到鲁国都称"我",鲁国国君都称君,其他称"公"或"侯",他国使节来访,都称"来",鲁国出使称"去"。再者,春秋时期,鲁国并不是强国,但他在《左传》中的篇幅仅次于持续几代称霸的晋国,这表明《左传》的作者是鲁国人,站在自己国家的立场来记载史实。

第三,《左传》里涉及战国时代的预言没有应验,如"秦之不复东征""郑先卫亡"等,表明《左传》的作者不知道这些史实,是战国以前的人。

第四,《左传》正文哀公二十七年以前称赵孟,不称赵襄子谥,也可以说明《左传》作于春秋末年。

三、《公羊》《穀梁》的作者与时代

关于《公羊》的作者,中唐以前诸儒都认为是子夏门人公羊高。《汉书·艺文志》著录《公羊传》十一卷,班固自注云:"公羊子,齐人。"颜师古注云:"名高。"

　　至于《穀梁》的作者，则有穀梁赤、穀梁俶（淑）、穀梁寊、穀梁喜、穀梁嘉等多种说法。桓谭《新论》、应劭《风俗通》以为名赤；阮孝绪《七录》以为名俶；王充《论衡·案书篇》以为名寊；颜师古注《汉书·艺文志》以为名喜。清钱大昭《汉书辨疑》据闽本汉书言"喜"字应为"嘉"字。对穀梁子的时代，学者亦有不同说法。杨士勋认为穀梁子是子夏门人，他在《春秋穀梁传注疏·序》中曰："穀梁子，名俶（chù）（一本作"淑"），字元始，鲁人。一名赤。受经于子夏，为经作传，故曰《穀梁传》。"麋信则认为是秦孝公时人。[①]由上，对穀梁子的确切名字及生活的具体年代，两汉学者已难知其详。虽然对《穀梁》的作者说法不一，但中唐以前学者只是各述己说，并没有以己之说否定其他说法。

　　从中唐赵匡开始，一些学者对《公》《穀》二传的作者与时代提出疑问，主要提出了以下几种说法：

　　1.公羊、穀梁不是子夏传人；

　　2.公羊、穀梁为同一人；

　　3.公羊、穀梁不为同一人，但都是姜姓人的假托，晚出战国；

　　4.《公羊》《穀梁》二传晚出秦汉；

　　5."公羊""穀梁"分别是齐、鲁两地对子夏之姓名"卜商"读音的不同而造成的转音之讹，齐地读"卜商"为"公羊"、鲁地则读作"穀梁"；

　　6."穀梁"这个姓就是从"公羊"两字之音幻化出来的；

　　7.《穀梁》是刘歆伪造的古文经学，其成书在西汉末。

　　应该说，关于《公》《穀》作者与时代的各种怀疑说法出于主观臆

_____

[①] 朱彝尊《经义考》卷一七〇引。

测，在新的确实证据出来之前，我们不能轻易否认传统的说法。

四、三传的经典化

《左传》《公羊》《穀梁》本是《春秋》的三部传，但随着儒家学术的发展，它们逐渐经典化，由"传"上升为"经"，成了《春秋》的代表，为儒家"十三经"中的三部经典。

三传的经典化，有学术原因，亦有制度上的保证。第一，因为《春秋》经文过于简单，其所记事件的原委需要《左传》的补充，所阐发的微言大义，有待于《公羊》《穀梁》二传的阐释发挥。对此，宋人李纲曰："弃传而观经，则是去甘、石之书而窥天也。"[1]四库馆臣亦曰：

> 夫三传去古未远，学有所受，其间经师衍说，渐失本意者固亦有之。然必一举而刊除，则《春秋》所书之人无以核其事，所书之事无以核其人，即以开卷一两事论之。元年春王正月，不书即位，其失在夫妇嫡庶之间，苟无传文，虽有穷理格物之儒，殚毕生之力，据经文而沉思之，不能知声子、仲子事也。郑伯克段于鄢，不言段为何人，其失在母子兄弟之际，苟无传文，虽有穷理格物之儒，殚毕生之力，据经文而沉思之，亦不能知为武姜子、庄公弟也。[2]

也就是说，无论后世如何解读《春秋》，《左传》《公羊》《穀梁》三传都是最基本的文献。这使三传成为人们研治《春秋》不可逾越的对象，不断地被阅读、诠释、理解与引用，从而具有权威性，上升成为经典。

第二，杜预著《春秋经传集解》时，将《春秋》经、传合在一起，

---

[1] 李纲：《梁溪集》卷一六三《书襄陵春秋集传后》，景印文渊阁《四库全书》本。
[2] 永瑢等：《四库全书总目》卷二七《春秋经筌》提要。

由于这样方便阅读，被《公羊》《穀梁》二传学者仿效，久而久之，单行的《春秋》经就很少见了，这也促使载有《春秋》经文的三传逐渐成了《春秋》的代表。

第三，从西汉到唐代的各个时段里，《左传》《公羊》《穀梁》三传兴衰不一，但它们都在一定程度上得到了统治阶级的重视，被广泛地教授与传播，使其代有所承。比如《公羊》，从汉武帝设五经博士开始至东汉末，始终立于学官，有董仲舒、公孙弘、严彭祖、颜安乐等名家。至魏晋南北朝，《公羊》虽已没有在两汉的显赫地位，但依旧被立为博士或置于国学，传承不断。到唐代，由于科举制的发展，《公羊》成为科举考试的重要科目，亦促进了《公羊》的传习。再如，《穀梁》在汉宣帝时被立为博士，显极一时，后来虽然由于西汉的衰亡而式微，但始终薪火相传，到魏文帝时又被立为博士，西晋时范宁注亦立国学，南朝宋亦由国子助教分掌《穀梁》等十经教学，南朝齐则以糜信注为国学教本，唐代亦以国子学教授《穀梁》学，并以之为科举考试的科目。又如《左传》，在两汉虽只是暂立学官，但在建武初年与汉章帝时，政府组织了《左传》家与《公羊》家的辩论，提拔了大批治《左传》的学者，使《左传》之学大兴，取代了《公羊》《穀梁》原有的地位。从此直至唐代，《左传》学一直为统治阶级和学人所重。统治阶级的教授与推广，使三传代有传习，为其由传上升为经提供了制度上的保证。

正是因为上述的原因，《左传》《公羊》《穀梁》三传逐渐由"传"上升为"经"，至唐代孔颖达修《五经正义》，《春秋》以杜预《春秋经传集解》为本，后来所修的《九经正义》中《公羊》《穀梁》亦有了"经"之名。除此外，唐代科举考试中以九经取士，《左传》《公羊》《穀梁》为其中之三。这些都标志着三传完成了其经典化的过程，在儒家的经典中成了《春秋》一经的代表。

五、《春秋》经传的影响

综上所述，《春秋》与《左传》《公羊》《穀梁》四部著作有区别但又是一个整体，它们记载的历史风云，阐发的微言大义与《春秋》笔法对中国产生了深远的影响。

政治上，《春秋》学主张的大一统、尊王、大居正、尊君抑臣、维护等级秩序等是中国古代封建专制集权的思想基础；攘夷思想中以夏变夷、以文化区分夷夏、夷夏可以相互转化的思想，促进了各民族之间的融合，对统一的多民族国家的形成起到了一定的意义；存三统为朝代更替及其平稳过渡提供了理论依据，同时也警醒统治者，如若统治太过残暴，其自身也有可能被人取代；复仇之义成为遭遇民族危机时，号召、团结民众的一个有力武器；异外内成为中国古代处理与少数民族关系、国际关系的一个理论基础。"三世"说更是成了清末维新变法的理论基础。

思想上，在中国封建时代，当时局发生变化，需要重新调整意识形态、转变思想时，《春秋》学总是走在时代的前端。汉武帝"罢黜百家，表彰六经"，董仲舒为代表的《公羊》学是确定儒学在中国传统思想学术中核心地位的最直接推动力。唐中叶以后兴起的"疑古惑经""舍传求经"之风，亦源于啖助、赵匡、陆淳的《春秋》学，这为宋代程朱理学的兴起与发展创造了条件。清代中后期，扭转乾嘉学者只重考据，不关注现实的局面，则是常州《公羊》学派之功，后经魏源、龚自珍到康有为，《公羊》学终成了维新变法的理论基础，再加上西方思潮的涌入，使中国人的思想发生了翻天覆地的变化。

学术上，《春秋》经传编年为体的形式，或简洁或"艳而富"的语言，因褒贬而生的书写原则（《春秋》笔法），对中国史学与文学都产生了巨大的影响。就史学而言，《春秋》是现存最早的编年体史书，《左传》是现存最早的叙事完整的编年体史书，它们对中国后来的史学从体例、内容与思想上都产生了重要的影响。文学方面，《春秋》经传是后世文学创作的重要故事来源，也是多种文学体裁之源。《春秋》经传流传过程中对笔法的归纳、运用，对古代文学创作与文论影响深远。

第二节 选 读

一、选自《汉书·艺文志·六艺略·春秋类序》

古之王者世有史官，君举必书，所以慎言行，昭法式也。左史记言，右史记事，事为《春秋》，言为《尚书》，帝王靡不同之。周室既微，载籍残缺，仲尼思存前圣之业，乃称曰："夏礼吾能言之，杞不足征也；殷礼吾能言之，宋不足征也。文献不足故也，足则吾能征之矣。"以鲁周公之国，礼文备物，史官有法，故与左丘明观其史记，据行事，仍人道，因兴以立功，就败以成罚，假日月以定历数，藉朝聘以正礼乐。有所褒讳贬损，不可书见，口授弟子，弟子退而异言。丘明恐弟子各安其意，以失其真，故论本事而作传，明夫子不以空言说经也。《春秋》所贬损大人当世君臣，有威权势力，其事实皆形于传，是以隐其书而不宣，所以免时难也。及末世口说流行，故有《公羊》《穀梁》《邹》《夹》之传。四家之中，《公羊》《穀梁》立于学官，邹氏无师，夹氏未有书。

【译文】

古代帝王世代都有史官，对君王的一举一动一定要加以记录，其目的是以此使君主谨言慎行，成为民之法则。帝王的左史记录其语言，右史记录其事情，事情记录下来就成为《春秋》，语言记录下来便成为《尚书》，帝王没有不是这样的。周王室衰败后，书籍残破缺损，孔子思考保存前代圣人的业绩时就说："夏代的礼我能说出来，但现在杞国所行的礼已不能全面验证了；商代的礼我能说出来，但现在宋国的礼已不能全面验证了。这是文献不够的缘故，文献足够的话，我就能加以证明了。"因为鲁国是周公的封国，礼乐仪制、器物都完备，史官有法度，所以孔子与左丘明一起观看了鲁国国史的记载，根据事情本身与人道，因兴盛而赏功，败亡而责罚，凭借日月来确定历数，通过诸侯朝见天子来端正礼乐。对有些褒扬、讳言与贬损的事情，孔子不能明确写出来，就口授给弟子，弟子回去后所说互不相同。左丘明怕孔子弟子各自按照自己的理解乱解经义，以致失去了孔子真意，所以按照本来的事实作《左传》，表明孔子不以空言解说经文。《春秋》所贬损的当时君臣，有威权势力，他们的行为与相关事实都在《左传》中明白呈现出来，因此在《春秋》中只隐讳而不明确地表达对他们的贬损，以避免遭到当权者的迫害。等到春秋末年世人口头传说流行开来，便有《公羊》《穀梁》《邹》《夹》四家的传授。四家之中，《公羊》《穀梁》两家被立于学官，而邹氏已没有老师传授，夹氏则没有将口头传说的内容著录成书传下来。

二、隐公元年（前722）春王正月

《春秋》：

元年春王正月。

《左传》：

元年春，王周正月。不书即位，摄也。

《公羊》：

元年者何？君之始年也。春者何？岁之始也。王者孰谓？谓文王也。曷为先言王而后言正月？王正月也。何言乎王正月？大一统也。公何以不言即位？成公意也。何成乎公之意？公将平国而反之桓。曷为反之桓？桓幼而贵，隐长而卑。其为尊卑也微，国人莫知。隐长又贤，诸大夫扳隐而立之。隐于是焉而辞立，则未知桓之将必得立也；且如桓立，则恐诸大夫之不能相幼君也。故凡隐之立，为桓立也。隐长又贤，何以不宜立？立適以长，不以贤；立子以贵，不以长。桓何以贵？母贵也。母贵则子何以贵？子以母贵，母以子贵。

《穀梁》：

虽无事，必举正月，谨始也。公何以不言即位？成公志也。焉成之？言君之不取为公也。君之不取为公何也？将以让桓也。让桓正乎？曰，不正。《春秋》成人之美，不成人之恶。隐不正而成之，何也？将以恶桓也。其恶桓何也？隐将让而桓弑之，则桓恶矣。桓弑而隐让，则隐善矣。善则其不正焉，何也？《春秋》贵义而不贵惠，信道而不信邪。孝子扬父之美，不扬父之恶。先君之欲与桓，非正也，邪也。虽然，既胜其邪心以与隐矣。已探先君之邪志，而遂以与桓，则是成父之恶也。兄弟，天伦也。为子受之父，为诸侯受之君，已废天伦而忘君父，以行小惠，曰小道也。若隐者，可谓轻千乘之国，蹈道则未也。

【译文】

《春秋》：

元年春，周历正月。

《左传》：

元年春，周历正月。《春秋》经文不记载隐公即位，是因为隐公是代桓公摄政。

《公羊》：

元年是什么？是国君即位的第一年。春是什么？是一年的开始。王指的是谁？是指周文王。为什么先说王而后说正月？表明是周王的正月。为什么要说周王的正月？是重政教之始。对隐公为什么不记载其即位之事？因为要成全隐公的心愿。为什么说是成全隐公的心愿？隐公打算治理好国家后还政给桓公。为什么要还政给桓公？桓公年幼而地位尊贵，隐公年长而地位卑贱。他们的尊卑差别不是很明显，国内普通老百姓都不知道。隐公年长而贤能，众大夫推举隐公而拥立他。隐公在这个时候如果推辞即位，则不能确保桓公将来一定能立为国君；况且如果这时立桓公为国君，则怕众大夫也不能辅佐他这个年幼的国君。所以立隐公为国君，是为了将来立桓公为国君。隐公年长而贤能，为什么不适合立为国君？立嫡子以年长不以贤能为标准，立庶子以地位尊贵不以年长为标准。桓公为什么地位尊贵？因为他母亲地位尊贵。母亲地位尊贵为什么儿子就地位尊贵？儿子因为母亲尊贵而尊贵，母亲也因为儿子尊贵而尊贵。

《穀梁》：

虽然没什么重大事情值得记述，但也必须标明周王正月，是因为要谨慎地对待每一年的开始。对隐公为什么不记载其即位之事？因为要成全隐公的心愿。怎样成全他的心愿呢？是要言明隐公没有做鲁国国君的打算。隐公为什么不打算做国君呢？因为他想把君主之位让给桓公。那么，把君位让给桓公的做法合乎正道吗？回答是不合正道。《春秋》经文成全人们的美德善事，不成全人们的邪恶行为。隐公的做法不合乎正道，而《春秋》还要成全他，这是为什么呢？是为了表现桓公的罪恶。为什么要表现桓公之恶呢？因隐公想要让位给桓公，桓公却把他杀害了，所以说桓公有罪恶。桓公杀害隐公而隐公谦让国君之位，所以说隐公善良。隐公善良却不合正道，又是为什么呢？因为《春秋》经文推崇符合国家利益的道义，不推崇私下的小恩小惠；伸张正当道义，不宣扬邪恶行为。孝顺父亲的儿子应当称扬父亲的美德，不应传扬父亲的恶行。前任国君（惠公）在世的时候，打算将君位传给桓公，不是正道，是邪道。尽管如此，他后来还是克制了自己的邪念，将君位传给了隐公。隐公知道了父亲惠公有这种不正当的想法，便要将君位让给桓公，这是成全父亲的邪恶行为。兄先弟后，是天然的伦常次序。隐公作为儿子，已受命于父亲；作为诸侯，也已受命于周天子，他想让位于桓公，是废弃了兄弟伦常，忘记了君王和父亲的任命，是施行个人的小恩小惠，是狭隘的道义。像隐公这样的人，可以说做到了不在意拥有千辆战车的公侯之国，但还没有做到履行大道公义。

三、僖公二十二年（前638）泓之战

《春秋》：

冬十有一月己巳朔，宋公及楚人战于泓，宋师败绩。

《左传》：

冬十一月己巳朔，宋公及楚人战于泓。宋人既成列，楚人未既济。司马曰："彼众我寡，及其未既济也，请击之。"公曰："不可。"既济而未成列，又以告。公曰："未可。"既陈而后击之，宋师败绩。公伤股，门官歼焉。

国人皆咎公。公曰："君子不重伤，不禽二毛。古之为军也，不以阻隘也。寡人虽亡国之余，不鼓不成列。"子鱼曰："君未知战。勍敌之人，隘而不列，天赞我也。阻而鼓之，不亦可乎？犹有惧焉。且今之勍者，皆吾敌也。虽及胡耇，获则取之，何有于二毛？明耻教战，求杀敌也。伤未及死，如何勿重？若爱重伤，则如勿伤；爱其二毛，则如服焉。三军以利用也，金鼓以声气也。利而用之，阻隘可也；声盛致志，鼓儳可也。"

《公羊》：

偏战者日尔，此其言朔何？《春秋》辞繁而不杀者，正也。何正尔？宋公与楚人期战于泓之阳。楚人济泓而来，有司复曰："请迨其未毕济而击之。"宋公曰："不可。吾闻之也：君子不厄人。吾虽丧国之余，寡人不忍行也。"即济，未毕陈，有司复曰："请迨其未毕陈而击之。"宋公曰："不可。吾闻之也：君子不鼓不成列。"已陈，然后襄公鼓之。宋师

大败。故君子大其不鼓不成列，临大事而不忘大礼，有君而无臣，以为虽文王之战，亦不过此也。

《穀梁》：

日事遇朔曰"朔"。《春秋》三十有四战，未有以尊败乎卑，以师败乎人者也。以尊败乎卑，以师败乎人，则骄其敌。襄公以师败乎人，而不骄其敌，何也？责之也。泓之战，以为复雩之耻也。雩之耻，宋襄公有以自取之。伐齐之丧，执滕子，围曹，为雩之会，不顾其力之不足，而致楚成王，成王怒而执之。故曰：礼人而不答，则反其敬；爱人而不亲，则反其仁；治人而不治，则反其知。过而不改，又之，是谓之过。襄公之谓也。古者被甲婴胄，非以兴国也，则以征无道也，岂曰以报其耻哉！宋公与楚人战于泓水之上，司马子反曰："楚众我少，鼓险而击之，胜无幸焉。"襄公曰："君子不推人危，不攻人厄，须其出。"既出，旌乱于上，陈乱于下。子反曰："楚众我少，击之，胜无幸焉。"襄公曰："不鼓不成列，须其成列，而后击之。"则众败而身伤焉，七月而死。倍则攻，敌则战，少则守。人之所以为人者，言也；人而不能言，何以为人？言之所以为言者，信也；言而不信，何以为言？信之所以为信者，道也；信而不道，何以为道？道之贵者时，其行势也。

【译文】

《春秋》：

冬十一月己巳日为初一，宋襄公与楚军在泓水交战，宋军战败。

《左传》：

冬十一月己巳日为初一，宋襄公与楚军在泓水交战。宋军已经排成阵列，楚军还没有完全渡过河来。担任司马的子鱼说："他们人多我们人少，趁他们还没全部渡过河来，请下令攻击他们。"宋襄公说："不行。"楚军全部渡过了河而没排成阵列，司马又请求下令攻击。宋襄公说："还不行。"等楚军摆好阵势后宋军才发动攻击，宋军大败。宋襄公大腿负伤，亲兵被杀得一干二净。

宋国人都将失败归咎于宋襄公。宋襄公说："君子不伤害已经受伤的人，不擒头发花白的人。古代的用兵之道，不靠把敌人逼到险要的地方攻击而取胜。我虽然是亡国者的后代，但不攻击还没有排成战列的敌军。"子鱼说："国君您不懂得作战的道理。强大的敌人，由于地形阻隘而没能排成战列，是上天在帮助我们。趁他们被阻隔而进行攻击，不也是可以的吗？这样做还担心不能取胜呢。再说现在面对的强者，都是我们的敌人。即使是遇到老人，能够俘获的就抓回来，对头发花白的人有什么可怜惜的呢？使士兵懂得失败是耻辱，教会他们作战，是为了杀死敌人。敌人受伤还没有死，为什么不可以再次杀伤他呢？如果可怜敌人再次受伤，那还不如一开始就不要让他们受伤；如果可怜敌人中头发花白的人，那还不如向他们投降。三军须抓住有利条件来作战，鸣金击鼓是以声音来鼓舞士气。为利用有利战机，在险要的地方攻击敌人是可以的；洪亮的金鼓声鼓舞起了士兵的斗志时，攻击未成战列的敌人是可以的。"

《公羊》：

各据一方交战的情况，记下日子（按：这里指"己巳"）就可以了，这里为什么要说初一呢？《春秋》用语繁而不简的地方，是为了突出正道。什么正道呢？宋襄公与楚国人约定在泓水之北交战。楚国人须渡过泓水而来，将官报告说："请趁他们没有全部渡过泓水攻击他们。"宋襄公说："不可以。我听说：君子不在敌人处于危险的地方时攻击他。我虽然是亡国者的后代，但我不忍心这样做。"楚军渡河完毕，还没有排成战列，将官报告说："请趁他们还没有排成战列而进攻他们。"宋襄公说："不可以。我听说：君子不攻击还没有排成阵形的敌军。"楚军排好战列，然后宋襄公才开始擂鼓。宋国军队大败。所以君子尊崇他不攻击没有排成战列的敌军，临大事而不忘大礼，可惜有这样的国君却没有这样的臣子，即使是周文王与他人交战，也不过是如此。

《穀梁》：

《春秋》经文在记载需要指明具体日期的史事时，逢到初一就称为"朔"。《春秋》经文中一共记载了三十四次战役，其中没有一次是用语上称尊贵的一方为卑微的一方所打败的，也没有称"师"的一方被称"人"的一方打败的。如果身份尊贵的一方败给了身份卑微的一方，称"师"的一方败给了称"人"的一方，则是因为战败一方骄傲轻敌。经文中称宋襄公的军队为"师"而败给了称"人"的楚军，不是宋襄公骄傲轻敌，为什么这么说呢？这是在指责宋襄公。宋、楚在泓水交战，是宋襄公为了一雪他以前在盂之盟中所蒙受的耻辱。然而宋襄公在盂之盟中所受的耻辱，是他咎由自取。他攻打正在操办丧事的齐国，捉拿滕国的国君，包围曹国，又召集各国诸侯到盂地来会盟，完全自不量力，以致召来了楚成王，楚成王一怒之下就把他抓起来了。所以说：对别人礼貌却没有相应的回应，就应该反省自己的礼貌是否恭敬得当；对别人友好，别人却并不对自己亲近，就应该反省自己是否做到了真正关怀别人；要管理别人，别人却并不服从，就应该反省自己是否有足够的才智治理别人。犯了错误而不改正，又再次犯错，这是所谓"过"。宋襄公可以说就是这样的人。古时候，披上铠甲，戴上头盔，不是为了使国家兴盛，而是为了征讨没有道义的人，怎么能以此来报复自己的耻辱呢！宋襄公与楚国在泓水附近交战，宋国的司马子反说："楚军多，我军少，趁敌人还处在不利境地的时候攻击他们，能取胜则将是无比的幸运。"宋襄公却说："君子不会将敌人驱赶到危险的地方，也不会在敌人居于危险之地时去攻击他，而是要等到敌人摆脱了危险的境地才会发动攻击。"楚军刚渡过泓水时，上面战旗凌乱，下面阵形混乱。司马子反说："楚军多，我军少，趁现在向他们发动进攻，能取胜则将是无比的幸运。"宋襄公说："不能攻击还没有排成阵形的敌军，必须要等他们排好阵形后再发起攻击。"就这样，双方一交战，宋军大败，宋襄公也受了伤，七个月后就死了。敌我双方作战，如果兵力超过对方一倍可以主动进攻，如果双方兵力相当也可以交战，如果兵力比对方少那就只能防守了。人之所以为人，就在于人能说话；如果人不能说话，还算什么人呢？言语之所以成其为言语，就在于讲究信义；如果说话不讲信义，那还算什么言语呢？信义之所以成为信义，就在于符合道；如果虽讲信义但不合道，那还算什么道呢？道的可贵之处就在于合乎时宜，顺应形势的发展。

四、哀公十四年（前481）西狩获麟

《春秋》：

十有四年春，西狩获麟。

《左传》：

十四年春，西狩于大野，叔孙氏之车子钼商获麟，以为不祥，以赐虞人。仲尼观之，曰："麟也。"然后取之。

《公羊》：

何以书？记异也。何异尔？非中国之兽也。然则孰狩之？薪采者也。薪采者，则微者也，曷为以狩言之？大之也。曷为大之？为获麟大之也。曷为为获麟大之？麟者，仁兽也。有王者则至，无王者则不至。有以告者曰："有麕而角者。"孔子曰："孰为来哉！孰为来哉！"反袂拭面，涕沾袍。颜渊死，子曰："噫，天丧予！"子路死，子曰："噫，天祝予！"西狩获麟，孔子曰："吾道穷矣！"

《穀梁》：

引取之也。狩地不地，不狩也。非狩而曰狩，大获麟，故大其适也。其不言来，不外麟于中国也。其不言有，不使麟不恒于中国也。

【译文】

《春秋》：

十四年春天，在西部打猎抓获麒麟。

《左传》：

十四年春天，在西部大野打猎，给叔孙氏驾车的子钽商抓获麒麟，认为是不祥之物，把它赐给了虞人。孔子看到此动物，说："这是麒麟。"然后把它带走了。

《公羊》：

为什么要记载这件事呢？是记录异常情况。为什么说这件事奇异呢？因为它不是中原诸国的兽类。这样的话，那是谁打猎抓到的？是一个砍柴的人。砍柴的人应该是身份卑微者，为什么要以用于天子诸侯的狩猎来记载此事呢？是为了表达对这件事情的重视。为什么重视这件事呢？因得到麒麟而重视。为什么为得到麒麟而重视这件事？麒麟，是仁兽，有王者就来到，没有王者就不来。有人把这个消息告诉孔子，说："有一头像獐而长了角的动物。"孔子一边说："为谁来的！为谁来的！"一边用衣袖擦眼泪，眼泪沾湿了衣服的前襟。颜渊死后，孔子说："唉，天使我丧失了助手！"子路死后，孔子说："唉，天折断了我的臂膀！"在西部狩猎获得麒麟后，孔子说："我的主张没法实现了！"

《穀梁》：

麒麟因孔子而来，鲁国引诱而捕获之。没有记载狩的地点，表明此不是行狩。不是行狩却说狩，是为了表达对获得麒麟的重视，所以扩大了狩的适用范围。经文中没有说麒麟"来"，是为了不将麒麟这种祥瑞之物看作是中原以外的动物。经文也没有说"有"麒麟，是为了显示麒麟这种祥瑞之物是中原地区常有之物。

五、《四库全书总目·经部·春秋类序》

说经家之有门户，自《春秋》三传始，然迄能并立于世。其间诸儒之论，中唐以前则《左氏》胜，啖助、赵匡以逮北宋，则《公羊》《穀梁》胜。孙复、刘敞之流，名为弃传从经，所弃者特《左氏》事迹、《公羊》《穀梁》月日例耳。其推阐讥贬，少可多否，实阴本《公羊》《穀梁》法，犹诛邓析用《竹刑》也。夫删除事迹，何由知其是非？无案而断，是《春秋》为射覆矣。圣人禁人为非，亦予人为善。经典所述，不乏褒词，而操笔临文，乃无人不加诛绝，《春秋》岂吉网罗钳乎？至于用夏时则改正朔，削尊号则贬天王，《春秋》又何僭以乱也！沿波不返，此类宏多。虽旧说流传，不能尽废，要以切实有征、平易近理者为本；其瑕瑜互见者，则别白而存之；游谈臆说，以私意乱圣经者，则仅存其目。盖六经之中，惟《易》包众理，事事可通；《春秋》具列事实，亦人人可解，一知半见，议论易生。著录之繁，二经为最，故取之不敢不慎也。

【译文】

解说儒家经典有派别，是从《春秋》三传开始的，然而三传最终竟然都流传至今。三传流传过程中，诸儒的论说，在中唐以前《左传》一家占上风，从啖助、赵匡到北宋，则是《公羊》《穀梁》二家占上风。孙复、刘敞等人，名义上说弃传从经，所弃的只是《左传》中记载的历史事实与《公羊》《穀梁》二传的日月时例。其推论阐发与讥刺贬绝，对前人之说肯定少否定多，实际是暗用《公羊》《穀梁》的方法，就好像用邓析编写的《竹刑》惩罚他自己一样。如果删除事实本身，怎么能知道其是非呢？没有根据而做判断，这样《春秋》就成了如射覆游戏一样靠猜测来知其是非的书了。圣人禁止人做坏事，也表彰人行善举。经典中论述的内容，不缺少褒词，但一些学者研读解释时，无人不加诛绝，《春秋》难道是制造冤狱的吉温、罗希奭吗？至于认为《春秋》用夏时则改正朔，以为去"天"则是贬天王，《春秋》又岂是这样僭越与混乱！后来的人沿袭这种风气，以致这样的《春秋》学著作很多。虽然旧说流传广泛，但不能完全废除，关键在以符合事实有根据且平易近理的著作为本；对于瑕瑜互见的著作，则分辨明白而保留；对闲谈乱说，以私意乱圣经的著作则仅存其目。六经之中，只有《易》包括万事万物之理，可用以解释所有事情；《春秋》备述事实，也人人都可以来解释，一知半见亦要表达出来，容易产生各种各样的议论。因此，《易》《春秋》二经著录的著作是最繁杂的，故选取时不敢不慎重。

第三节　知识链接

一、《春秋》微言大义

关于"微言大义"，百度汉语的解释是"精微的语言和深刻的含义"，学术界还有一种理解是指包含在某种经典中最根本、最重要的思想。就《春秋》学而言，"大义"与"微言"有明确区分。简单说来，大义就是指可以公开说的，比如大一统、尊王攘夷、君臣父子之纲、诛讨乱臣贼子等。微言就是不能直接说，暗藏在文字背后的东西。微言最开始是指孔子因身逢乱世，于当世大人（统治者）的非礼行为，必然有忍不住有所刺讥的地方，但为了自保，不能明说，只能借助"微辞"表达自己的想法。这种微言一般人是看不出来的，要靠孔子讲解，所以公、穀、邹、夹要口说流传。孔子没而微言绝，现在我们所见的《春秋》微言，主要是由后世的公羊学者阐发的，核心内容为"三科九旨"。

二、三科九旨

"三科九旨"是《公羊》家阐发的《春秋》微言，可以说是《公羊》学的基础。关于"三科九旨"有五种说法，可分为两种类型：一种为三科包含在九旨中，"三科九旨"为一；一种为三科外另有九旨。具体情况可列为以下两个表格。[①]

表一：

	"一科三旨"	"二科六旨"	"三科九旨"
何休	新周、故宋、以《春秋》当新王，此一科三旨也	所见异辞，所闻异辞，所传闻异辞，二科六旨也	内其国而外诸夏，内诸夏而外夷狄，三科九旨也
孔广森	天道者：一曰时，二曰月，三曰日	人情者：一曰尊，二曰亲，三曰贤	王法者：一曰讥，二曰贬，三曰绝

表二：

	宋均	荀崧	刘逢禄
三科	张三世、存三统、异外内	张三世、存三统、异外内	张三世、通三统、异外内
九旨	一曰时，二曰月，三曰日，为详略之旨；四曰王，五曰天王，六曰天子，为远近亲疏之旨；七曰讥，八曰贬，九曰绝，轻重之旨	季节、月份、日；褒、讥、贬绝；尊、亲、贤	时、月、日；爵、氏、名字；褒、讥、贬绝

---

① 按，此两表格直接采用的黄开国《公羊学发展史》，人民出版社2013年版。

这两个表格说明何休、孔广森二人主张"三科九旨"为一，而宋均、荀崧、刘逢禄三人则以为三科外另有九旨。尽管五人关于"三科九旨"的论述有异，但从微言角度来看张三世、存三统、异内外为其核心。

1.张三世（所见异辞，所闻异辞，所传闻异辞）

所谓"三世"是以孔子诞生为基点，把《春秋》二百四十二年间十二世，分为孔子所传闻世、所闻世、所见世。《公羊》中有三处将《春秋》所记十二公之事分成上述三个阶段，董仲舒将其具体化为所传闻世历隐、桓、庄、闵、僖五世，为孔子高祖、曾祖时事，凡九十六年；所闻世历文、宣、成、襄四世，为孔子王父时事，凡八十五年；所见世历昭、定、哀三世，为孔子自己与其父时事，凡六十一年。到了何休那里，则曰：

> 于所传闻之世，见治起于衰乱之中，用心尚麤觕，故内其国而外诸夏，先详内而后治外，录大略小……；于所闻之世，见治升平，内诸夏而外夷狄……；至所见之世，著治太平，夷狄进至于爵，天下远近小大若一。①

将所传闻世、所闻世、所见世与衰乱、升平、太平一一对应。这虽不符合春秋时期历史发展的实际，但从发展变化的视角分析《春秋》之义，是一种历史进化观的表现。经何休发挥后的"张三世"说虽因不符合历史实际为后人所诟病，但也启发了后世以三阶段的"衰世变化"说来解说《春秋》，如宋代孙复将春秋之世划分成了"诸侯分裂之""大夫专

---

①《春秋公羊传注疏》卷一，清嘉庆刊阮元校刻《十三经注疏》本，中华书局2009年版。

执之"夷狄迭制之"三个阶段①，胡安国也把春秋时期分成了"五霸迭兴""政在大夫""陪臣执国命"三个政权不断下移的阶段②。至晚清《公羊》学复兴，"张三世"之说经刘逢禄、康有为等人重新发挥，最终被改造成了戊戌维新变法的理论基础之一。

2.存三统（新周、故宋，以《春秋》当新王）

"新周、故宋，以《春秋》当新王"的核心是"《春秋》当新王"，即孔子作《春秋》，是以《春秋》一经行天子褒贬进退、存亡继绝之权，为一新兴之王。但在"新王"之时，还要注意亲周（"新""亲"相通）、故宋，即"王者存二王之后，使统其正朔，服其服色，行其礼乐，所以尊先圣，通三统。师法之义，恭让之礼，于是可得而观之"③。周建立后，建立了杞、宋两个诸侯国分别代表前面两个朝代夏、商，那么在《春秋》取代周为新王，"三统"中占据一统后，前面代表夏的杞就要退出这个序列，而由周替补上来。这一理论实际讨论的是新政权与旧政权的关系问题。新政权建立以后，还要保留前面两个政权的一些制度、文明与礼仪。这一学说一方面为解决朝代更替中难以避免的战乱和暴力提供了一种方案，为不同家族政权的平稳过渡提供了理论基础；另一方面也提醒统治者天下非一家所有。

3.异外内（内其国而外诸夏，内诸夏而外夷狄）

"内其国"是指以鲁国为中心。在此基础上，按距离鲁国的远近与接受华夏文明的程度，将天下分为"诸夏"与"夷狄"。根据这样的区分，《公羊》家运用详近略远、详亲略疏的原则来解释《春秋》经文。如

---

① 孙复：《春秋尊王发微》卷一二哀公十四年"西狩获麟"条，《通志堂经解》本。
② 胡安国：《进春秋传表》，载《春秋胡氏传》卷首，《四部丛刊》本。
③ 《春秋公羊传注疏》卷二，清嘉庆刊阮元校刻《十三经注疏》本，中华书局2009年版。

成公十五年冬十有一月"叔孙侨如会晋士燮、齐高无咎、宋华元、卫孙林父、郑公子鳍、邾娄人，会吴于钟离"，《公羊》曰：曷为殊会吴？外吴也。曷为外也？《春秋》内其国而外诸夏，内诸夏而外夷狄。王者欲一乎天下，曷为以外内之辞言之？言自近者始也。"而且，何休还将"异外内"与"三世说"结合起来，以为于所传闻世，《春秋》实行的是"内其国而外诸夏"；于所闻世，实行的是"内诸夏而外夷狄"；于所见世，则天下远近小大若一。这一思想展现了公羊家根据不同时代要求，确立处理内外事务原则的智慧。

三、三体五例

"三体五例"是杜预在《春秋序》中结合前人之说归纳的《左传》义例体系。"三体"是指"发凡言例"或曰"发凡正例"与"新意变例""归趣非例"，杜预认为"发凡正例"乃是"经国之常制，周公之垂法"；"新意变例"是孔子遵周公之典"起新旧、发大义"所创立的义例；"归趣非例"则是左丘明因"经无义例，因行事而言，则传直言其归趣而已"，故曰"非例"。由此，"三体"是杜预构建的《左传》义例体系中的三个基本原则。"五例"则是指针对具体经文时，《左传》根据不同情况采用的"微而显""志而晦""婉而成章""尽而不污""惩恶而劝善"等五个具体细则。在杜预看来，只有《左传》所载的"三体五例"才是解释孔子《春秋》的关键。依此推寻"经传，触类而长之"，方能得《春秋》"王道之正，人伦之纪"。"三体五例"之说对后世影响很大，被后世《左传》学者奉为圭臬，亦成为《春秋》笔法的代表性说法。

四、日月时例

所谓"日月时例"，是一种以记时详略为评判标准的例。《春秋》中有的事情只标明时，有的标明时、月，有的则时、月、日俱全，主"日月时例"者认为时间标明到哪一级，包含了孔子的褒贬与微言大义。三传中，《公》《穀》二家皆以"日月时例"解经。《左传》除了隐公元年"公子益师卒"云"公不与小敛，故不书日"与桓公十七年"冬十月，朔，日有食之"曰"不书日，官失之也"两条谈及"不书日"外，其余均不涉。而且，这两条中，第一条像以日月时为例，但褒贬之义不明显，第二条则以史官失载来解释经不书日的原因，显然不是日月时例。故一般认为《左传》不以"日月时例"解经。

五、名称爵号例

《春秋》学者认为《春秋》书名、书字、书爵、书人等蕴含着圣人深意，故总结《春秋》中各种情况下对人物的称呼情况来解释《春秋》经文蕴含的深意，这就是"名称爵号例"。概括而言，他们对"名称爵号例"的归纳可以分为两个部分。一是根据人物的不同身份采用不同的称呼，如何休注《公羊》时所归纳的"天子上士以名氏通，中士以官录，下士略称人""天子三公氏采称爵"等。[1]二是根据人物的具体行为采用不同的称呼，如杜预注僖公十一年"春，晋杀其大夫丕郑父"曰："以私怨谋乱国，书名罪之"。前者主要是为了"正名"，通过称呼的不同揭示各种身份的人在等级秩序中的应有位置，这是常态下的人物称呼；后者则是春秋乱世下，人物的行为或与身份不符，或产生了重要影响，需变换常态下的称呼以寓褒贬。

---

[1] 关于何休归纳的《春秋》之例，可参段熙仲《春秋公羊学讲疏》，南京师范大学出版社2002年版。

阅读书目

1. （晋）杜预注，（唐）孔颖达疏：春秋左传注疏，阮元校刻十三经注疏本。

2. （汉）何休注，（唐）徐彦疏：春秋公羊传注疏，阮元校刻十三经注疏本。

3. （晋）范宁注，（唐）杨士勋疏：春秋榖梁传注疏，阮元校刻十三经注疏本。

4. （宋）胡安国：春秋胡氏传，四部丛刊本。

5. 杨伯峻：《春秋左传注》，北京：中华书局，1990年。

6. 傅隶朴：《春秋三传比义（上、中、下）》，北京：中国友谊出版公司，1984年。

7. 李梦生：《左传译注》，上海：上海古籍出版社，2004年。

8. 王维堤、唐书文：《春秋公羊传译注》，上海：上海古籍出版社，2004年。

9. 承载：《春秋榖梁传译注》，上海：上海古籍出版社，2004年。

10. 赵伯雄：《春秋经传讲义》，北京：人民出版社，2012年。

11. 郭丹：《左传开讲》，上海：华东师范大学出版社，2013年。

12. 翁银陶：《公羊传开讲》，上海：华东师范大学出版社，2013年。

13. 谢金良：《榖梁开讲》，上海：华东师范大学出版社，2013年。

14. 刘黎明：《春秋经传研究》，成都：巴蜀书社，2008年。

15. 浦卫忠：《春秋三传综合研究》，台北：文津出版社，1995年。

16. 段熙仲著，鲁同群等点校：《春秋公羊学讲疏》，南京：南京师范大学出版社，2002年。

17. 赵伯雄：《春秋学史》，济南：山东教育出版社，2004年。

18. 戴维：《春秋学史》，长沙：湖南教育出版社，2004年。

问题与思考

1. 因《春秋》经文简单，历史上有人称其为"断烂朝报"，对此你怎么看？

2. 请谈谈《春秋》笔法对中国史学、文学的影响。

3. 你认为《左传》是否为《春秋》之传？理由是什么？

第五章　风雅美刺　比兴垂范

——《诗经》导读

第一节　概　述

一、"诗三百"与"诗经六义"

《诗经》是我国现存最早的一部诗歌总集。原名《诗》，或称"诗三百"，收集了305篇作品，另有 6 篇笙诗，有目无辞。诗歌时间跨度五百多年，自西周初至春秋中叶。据考证，其最后编定成书，大约在公元前 6 世纪。《诗经》中的诗歌，生动地记录了先秦时期社会生活的方方面面：政治、军事、外交、婚姻、爱情等等，堪称一部时代的社会生活实录。作为经典，《诗经》奠定了中国诗歌的现实主义传统，影响了一代又一代的中国诗人，也为后世文学、美学树立了很多典范，并随着时代的变迁深深地烙印在中国人的血脉深处，成为中华文化的重要组成部分。

最早提出"诗经六义"的是《毛诗序》："诗有六义焉：一曰风，二曰赋，三曰比，四曰兴，五曰雅，六曰颂。"唐代孔颖达《毛诗正义》解释"六义"云："风、雅、颂者，诗篇之异体；赋、比、兴者，诗文之异辞耳。大小不同而得并为六义者，赋、比、兴是诗之所用，风、雅、颂是诗之成形，用彼三事，成此三事，是故同称为义，非别有篇卷也。"这就是所谓"三体三用"之说。宋朱熹也说："《风》《雅》《颂》者，声乐部分之名也；……赋、比、兴，则所以制作《风》《雅》《颂》之体也。""六义"是对《诗经》中作品的分类和表现手法所做的高度概括。一般认为风、雅、颂是诗的分类和内容题材；赋、比、兴是诗的表现手法。

1.风雅颂

"诗三百"最初都是乐歌，《史记·孔子世家》中提到，"三百五篇孔子皆弦歌之"。《诗经》也是按照音乐的风格，分为"风、雅、颂"三类，但是由于古乐失传，后人已无法了解风、雅、颂各自在音乐上的具体特色了。"风"指音乐曲调，"国"是地区、方域之意。风诗160篇包括周南、召南、邶风、鄘风、卫风、王风、郑风、齐风、魏风、唐风、秦风、陈风、桧风、曹风、豳风，"王"是指东周王畿洛阳，其余都是诸侯国名，"十五国风"即十五个地区的民间乐调。国风中，豳风全部是西周作品，其他除少数产生于西周外，大部分是东周作品。"雅"即正（《毛诗序》：雅者，正也），王畿是政治文化中心，其言为"雅言"，其乐即为朝廷正乐，西周王畿的乐调。"雅"分为"大雅"和"小雅"，其区分标准虽然《毛诗序》认为"政有小大，故有小雅焉，有大雅焉"，以政之大小作为标准，但是唐代孔颖达的疏中则认为"诗人歌其大事，制为大体，述其小事，制为小体，体有大小，故分为二焉……诗体既异，乐音亦殊"，指出了大、小雅之间音乐的不同，后人亦多认同此观点。据考证，大雅31篇大部分作于西周初期，小部分作于西周末期，小雅共74篇，除少数篇目可能是东周作品外，其余都是西周晚期的作品。"宗庙之音曰颂"（郑樵《昆仲草木略·序》），"颂"是宗庙祭祀时的音乐，许多都是舞曲，王国维先生考证其音乐特点"较风雅为缓也"，可能比较舒缓。周颂31篇，是西周初期的诗歌。周颂与其他诗由数章构成的体例不同，每篇只有一章。鲁颂4篇，产生于春秋中叶鲁僖公时，都是赞美鲁僖公的诗，体裁近乎风、雅。商颂5篇，大约是殷商中后期的作品。从内容上可分为两类：祭歌（主要写娱神和对祖先的赞颂）和祝颂诗（主要写商部族的历史传说和神话）。

《诗经》中的作品，内容十分广泛，深刻反映了殷周时期，尤其是西周初至春秋中叶社会生活的各个方面。究其内容分类，大致包括以下六大类：

祭祖颂歌和部族史诗。上古祭祀活动盛行，许多民族都产生了赞颂神灵、祖先，以及祈福禳灾的祭歌。中国古代也特别重视祭祀，认为"国之大事，在祀与戎"（《左传·成公十三年》）。保存在大雅和"三颂"中的祭祀诗，大多是以祭祀、歌颂祖先为主，或叙述部族发生、发展的历史，或赞颂先公先王的德业，总之是歌功颂德之作。但这些作品也有其历史和文学价值。如被认为是周族史诗的《生民》《公刘》《绵》《皇矣》《大明》五篇作品，赞颂了后稷、公刘、太王、王季、文王、武王的业绩，反映了西周开国的历史。从《生民》到《大明》，周人由产生到逐步强大，最后灭商，建立统一王朝的历史过程，得到了完整的表现。五篇史诗，反映了周人征服大自然的伟大业绩，社会制度由原始公社向奴隶制国家的转化，以及推翻商人统治的斗争，是他们壮大发展的历史写照。因此，它们与后世的庙堂文学有明显的区别。

农事诗。我国农业有悠久的历史，很早就开始了农业种植活动，周人将自己的始祖与发明农业联系在一起，可见农业在周人社会和经济生活中的地位。《诗经》时代，农业生产已占有重要地位。《诗经》中的作品，不仅在道德观念和审美情趣上打上了农业文明的烙印，而且产生了一些直接描写农业生产生活和相关的政治、宗教活动的农事诗。《诗经》中的《臣工》《噫嘻》《丰年》《载芟》《良耜》等作品，就是耕种籍田，春夏祈谷、秋冬报祭时的祭祀乐歌。《诗经》中的这类作品，真实地记录了与周人农业生产相关的宗教活动和风俗礼制，反映了周初的生产方式、生产规模，周初农业经济繁荣，以及生产力发展的水平。而《豳风·七月》这样直接反映周人农业生产生活的作品，无论在内容上还是在艺术上，都是《诗经》农事诗中最优秀的作品。此诗是风诗中最长的一篇，共 8 章 88 句，383 字。全诗以时令为序，叙述了农人一年间的艰苦劳动过程和他们的生活情况，种田、养蚕、纺织、染缯、酿酒、打猎、凿冰、修筑宫室……将风俗景物和农人生活结合起来，全面真实地反映了西周农人的生活状况。千百年后的读者，不仅能了解到当时的农业生产和农人的生活状况，而且能真切感受到他们的喜怒哀乐。

宴飨诗。《诗经》中还有以君臣、亲朋欢聚宴飨为主要内容的宴飨诗，如《小雅·鹿鸣》就是天子宴群臣嘉宾之诗，后来也被用于贵族宴会宾客。这样的欢聚宴饮，热闹祥和。群臣赞美周王，并进谏有益的治国方策。周代上层社会，很多场合都有宴饮，宴飨诗正是这种社会生活的真实反映。周代是农业宗法制社会，宗族间相亲相爱的关系是维系社会的重要纽带。周之国君、诸侯、群臣大都是同姓子弟或姻亲，周统治者十分重视血缘亲族关系，利用这种宗法关系来加强统治。宴飨不是单纯为了享乐，而有政治目的。在这些宴饮中，发挥的是亲亲之道，宗法之义。《诗经》中许多其他题材的作品也都表现出浓厚的宗法观念和亲族间的脉脉温情。礼乐文化是周代文化的重要组成部分，《诗经》在很大程度上是周代礼乐文化的载体。宴飨诗不仅祭祀、宴飨等诗以文学的形式，表现了周代礼乐文化的一些侧面，也直接反映了周代礼乐之盛，而且在其他诗作中，也洋溢着礼乐文化的精神。这些诗歌都是周初社会繁荣、和谐、融洽的反映。

怨刺诗。西周中叶以后，特别是西周末期，周室衰微，朝纲废弛，社会动荡，政治黑暗，出现了大量反映丧乱、针砭时政的怨刺诗。这些诗歌记录了王朝制度从废弛、败坏到最终崩溃瓦解的沉痛的历史沧桑，也记录着王朝的覆灭中人世的痛苦，及其愈来愈烈的愤激之情。例如大雅中的《民劳》《板》《荡》《桑柔》《瞻卬》，小雅中的《节南山》《正月》《十月之交》《雨无正》《小旻》《巧言》《巷伯》等等，反映了厉王、幽王时赋税苛重，政治黑暗腐朽，社会弊端丛生，民不聊生的现实。国风中的《魏风·伐檀》《魏风·硕鼠》《邶风·新台》《鄘风·墙有茨》《鄘风·相鼠》《齐风·南山》《陈风·株林》，或讽刺不劳而获，贪得无厌者，或揭露统治者的无耻与丑恶，辛辣的讽刺中寓有强烈的怨愤和不平。对这一文学现象《毛诗序》总结说，"王道衰，礼仪废，政教失，国异政，家殊俗，而变风变雅作矣"，言下之意还有"正风正雅"及其时代与之相对。顾炎武对此做了更深入的研究，认为小雅正十六篇，大雅正十八篇，即"正风正雅"。"《六月》以下五十八篇之附于小雅，《民劳》以下十三篇之附于大雅，而谓之'变雅'。"这七十一篇诗与王风的诗篇合称为"变风变雅"。这些被后人称为"变风变雅"的作品是政治腐朽和社会黑暗的产物。

战争徭役诗。战争是伴随着人类发展而来的无法回避的话题。《诗经》中也有大量关于战争的诗歌。有些战争诗，像大雅中的《江汉》《常武》，小雅中的《出车》《六月》《采芑》等等，从正面描写了天子、诸侯的武功，表现了强烈的自豪感，充满乐观精神；还有秦风中的《小戎》《无衣》等，也是表现同仇敌忾，共御外侮，斗志昂扬，情绪乐观的战争诗。《诗经》中这类完全从正面歌颂角度所写的战争诗，大都强调道德感化和军事力量的震慑，不具体写战场的厮杀、格斗，是我国古代崇德尚义，注重文德教化，使敌人不战而服的政治理想的体现，表现出与世界其他民族古代战争诗不同的风格。

周族创造的是农业文明，周人热爱和平稳定的农业生活环境。《诗经》中也有大量的战争诗表现出对战争的厌倦和对和平的向往，充满忧伤的情绪。如《小雅·采薇》是出征猃狁的士兵在归途中所赋。诗人对侵犯者充满了愤怒，诗篇中洋溢着战胜侵犯者的激越情感，但同时又对久戍不归，久战不休充满厌倦，对自身遭际无限哀伤。如果说《采薇》还是对敌人痛恨之情和思乡自伤之情的矛盾体，《豳风·东山》反映的完全就是士卒的厌战情绪了。出征三年后的士兵，在归家的途中悲喜交加，想象着家乡的景况和回家后的心情。整首诗把现实和诗人的想象、回忆结合在一起，极为细腻地抒写了"我"的兴奋、伤感、欢欣、忧虑等心理活动。诗人对战争的厌倦，对和平生活的向往，得到了充分的体现。

《诗经》中的战争徭役诗，不仅写战争和徭役的承担者征夫士卒的痛苦，还有大量以战争、徭役为背景，写夫妻离散的思妇哀歌。如《卫风·伯兮》《王风·君子于役》等，其中丰富复杂的内容和情感取向，无论是颂记战功，叙写军威，还是征夫厌战，思妇闺怨，对后世中国文学同类题材产生了深远的影响。

婚恋诗。爱情是人类永恒的话题，反映婚姻爱情生活的诗作，在《诗经》中占有很大比重，不仅数量多，而且内容十分丰富，既有反映男女相慕相恋、相思相爱的情歌，也有反映婚嫁场面、家庭生活等婚姻家庭诗，还有表现不幸婚姻给妇女带来痛苦的弃妇诗。正如朱熹所说："凡《诗》之所谓风者，多出于里巷歌谣之作，所谓男女相与咏歌，各言其情者也。"言情诗可以说是风诗的主要内容之一。从这些产生于不同时代、不同地区的情诗中可以看出，《诗经》时代的男女之间的恋爱生活是比较自由的。这些诗大多数是当事者率真大胆的表白，感情大都真挚、热烈、朴素、健康，广泛反映了那个时代男女爱情生活的幸福欢乐和挫折痛苦。《诗经》中反映结婚和夫妻家庭生活的诗同样颇具特色，如《周南·桃夭》，诗人由柔嫩的桃枝、鲜艳耀眼的桃花，联想到新娘的年轻美貌，祝愿她出嫁后要善于处理与家人的关系。而《郑风·女曰鸡鸣》则以温情脉脉的对话，写出夫妻互相警戒，互相尊重，互相体贴的美好婚姻生活。

当然，《诗经》305篇作品包括的内容远不止于此，其内容十分广泛丰富。《诗经》中的诗歌，不仅描述了周代丰富多彩的社会生活、特殊的文化形态，而且揭示了周人的精神风貌和情感世界。比如，大雅中的周族史诗，真实地再现了周族的发展史，而在周道既衰的社会背景下产生的大、小雅中的怨刺诗，表现出诗人对现实的强烈关注，充满忧患意识和干预政治的热情，其中表现出的忧国忧民的情怀，更是进一步强化了这些作品反映现实的深度。国风中的作品，更多针对战争徭役，婚姻恋爱等生活抒发诗人的真实感受，在对这些生活侧面的具体描述中，表现了诗人真挚的情感，鲜明的个性和积极的生活态度。可以说，《诗经》是我国最早的富于现实主义精神的诗歌，奠定了我国诗歌面向现实的传统。

2.赋比兴

关于赋、比、兴的含义，历来众说纷纭，而宋代朱熹《诗集传》中的解读流传最广："赋者，敷陈其事而直言之也""比者，以彼物比此物也""兴者，先言他物以引起所咏之词也"。简而言之，"赋"就是铺陈直叙，即诗人把思想感情及其相关事物平铺直叙地表达出来。"比"就是象征比喻，以彼物比此物，诗人将情感借由另一个事物形象化地呈现。"兴"则是触物兴词，客观之事、物触发了诗人的情感，引起诗人歌唱，所以"兴"大多用在诗歌的发端。赋、比、兴三种手法并不是完全割裂的，在《诗经》的诗歌创作中，往往交相使用，共同创造了诗歌的艺术形象，抒发了诗人的情感。可以说，赋、比、兴的运用，既是《诗经》艺术特征的重要标志，也是我国古代诗歌创作的基本手法。

作为基本的表现手法，"赋"能够很好地叙述事物，抒写感情，明代谢榛说："予尝考之三百篇，赋七百二十，兴三百七十，比一百一十。"（《四溟诗话》卷二）可见"赋"的手法在"诗三百"中运用得非常广泛。比如《豳风·七月》就是用赋法，叙述农人一年四季的农业劳动生活。《诗经》中的诗歌主要是抒情言志之作，叙事诗较少。这首诗却以叙事为主，在叙事中写景、抒情。通过诗人的徐徐道来，在看似平淡的叙述中，真实地再现了当时的劳动场面、生活图景和各种人物的面貌，描绘出了西周早期社会一幅男耕女织的风俗画。还有《周南·芣苢》也是运用了"赋"的手法，全诗通过直叙其事，记录了妇女们采集芣苢的过程。全诗三章，每章四句，全是重章叠句，仅仅只变换了六个动词——采、有、掇、捋、袺、襭——其余一概不变，"采采芣苢，薄言采之"这个句式贯串始终，反复铺陈。这种看起来很单调的重复，却有它特殊的表达效果，诗中完全没有写采芣苢的人，读起来却能使人清晰地感受到她们欢快愉悦的心情——情绪在诗歌明快的音乐节奏中得到了充分体现。作为一种基本的表现手法，赋可以叙事描写，也可以议论抒情，赋中用比，或者起兴后再用赋，在《诗经》中也是很常见的。可以说，在赋、比、兴三者之中，赋是基础。

"比"在《诗经》中的运用也很广泛，也易于理解。比如通篇都用以物拟物手法的比体诗，《魏风·硕鼠》《豳风·鸱鸮》《小雅·鹤鸣》等，诗中所描写的事物并不是诗人真正要吟咏的对象，而是借用打比方的方法，来表达诗人的思想感情。例如《硕鼠》一诗"硕鼠硕鼠，无食我黍！三岁贯女，莫我肯顾"，诗人形象地把剥削者比作又肥又大的老鼠，表现他们贪婪成性、油滑狡诈，从不考虑别人的死活，以致劳动者无法在此继续生活下去，而要去寻找他们理想中的乐土。全诗三章，每章八句，纯用比体，以硕鼠喻剥削者，比喻精当贴切，寓意直白，在情感表达上，更具一唱三叹之妙。还有一些诗歌只是部分运用比的手法，例如《卫风·硕人》运用"比"的手法描绘庄姜之美："手如柔荑，肤如凝脂，领如蝤蛴，齿如瓠犀。螓首蛾眉。"诗歌一连用了六个比喻：手指——茅草的嫩芽，皮肤——凝结的膏脂，脖子——天牛的幼虫，牙齿——整齐的葫芦籽，额头——丰满的蝼蛄，眉毛——蚕蛾的触须，来描写硕人的天生丽质，不仅描绘出了美人的"形"，更用后两句"巧笑倩兮，美目盼兮"生动地展现了女子的气质神韵，以至于清代姚际恒评价这首诗是"千古颂美人者，无出其右，是为绝唱"。至于不宜描摹的情态和独具特征的事物，《诗经》也会采用"比"的手法，将其形象地展示出来，例如《王风·黍离》"中心如醉""中心如噎"，以"醉""噎"比喻难以言表的忧思。总之，《诗经》中大量用"比"，表明诗人具有丰富的联想和想象，能够以具体形象的诗歌语言来表达思想感情，再现异彩纷呈的物象。

　　《诗经》中"兴"的运用情况比较复杂，有的只是在开头起调节韵律、唤起情绪的作用，兴句与下文在内容上的联系并不明显。《诗经》中更多的兴句与下文有着委婉隐约的内在联系，或烘托渲染环境气氛，或比附象征中心题旨，构成诗歌艺术境界不可缺的部分。如《周南·关雎》，通常被认为是一首描写男女恋爱的情歌。此诗在艺术上巧妙地采用了"兴"的表现手法。首章以雎鸟相向合鸣，相依相恋，兴起淑女陪伴君子的联想。以下各章，又以采荇菜这一行为兴起主人公对女子疯狂地相思与追求。诗人触物起兴，兴句与所咏之词通过艺术联想前后相承，形成了一种象征暗示的关系。再如《周南·桃夭》以"桃之夭夭，灼灼其华"起兴，茂盛的桃枝、艳丽的桃花，和新娘的青春美貌、婚礼的热闹喜庆互相映衬。而桃树开花（"灼灼其华"）、结实（"有蕡其实"）、枝繁叶茂（"其叶蓁蓁"），也可以理解为对新娘出嫁后多子多孙、家庭幸福的良好祝愿。《诗经》中的"兴"，很多都是这种含有喻义、引起联想的画面。"比"和"兴"都是以间接的形象表达感情的方式，后世往往"比""兴"合称，用来指《诗经》中通过联想、想象寄寓思想感情于形象之中的创作手法。

而《诗经》中赋、比、兴手法运用得最为圆熟的作品，已达到了情景交融、物我相谐的艺术境界，对后世诗歌意境的创造，有直接的启发的首推《秦风·蒹葭》。"蒹葭苍苍，白露为霜……"首章以"蒹葭"起兴，起兴后再以赋法叙写"所谓伊人，在水一方"，河滨芦苇上的露水凝结为霜，触动了诗人思念"伊人"之情，而三章的兴句"白露为霜""白露未晞""白露未已"不仅展示了景物的细微变化，点出了诗人追求"伊人"的时间地点，渲染出三幅深秋清晨河滨的图景，而且也烘托了诗人由于时间的推移，越来越迫切地怀想"伊人"的心情。在铺叙中，诗人反复咏叹由于河水的阻隔，意中人可望而不可即的感伤的心情，凄清的秋景与忧伤的情绪浑然一体，构成了凄迷恍惚、耐人寻味的艺术境界。

二、《诗经》的作者、成书

"诗三百"的作者根据其内容推测，应该是包括了从贵族到平民的社会各个阶层人士，绝大部分已不可考，只有少数作品可知具体的作者，如《左传·闵公二年》明确记载许穆夫人赋《载驰》，又如《诗经》中提到"家父作诵"（《小雅·节南山》），"吉甫作诵"（《大雅·崧高》），"寺人孟子，作为此诗"（《小雅·巷伯》），"奚斯所作"（《鲁颂·閟宫》）；而大雅的作者，大约主要是上层贵族，小雅的作者，既有上层贵族，也有下层贵族和地位低微者。《毛诗序》往往说某篇作品出于某位具体的王、公、大夫或夫人，后人多认为是附会之辞。

"诗三百"分布的地域，涉及今天的陕西、山西、河南、河北、山东及湖北北部一带。作者包括了从贵族到平民的社会各个阶层人士，时代之长，地域之广，作者身份之复杂，显然是经过了有目的的搜集整理才成书的。《诗经》的编集成书，在先秦古籍中没有明确记载。历史上有广泛影响的"献诗""采诗""删诗"之说，透露了《诗经》作品来源和编定的一些消息。

采诗与献诗。汉代人认为周代设采诗之官到民间采诗，献于朝廷以
了解民情。《公羊传注》："男年六十、女年五十无子者，官衣食之，使之
民间求诗，乡移于邑，邑移于国，国以闻于天子。故王者不出牖户，尽
知天下所苦，不下堂而知四方。"这是说国家为了采诗还养活了大批的
人。这种说法是否确切，颇有争论，大概是汉朝人根据汉朝乐府采诗的
情形想象出来的。周人究竟有没有采诗的制度还待考证。

周代公卿列士献诗以歌颂或讽谏，是有籍可考的。《国语·周语
上》："故天子听政，使公卿至于列士献诗。"《国语·晋语六》说："于是
乎使工诵谏于朝，在列者献诗。"《左传·襄公十四年》云："史为书，瞽
为诗，工诵箴谏，大夫规诲。"《左传·昭公十二年》又说周穆王时，"祭
公谋父作《祈招》之诗，以止王心。"《礼记·王制》也云：天子"命大
师陈诗，以观民风"。《诗经》中也提到"王欲玉女，是用大谏"（《大
雅·民劳》），"家父作诵，以究王讻"（《小雅·节南山》）等。现代多数
学者认为，各国的诗歌聚集到周天子的朝廷，更可能是由于诸侯的进献。
公卿列士所献之诗，既有自己的创作，也未必没有采集来的作品。《论
语》和《左传》中都有各国之间赠乐的记载，诸侯进献土乐给周天子也
是可能的。更值得注意的是，乐师也可以送给别国。乐师本是掌管本国
音乐的专家或者官员，他们以歌诗颂诗为职业，不但熟悉本国的歌谣，
可能还是本国采诗工作的负责人，《论语·微子》中有记载，他们除了被
送往各国以外，还可以自由来往于各国，没有他们的参与，民间的诗歌
很难汇集于周王庭。此外，遇到祭祀、出兵、打猎、宫殿落成等事情，
往往也要奏乐唱诗，这类典礼的诗大概出自天子左右的巫、祝、瞽、史
之手。因此，可以说，《诗经》包括了公卿列士所献之诗，采集于各地的
民间之诗，以及周王朝乐官保存下来的宗教和宴飨中的乐歌等。

全部所采、所献之诗的最终编集成书，其整理编定的人和具体情形，我们今天已无从得知。可能周王朝的乐官在《诗经》的编集和成书过程中，起了相当重要的作用。大约公卿列士所献之诗，以及采集来的民间之诗，最后都集中到王朝乐官手中，乐官掌管的诗一定很多，整理编选其中的一部分为演唱和教诗的底本，是完全可能的。

删诗。汉人认为"诗三百"经过孔子的删定。对此，唐代孔颖达已提出异议。事实上，早在孔子的时代，已有与今本《诗经》相近的"诗三百篇"的存在。清人崔述说："子曰：'《诗》三百'，又曰：'诵《诗》三百'，玩其词意，乃当孔子时，已止此数，非自孔子删之而后为三百也。吴公子札来聘，所歌之'风'，无在今十五国外者。……况以《论》《孟》《左传》《戴记》诸书考之，所引之《诗》，逸者不及十一。由此论之，孔子原无删《诗》之事。"《左传》所记载的吴国王孙季札到鲁国观乐时，鲁国为季札所表演的各国的风诗的次序，跟我们现在《诗经》的次序差不多，而且"诗三百"一词不止一次出现在《论语》当中，可以以此推断，在孔子的年代《诗经》和今本《诗经》的篇数是差不多的。季札观乐的事情发生在公元前544年，那时候，孔子还是个小孩子。所以说，《诗经》由孔子删选而成，则是不可信的。所以，我们可以推测，孔子或许对"诗"做过"正乐"的工作，甚至也可能对"诗"的内容和文字有些加工整理。

三、用诗和传诗

《诗经》中的作品，最初主要用于典礼、讽谏和娱乐，是周代礼乐文化的重要组成部分，是实行教化的重要工具。编辑成书后，广泛流行于诸侯各国，运用于祭祀、朝聘、宴饮等各种场合，在当时的政治、外交活动中，发挥了重要作用，《左传》中大量记载了诸侯君臣赋诗言志的事例，有时是以"诗"来酬酢应对，有时是以赋诗来表情达意，有时是完全借诗来进行政治交涉。例如，《左传·文公十三年》记载，郑伯和鲁公相会于棐地，郑伯想和晋国修好，希望鲁公为郑国去晋国说情。宴会上郑国大夫子家先赋《小雅·鸿雁》第一章，侯伯哀恤鳏寡，劬劳于野的意思，暗示需要鲁国的哀恤，代郑国前往晋国说合。鲁大夫季文子以《小雅·四月》第一章，说我们外出公干已经太久了，现在归心似箭，以便早日回去祭祀祖先，委婉地表示了拒绝。子家又赋《鄘风·载驰》第四章，取其小国有难，急盼大国救援的意思。季文子又赋《小雅·采薇》第四章，取其"岂敢定居"的意思，表示答应为郑国奔走。在这次会面中，双方完全借赋诗来进行政治交涉。《左传》中还记载晋文公重耳流亡至秦国，希望获得秦穆公的支持，护佑自己登上王位。秦穆公设宴招待重耳一行，"子犯曰：'吾不如衰之文也，请使衰从。'公子赋《河水》，公赋《六月》。赵衰曰：'重耳拜赐！'公子降，拜，稽首。公降一级而辞焉。衰曰：'君称所以佐天子者命重耳，重耳敢不拜？'"在宴席上，重耳在赵衰的提示下，与秦穆公分别赋诗，一场赤裸裸的政治交易就此以温文尔雅的方式达成。这样的例子在《左传》并非少数，由此可知，春秋时期在上层的人际交往中，学诗、用诗是十分普遍的现象。孔子就很重视《诗》，曾以"诗"教授弟子，并对学"诗"的重要意义和社会功用有多方面的阐述。他说："不学《诗》，无以言。"又说："小子何莫学夫《诗》？《诗》可以兴，可以观，可以群，可以怨；迩之事父（修身齐家），远之事君（治国平天下），多识于鸟兽草木之名。"（《论语·阳货》）他还对自己的儿子伯鱼强调学"诗"的重要性："女为《周南》《召南》矣乎？人而不为《周南》《召南》，其犹正墙面而立也与？"告诉儿子，如果不学"诗"，那就像面对墙壁而站立，眼睛被遮蔽，无所见识，自然不能成事！可见，"诗"在当时社会生活中具有的重要实用价值，受到人们的普遍重视。而孔子的后学们对诗的运用，往往是断章取义。

三家诗。秦火以后，许多典籍被焚毁殆尽。《诗经》以其口耳相传、易于记诵的特点，得以保存，并以当时通行的隶书（时称今文或今字）记录，在汉代流传甚广，因而出现了今文的"齐、鲁、韩"三家诗。齐诗出自齐人辕固（生），鲁诗出自鲁人申培，韩诗出自燕人韩婴，"三家诗"在西汉先后被立为博士，成为官学，其对"诗"的传播与解读在西汉兴盛一时。汉代传"齐诗"的有夏侯始昌、后苍、翼奉、萧望之、匡衡等，亡于三国；传"鲁诗"的有瑕丘江公、刘向等，至西晋亡佚；传"韩诗"的有淮南贲生、蔡义等，韩诗著作甚多，有《学古堂集》《寒山问答》等书，亡于宋。

三国时期吴人陆玑著的《毛诗草木鸟兽虫鱼疏》记载："孔子删《诗》，授卜商，商为之序，以授鲁人曾申，申授魏人李克，克授鲁人孟仲子，仲子授根牟子，根牟子授赵人荀卿，荀卿授鲁国毛亨，亨作《诂训传》，以授赵国毛苌。时人谓亨为大毛公，苌为小毛公。"与"三家诗"今文经不同，"毛诗"被称为古文经。所谓古文经，一般本指用秦以前六国文字所书写之经书，但"毛诗"晚出，不可能是古文字，而应是用汉代通行的隶书讲授传习。《隋书·经籍志》说："汉初，又有赵人毛苌善《诗》，自云子夏所传，作《诂训传》，是为毛诗古学，而未得立。"这是从古学的角度解释，其之所以被称为古文经，可能与其为古学，与"三家诗"不同有关。王国维先生《史记所谓古文说》认为汉初古文尚多存世，识古文者亦不在少数，自武、昭后，先秦古书传世盖少，其存者往往归于秘府，于是古文之名渐为壁中书所专有。他又在《汉书所谓古文说》中说，所谓古文，本专指孔子壁中书，但到后来，遂由书体之名而变为学派之名。则古文经学，在西汉时已不限在文字上，而指学术、学派。"毛诗"虽然晚出，其源自谓出自子夏，汉代今文家虽不信，亦不甚疑，盖汉人说诗，各有家法，"毛传"长于古字古音之训诂，所释字词，皆有来历，尤于古有据，"其语言文字名物训诂已有后汉人所不能尽通者"。又由于当汉之时，"毛诗"独未立学官，未染时习，未羼纬书之说，故平实之说，甚合古意。

鲁人毛亨和赵人毛苌的"毛诗"晚出，在西汉虽未被立为学官，但在民间广泛传授，并于东汉时受到重视，允许在朝廷公开传授，最终压倒了"三家诗"。"毛诗"每一篇下都有小序，以介绍本篇内容、意旨等。而全书第一篇《关雎》下，除有小序外，另有一篇总序，称为《诗大序》，是古代中国诗论的第一篇专著。东汉末年的经学大师郑玄为《毛传》作"笺"，完成了集今古文经学研究之大成的《毛诗传笺》，主要就是为毛氏《诗诂训传》作注，唐代孔颖达作《毛诗正义》。今本《诗经》，就是"毛诗"。

汉儒传《诗》，使《诗》经学化，固然有对《诗经》的曲解、附会，但汉代形成的诗教传统和说诗体系，不仅对《诗经》的研究，而且对整个中国古代文学的发展，都产生了深远的影响。

四、《诗经》的影响与地位

《诗经》在中国文学、文化史上具有崇高的地位和深远的影响，奠定了中国诗歌的"风雅""比兴"的传统，中国古代诗歌艺术的民族特色由此肇端而形成。

确立了中国古代诗歌抒情言志的传统。《诗经》中歌颂祖先的"史诗"及"国风"中的部分篇章都包含了叙事成分，但并非主流，《诗经》中的大部分作品皆为抒情言志之作。即便是偏于叙述的诗篇，其叙事也是为抒情服务。《诗经》可以说主要是一部抒情诗集，在二千五百多年前产生了数量如此众多、水平如此之高的抒情诗篇，是世界各国文学中罕见的。正如《荷马史诗》奠定了西方文学以叙事传统为主的发展方向，从《诗经》开始，中国诗歌沿着"抒情言志"的道路前进，也确立了中国抒情诗独特的民族文学特色。

确立了中国文学"风雅美刺"的诗教精神。《诗经》中的大多数诗歌都反映了现实的人间世界和日常生活：政治外交、战争徭役、春耕秋收、婚姻爱情，后世中国诗歌乃至中国文学，关注日常、关注现实的传统也从此确立。与之密切相关的是《诗经》在总体上显著的政治与道德色彩。无论是产生于社会上层的大、小"雅"，还是较具民间色彩的"国风"，在"正风正雅"歌颂赞美盛世和乐的同时，亦有大量的"变风变雅"就统治者的政治措施和道德表现提出尖锐的批评讽刺，这也开创了中国诗歌注重社会功能的"美刺"传统。可以说，"风雅"为诗之"体"，美刺为诗之"用"，通过"美刺"的途径以实现"风雅"的目标，也构成了后世诗学精神的基本内核。

虽然《诗经》中的有些篇章批判讽刺的态度也会表现得很激烈，但这时作者大抵是在维护社会原则，背倚集体力量对少数"坏人"提出斥责；而至于表现个人情感时，比如生活中的失意、厌战思乡之情，乃至男女爱情，一般都没有强烈的悲愤和欢乐，总体上比较克制，因而显得平和，它不像强烈的悲愤和欢乐喷涌而出，一泄无余，而是委婉曲折，波澜起伏。由此，形成了《诗经》在抒情表现方面细致、隽永的特点。恰如孔子所说"诗教"使人温柔敦厚。这也深刻影响了中国古代抒情诗的整体风格：克制的感情，忧伤的情致。

毋庸置疑，《诗经》这种关注现实的热情、强烈的政治和道德意识、真诚积极的人生态度，被后人概括为"风雅"精神，直接影响了后世诗人的创作。司马迁说："国风好色而不淫，小雅怨诽而不乱，若《离骚》者可谓兼之！"（《史记·屈原列传》）屈原《离骚》及《九章》中忧愤深广的作品，兼具了国风、"二雅"的传统。汉乐府诗缘事而发的特点，建安诗人的慷慨之音，都是这种精神的直接继承。后世诗人也往往倡导"风雅"精神，来进行文学革新。陈子昂感叹齐梁间"风雅不作"（《与东方左史虬修竹篇序》），他的诗歌革新主张，就是要以"风雅"广泛深刻的现实性和严肃崇高的思想性，以及质朴自然、刚健明朗的创作风格，来矫正诗坛长期流行的颓靡风气。不仅陈子昂，唐代的许多优秀诗人，都继承了"风雅"的优良传统。李白慨叹"大雅久不作，吾衰竟谁陈"（《古风》其一）；杜甫更是"别裁伪体亲风雅"（《戏为六绝句》其六），诗歌以其题材的广泛和反映社会现实的深刻而被称为"诗史"；白居易称张籍"风雅比兴外，未尝著空文"（《读张籍古乐府》），实际上白居易和新乐府诸家，所表现出的注重现实生活、干预政治的旨趣和关心人民疾苦的倾向，都是"风雅"精神的体现。而且这种精神在唐以后的诗歌创作中，从宋陆游到清末黄遵宪，也代不乏人。

如果说，"风雅"在思想内容上被后世诗人立为准的，"比兴"则在艺术表现手法上为后代作家提供了学习的典范。《诗经》所创立的比兴手法，经过后世发展，成了我国古代诗歌独有的民族文化传统。如前所述，"比"就是比喻，《诗经》中比喻的手法富于变化，尤其是常用日常生活中的景象来比喻较为抽象的事物，使之有一种直观的感觉，如《氓》用桑树从繁茂到凋落的变化来比喻爱情的盛衰，《鹤鸣》用"他山之石，可以攻玉"来比喻治国要用贤人等等。"兴"则更为独特一些。"兴"字的本义是"起"，它往往用于一首诗或一章诗的开头。大约最原始的"兴"，只是一种发端，同下文并无意义上的关系，表现出思绪无端地飘移联想。进一步，"兴"又兼有了比喻、象征、烘托等较有实在意义的用法。而大量存在的兼有比义的兴，更为后代诗人所广泛继承，比兴就成了一个固定的词，用来指诗歌的形象思维，或有所寄托的艺术表现形式。

《诗经》中触物动情，运用形象思维的比兴，塑造鲜明的艺术形象，构成情景交融的艺术境界，对我国诗歌的发展具有重大的意义。后代的民歌和模仿民歌的文人作品，比如汉乐府民歌、古诗十九首，以及魏晋时期许多文人的创作中，都不乏以兴句开头的实例，这明显是对《诗经》比兴手法的继承。而《诗经》于比兴时有寄托的表现手法，在屈原的《楚辞》中也得到了极大的发展，从而形成了独具风格的"香草美人"意象，而后世许多诗人，也紧承屈原香草美人的比兴手法，写了许多寓有兴寄的作品。比兴的运用，形成了我国古代诗歌含蓄蕴藉、韵味无穷的艺术特点。

第二节　选　读

一、选自《诗经·大雅·生民》

厥初生民，时维姜嫄。生民如何？克禋克祀，以弗无子。履帝武敏歆，攸介攸止，载震载夙。载生载育，时维后稷。

诞弥厥月，先生如达。不坼不副，无菑无害，以赫厥灵。上帝不宁，不康禋祀，居然生子。

诞寘之隘巷，牛羊腓字之。诞寘之平林，会伐平林。诞寘之寒冰，鸟覆翼之。鸟乃去矣，后稷呱矣。实覃实訏，厥声载路。

诞实匍匐，克岐克嶷，以就口食。蓺之荏菽，荏菽旆旆。禾役穟穟，麻麦幪幪，瓜瓞唪唪。

诞后稷之穑，有相之道。茀厥丰草，种之黄茂。实方实苞，实种实褒。实发实秀，实坚实好。实颖实栗，即有邰家室。

诞降嘉种，维秬维秠，维穈维芑。恒之秬秠，是获是亩。恒之穈芑，是任是负，以归肇祀。

诞我祀如何？或舂或揄，或簸或蹂。释之叟叟，烝之浮浮。载谋载惟，取萧祭脂。取羝以軷，载燔载烈，以兴嗣岁。

卬盛于豆，于豆于登，其香始升。上帝居歆，胡臭亶时。后稷肇祀，庶无罪悔，以迄于今。

【译文】

是谁生下第一代周人，姜嫄就是那位母亲。且说周人怎样降生？有一天姜嫄行禋祭，因为无儿求上帝。她踩着上帝的脚拇指印，心里欢喜。就在那里停下来休息。她怀孕了，不敢大意。后来生了孩子，那就是后稷。

姜嫄怀足了十月胎，头生子像只小羊滑下来。不破也不裂，无灾又无害。这些事情显得多奇怪。莫非上帝不愉快，我的祭祀他不爱。教我有儿不敢养，白白生下来。

把他扔在胡同里，牛羊一起来喂乳；把他扔在树林里，恰巧有人来砍树；把他扔在寒冰上，鸟儿展翅将他护。鸟儿飞去了，后稷哇哇哭。哭声又长又洪亮，大路上听得蛮清楚。

后稷才会爬，就显出智慧，能把食物找到嘴。他去种大豆，大豆棵棵肥。满田谷穗个个美，麻和麦子盖田野，大瓜小瓜都成堆。

后稷种庄稼，有他的好方法。先把乱草除，后把好种下。苗儿齐整又旺盛，长高又长大。慢慢发育出穗子，结结实实谁不夸。无数的谷穗沉沉挂，后稷到邰地成了家。

天降好种真出奇：两种黑黍叫作秬和秠，又有赤苗的穈和白苗的芑。黑黍遍地长，收割按亩来算计；穈和芑也是种满地，抱起背起送家里；回家开始把神祭。

要问祭神怎么祭？有人忙舂米，有人忙舀米，有人舂二道，有人簸糠皮。响叟叟是淘米，气腾腾是蒸米。然后商量好主意，采些香蒿和油脂，公羊先把道神祭。烧起来，烤起来，祈求来年丰产如人意。

祭品盛在木碗里，木碗瓦罐都盛些。香气开始升上天，上帝安然来受祭，这香气为何真正合时宜？自从后稷创祭礼，无灾又无难，直到今日里。

（余冠英 译）

二、选自《诗经·小雅·鹿鸣》

呦呦鹿鸣，食野之苹。我有嘉宾，鼓瑟吹笙。吹笙鼓簧，承筐是将。人之好我，示我周行。

呦呦鹿鸣，食野之蒿。我有嘉宾，德音孔昭。视民不恌，君子是则是效。我有旨酒，嘉宾式燕以敖。

呦呦鹿鸣，食野之芩。我有嘉宾，鼓瑟鼓琴。鼓瑟鼓琴，和乐且湛。我有旨酒，以燕乐嘉宾之心。

【译文】

一群鹿儿呦呦叫，在那原野吃苹草。我有一批好宾客，弹琴吹笙奏乐调。一吹笙管振簧片，捧筐献礼礼周到。人们待我真友善，指示大道乐遵照。

一群鹿儿呦呦叫，在那原野吃蒿草。我有一批好宾客，品德高尚又显耀。示人榜样不轻浮，君子贤人纷纷来仿效。我有美酒香而醇，宴请佳宾嬉娱任逍遥。

一群鹿儿呦呦叫，在那原野吃芩草。我有一批好宾客，弹瑟弹琴奏乐调。弹琴弹瑟奏乐调，快活尽兴同欢笑。我有美酒香而醇，宴请佳宾心中乐陶陶。

三、选自《诗经·小雅·采薇》

采薇采薇，薇亦作止。曰归曰归，岁亦莫止。靡室靡家，猃狁之故。不遑启居，猃狁之故。

采薇采薇，薇亦柔止。曰归曰归，心亦忧止。忧心烈烈，载饥载渴。我戍未定，靡使归聘。

采薇采薇，薇亦刚止。曰归曰归，岁亦阳止。王事靡盬，不遑启处。忧心孔疚，我行不来！

彼尔维何？维常之华。彼路斯何？君子之车。戎车既驾，四牡业业。岂敢定居？一月三捷。

驾彼四牡，四牡骙骙。君子所依，小人所腓。四牡翼翼，象弭鱼服。岂不日戒？猃狁孔棘！

昔我往矣，杨柳依依。今我来思，雨雪霏霏。行道迟迟，载渴载饥。我心伤悲，莫知我哀！

【译文】

大巢菜采了又采，大巢菜冒出芽尖。说回家哪时回家，转眼间就到残年。谁害我有家难奔，还不是为了猃狁；谁害我腚不着凳，还不是为了猃狁。

大巢菜采了又采，大巢菜多么鲜嫩。说回家哪时回家，心里头多么忧闷。心忧闷好像火焚，饥难忍渴也难忍。驻防地没有一定，哪有人捎个家信。

大巢菜采了又采，大巢菜又粗又老。说回家哪时回家，小阳春十月又到。当王差无穷无尽，哪能有片刻安身。我的心多么痛苦，到如今谁来慰问！

什么花开得繁盛？那都是常棣的花。什么车高高大大？还不是贵人的车。兵车啊已经驾起，高昂昂公马四匹。哪儿敢安然住下，一个月三次转移。

驾起了公马四匹，四匹马多么神奇。贵人们坐在车上，士兵们靠它隐蔽。四匹马多么雄壮，象牙弭鱼皮箭囊。怎么不天天警戒？那猃狁实在猖狂。

想起我离家时光，杨柳啊轻轻飘荡。如今我走向家乡，大雪花纷纷扬扬。慢腾腾一路走来，饥和渴煎肚熬肠。我的心多么凄惨，谁知道我的忧伤！

（余冠英 译）

四、选自《诗经·豳风·七月》

七月流火，九月授衣。一之日觱发，二之日栗烈。无衣无褐，何以卒岁。三之日于耜，四之日举趾。同我妇子，馌彼南亩，田畯至喜。

七月流火，九月授衣。春日载阳，有鸣仓庚。女执懿筐，遵彼微行，爰求柔桑。春日迟迟，采蘩祁祁。女心伤悲，殆及公子同归。

七月流火，八月萑苇。蚕月条桑，取彼斧斨，以伐远扬，猗彼女桑。七月鸣鵙，八月载绩。载玄载黄，我朱孔阳，为公子裳。

四月秀葽，五月鸣蜩。八月其获，十月陨萚。一之日于貉，取彼狐狸，为公子裘。二之日其同，载缵武功，言私其豵，献豜于公。

五月斯螽动股，六月莎鸡振羽，七月在野，八月在宇，九月在户，十月蟋蟀入我床下。穹窒熏鼠，塞向墐户。嗟我妇子，曰为改岁，入此室处。

六月食郁及薁，七月亨葵及菽，八月剥枣，十月获稻，为此春酒，以介眉寿。七月食瓜，八月断壶，九月叔苴，采荼薪樗，食我农夫。

九月筑场圃，十月纳禾稼。黍稷重穋，禾麻菽麦。嗟我农夫，我稼既同，上入执宫功。昼尔于茅，宵尔索绹。亟其乘屋，其始播百谷。

二之日凿冰冲冲，三之日纳于凌阴。四之日其蚤，献羔祭韭。九月肃霜，十月涤场。朋酒斯飨，曰杀羔羊。跻彼公堂，称彼兕觥，万寿无疆。

【译文】

七月火星向西沉，九月人家寒衣分。冬月北风叫得尖，腊月寒气添，粗布衣裳无一件，怎样挨过年！正月里修耒头，二月里忙下田，女人孩子一起干，送汤送饭上垄边。田官老爷露笑脸。

七月火星向西沉，九月人家寒衣分。春天里好太阳，黄莺儿叫得忙。姑娘们拿起高筐筐，走在小路上，去采养蚕桑。春天里太阳慢悠悠，白蒿子采得够。姑娘们心里正发愁，怕被公子带了走。

七月火星向西沉，八月苇秆好收成。三月里修桑条，拿起斧和斨，太长的枝儿都砍掉，拉着枝条采嫩桑。七月里伯劳还在嚷，八月里绩麻更要忙。染出丝来有黑也有黄，朱红色儿更漂亮，得给那公子做衣裳。

四月里远志把子结，五月里知了叫不歇。八月里收谷，十月落树叶。冬月里打貉子，还得捉狐狸，要给公子做皮衣。腊月里大伙又聚齐，打猎习武艺。小个儿野猪给自己，大个儿野猪献公爷。

五月斯螽弹腿响，六月纺织娘抖翅膀。七月蟋蟀儿在野底，八月里在屋檐底，九月门口叫，十月床下移。火烟熏耗子，窟窿尽堵起，塞起北窗户，柴门涂上泥。叫唤儿子和老妻，如今快过年，且来搬屋里。

六月里吃山楂樱桃，七月里煮葵菜豆角。八月里打枣，十月里煮稻，做成甜酒叫冻醪，老人家喝了精神饱。七月里把瓜儿采，八月里把葫芦摘。九月里收麻子，捣些苦菜打些柴，咱农夫把嘴餬起来。

九月垫好打谷场，十月谷上仓。早谷晚谷黄米高粱，芝麻豆麦满满装。咱们这些泥腿郎！地里庄稼才收起，城里差事又要当。白天割得茅草多，夜里打得草索长，赶紧盖好房，耕田撒种又要忙。

十二月打冰冲冲响，正月抬冰窖里藏，二月取冰来上祭，献上韭菜和羔羊。九月里下霜，十月里扫场。捧上两樽酒，杀上一只羊。齐上公爷堂，牛角杯儿举头上，祝一声"长寿无疆"！

（余冠英 译）

五、选自《诗经·郑风·子衿》

青青子衿，悠悠我心。纵我不往，子宁不嗣音？

青青子佩，悠悠我思。纵我不往，子宁不来？

挑兮达兮，在城阙兮。一日不见，如三月兮！

【译文】

青青的是你的长领襟，悠悠的是想念你的心。纵然我不曾去找你，难道你从此断音信？

青黝黝是你的佩玉带，心悠悠是我把相思害。纵然我不曾去找你，难道你不能自己来？

走去走来多少趟啊，在这高城望楼上啊。一天不见哥的面，好像三个月儿那么长啊！

（余冠英 译）

六、选自《诗经·王风·黍离》

彼黍离离，彼稷之苗。行迈靡靡，中心摇摇。知我者，谓我心忧；不知我者，谓我何求。悠悠苍天，此何人哉？

彼黍离离，彼稷之穗。行迈靡靡，中心如醉。知我者，谓我心忧；不知我者，谓我何求。悠悠苍天，此何人哉？

彼黍离离，彼稷之实。行迈靡靡，中心如噎。知我者，谓我心忧；不知我者，谓我何求。悠悠苍天，此何人哉？

【译文】

黍子齐齐整整，高粱一片新苗。步儿慢慢腾腾，心儿晃晃摇摇。知道我的说我心烦恼，不知道的问我把谁找。苍天苍天你在上啊！是谁害得我这个样啊？

泰子排成了队，高粱长出了穗。步儿慢慢腾腾，心里好像酒醉。知道我的说我心烦恼，不知道的问我把谁找。苍天苍天你在上啊！是谁害得我这个样啊？

泰子整整齐齐，高粱长足了米。步儿慢慢腾腾，心里像噎着气。知道我的说我心烦恼，不知道的问我把谁找。苍天苍天你在上啊！是谁害得我这个样啊？

（余冠英 译）

第三节　知识链接

一、诗言志

中国古代文论家对诗歌特征的认识。语见《尚书·尧典》："诗言志，歌永言，声依永，律和声"。"志"，字意本指藏在心里的东西，包括记忆、志向和怀抱，此处主要指怀抱，意思是诗歌是用来表达襟怀抱负的。六朝时，陆机《文赋》则明确提出"诗缘情"，意思是诗歌是抒发感情的。但因长期以来，"诗言志"中的"志"被解释成经过礼教规范的思想，"诗缘情"中的"情"被视为未经规范的男女"私"情，以致在中国古代文学批评史上曾有过"言志"与"缘情"的严重对立。其实，在诗应抒情上并无本质区别。它作为中国古代诗论"开山的纲领"，对后世文学理论有深远影响。

二、兴观群怨

孔子关于文艺的美感作用、认识作用和教育作用的论述。语见《论语·阳货》:"小子何莫学夫诗!诗可以兴,可以观,可以群,可以怨。迩之事父,远之事君,多识于鸟兽草木之名。"历代注家解释:兴,即"感发志意"打动读者的心灵,指调动和陶冶人的思想感情的作用;观,即"观风俗之盛衰"和"考见得失",指从诗中可以了解社会的认识作用;群,即"群居相切磋""和而不流",指引起共鸣,交流感情,加强团结的作用;怨,即"怨刺上政",指批评与讽刺不良政治的作用。清人王夫之在《姜斋诗话·诗译》中进而指出,"兴、观、群、怨"是一个以情为核心、交互发生作用的有机整体,从而使此说显得更加完备。上述论点,虽自有其时代局限性,但却从文艺的特点出发,全面而深刻地总结了文艺的社会作用,在中国文学批评史上产生了重大而深远的影响,并成为历代文人反对文艺脱离政治、针砭文艺缺乏社会内容的武器。

三、诗教

儒家提出的诗歌创作原则。语见《礼记·经解》:"孔子曰:'入其国,其教可知也。其为人也,温柔敦厚,《诗》教也。'"又:"其为人也,温柔敦厚而不愚,则深于《诗》者也。""温柔敦厚"本指人的品性温和宽厚,这里借指诗歌对时政的"怨刺"必须"止乎礼义",不能作过火的揭发与批评。虽然其间也有"乐而不淫,哀而不伤",主张哀乐中节,强调中和之美的合理因素,但其主导方面旨在要求文艺紧紧地为统治阶级的政治教化服务,不能触犯统治阶级的根本利益,具有一定的时代局限性。

四、思无邪

语见《论语·为政》："《诗》三百，一言以蔽之，曰：思无邪。""思无邪"被视为孔子对《诗经》的总的评价，亦为儒家的文学批评标准，即要求诗歌的内容合乎礼义，不要表现任何异端思想。从艺术方面看，就是提倡"中和"之美。"无邪"就是"归于正"，就是符合"正"，即"中正"，也就是"中和"。孔子曾说："《关雎》乐而不淫，哀而不伤。"（《论语·八佾》）"乐而不淫，哀而不伤"，表达的正是中和之美，欢乐而不放纵，悲哀而不伤痛，一切情感的体现都是那么恰到好处。孔子认为男女恋情都应在"和谐"的分寸之内，在"合礼"的规范之内进行和完成，必须是合礼和合规范程序的。《关雎》的"乐而不淫，哀而不伤"便是这种儒家男女之间伦理规则的典范。可见，孔子的"中和"思想是跟政治道德联系起来的，在他看来，文艺所表现的情感不但要具备道德上的纯洁性和崇高性，即"思无邪"，而且要受到理智的节制，讲究适度、平和，不能过于放纵、任其泛滥。可以说，《关雎》所讲的"中和"正是"思无邪"的具体化。

五、《诗经》的国际传播

《诗经》作为我国第一部诗歌总集，也是中华民族的文化元典之一，具有丰富的文学、文献、文化、艺术价值，是早期中华文明的经历者、见证者与记录者，在中华文化中处于重要地位。在世界文化和文学的殿堂中，《诗经》也有其当之无愧的一席之地，其海外传播范围日益扩大，阅读群体广泛，价值历久弥新。

日本是东亚儒家文化圈的典型代表之一，自古以来受中华文化影响较深。兼具经学与文学双重特性的《诗经》在日本的传播更具代表性，它是中国传统儒家思想在日本流播与广布的一个缩影，同时又是中国古典诗歌在异域文化中接受的一个典型。《宋书·蛮夷传》记载日本国上书刘宋顺帝的表中，已经引用了《诗经》的句子，时至今日，日本所藏《诗经》古本种类之多，版本之良，文献价值之大，在《诗经》的海外传播领域都是首屈一指的。日本的《诗经》写本，不仅有唐时传入的唐人抄本，还有日本人抄写的与唐抄本关系密切的抄本。这些抄本较多地保留了六朝以及初唐《诗经》原貌，如静嘉堂文库藏《毛诗郑笺》的旁注便保留了大量古本资料，有的还可以与敦煌《诗经》残卷互校。至于刻本，日本所藏宋绍兴九年刊刻《毛诗正义》单疏本和南宋刊十行本《毛诗注疏》都是弥足珍贵的版本。甚或日本还有传自朝鲜半岛和越南的《诗经》刻本，如东京大学综合图书馆藏大南阮氏明命十八年多文堂刊本《五经大全节要演义》，而传自朝鲜半岛的更多。这对我们今天研究《诗经》的版本、异文及早期传播都有很高的价值。与此同时，日本、韩国等也有《诗经》译本。其中日本《诗经》译本尤多，吉川幸次郎、高田真治、白川静等都曾翻译过《诗经》。以白川静的《诗经》翻译为例，他有两种《诗经》译本：《诗经国风》（东京平凡社1990年版）和《诗经雅颂》（东京平凡社1998年版）。他翻译的目的是为了进行《诗经》研究，所以力求准确、好懂。为此，他的《诗经》翻译一般由录文、主题、构成、语释四部分组成，必要时还会加上"余说"。同时，他的翻译很重视诗的情趣，而且想让它们具有日本和歌的味道。所以说，《诗经》在译介过程中，已经被不同程度地赋予了异国色彩。

日本文学也很早就融进了《诗经》文化因子。日本远在《万叶集》时代，诗人便从《诗经》中汲取灵感，将其中的诗句改写成和歌。从奈良平安时代的汉诗人到五山诗僧，再到江户时代的儒者，都有人模仿借鉴《诗经》进行文学创作。具体到《诗经》的研究，日本学者很早就有研究《诗经》的著作，从奈良时代到现代，日本的《诗经》研究史已有一千五百多年。[①]

　　可以说，《诗经》在日本的传播与社会运行紧密地连接在一起。通观从古代到近代的《诗经》传播，《诗经》在日本社会体系的不同场域均展示着自己的存在。个人空间、公共领域，商业行为、公益行动，职业活动、余暇休闲，《诗经》在各个场域均有或深或浅的投影。通过木牍竹简、抄本、印本、报纸、杂志、电子书等各种各样的传播媒体，《诗经》参与社会各个场域的互动，并产生了颇具特色的日本《诗经》现象。

　　《诗经》在朝鲜半岛的传播史同样悠久。同属汉文化圈与东亚文化圈，与其他国家相比较而言，《诗经》传入古代朝鲜的时间较早，对其诗文尤其是诗话产生了重要影响。朝鲜王朝李玽、李祘两位君王对《诗经》均有着浓厚的兴趣，特别是正祖李祘，编修了一部中国诗歌总集——《诗观》，共560卷，按时间顺序收录了中国以《诗经》为代表的先秦到明代诗歌共77218首，而其中"兴观群怨"的诗教观念也对当时朝鲜王朝的政治、经济、文化发展产生了深远的影响。此外，朝鲜科举，以及中央文官制度与学校教育都体现出对以《诗经》为首的汉诗的重视，极大地提升了《诗经》等中国诗歌在朝鲜文坛的地位，从而对其文学阅读及创作产生极大影响。

　　相对而言，欧美接触《诗经》则较晚。根据文献记载，欧美人对《诗经》的译介始于法国传教士金尼阁（Nicolas Trigault，1577—1628），他的译本于1626年在杭州刊刻；[②]1687年，比利时籍耶稣会士柏应理（Philippe Couplet，1623—1693）所编的《西文四书解》的"导论"也将《诗经》置于重要位置。在此后近四百年间，又有诸多的译本，包括各种选译本，这些译本，以理雅格、亚瑟·韦利和高本汉等人的译本最

---

① 王晓平：《日本诗经学史》，学苑出版社2009年版。
② 张海林：《近代中外文化交流史》，南京大学出版社2003年版。

为著名。英国著名汉学家理雅格（James Legge，1815—1897）第一次翻译了《诗经》全本，他的《诗经》翻译以经学为主导，同时也全面地展示了《诗经》丰富的世俗文化内涵。尽管理雅格的《诗经》翻译仍带有很强的服务于宗教的目的，却为后来《诗经》在欧美的传播奠定了基础。高本汉（Klas Bernhard Johannes Karlgren，1889—1978）是瑞典著名的汉学家，对中国传统的语言学，尤其是音韵学有深入的研究，成就斐然。他的《诗经》翻译不仅有译文与注释，还有记音，这给不懂汉语的人了解《诗经》韵律提供了很大的帮助。另一位英国著名汉学家、翻译家亚瑟·韦利（Arthur Waley，1889—1966）的《诗经》翻译以文学性著称，是一部公认的"雅致、生动、微妙"之作。他打破了中国固有的《诗经》传统，强调去经学化，并把《诗经》分为求爱诗、婚姻诗、战争诗、宴饮诗、友谊诗等17类，删去了他认为无趣的15首雅诗。韦利的翻译尤其注重对《诗经》意象的把握，他将《诗经》中的一些意象视为文学创作的技巧。在注释中，通晓日语的韦利参考了日本研究成果，体现了东西方海外汉学研究之间的互动，对以后欧美汉学家的《诗经》研究具有方法论意义。

除了翻译，《诗经》的海外传播亦对本土的研究提供了反向的有益借鉴。西方人对《诗经》的研究，最大的功绩是给传统中国的《诗经》研究引入了人类学的研究方法。在这一点上，我们便不能不提起法国汉学家葛兰言和他的《中国古代的节庆与歌谣》一书。①葛兰言（Marcel Granet，1884—1940），师从汉学研究泰斗沙畹，同时他又受到法国现代社会学派开创者涂尔干及其继承者莫斯的影响，对社会学派的研究方法的运用也很娴熟。他的《中国古代的节庆与歌谣》一书在西方《诗经》

---

① （法）葛兰言（Marcel Granet）著，赵丙祥、张宏明译：《中国古代的节庆与歌谣》，广西师范大学出版社2005年版。

学研究史上具有崇高的地位。亚瑟·韦利认为这本书开创并奠定了《诗经》研究的一个新范式，即文化学范式，或曰人类学、民俗学范式。葛兰言对《诗经》的人类学研究方法，不仅影响了闻一多，还通过闻一多深刻影响了中国本土的《诗经》研究。

阅读书目

1．（宋）朱熹：《诗集传》，北京：文学古籍刊行社，1955年。

2．余冠英：《诗经选》，北京：人民文学出版社，1956年。

3．金启华：《诗经全译》，南京：江苏古籍出版社，1985年。

4．金开诚：《诗经》，北京：中华书局，1963年。

5．周满江：《诗经》，上海：上海古籍出版社，1980年。

6．姜亮夫等：《先秦诗鉴赏辞典》，上海：上海辞书出版社，1998年。

问题与思考

1．熟读《诗经》各诗，体会重章复沓的章法对表情达意的艺术效果。

2．收集历代文学作品中的闺怨诗，分析《伯兮》的情感表达方式对它们的影响？

3．进一步搜集中国历代文学作品中关于女性之美的描写，从中考证自古及今，中国人的审美观的变化，为什么会发生这种变化？

第六章　入德之门

——"四书"导读

第一节　概　述

一、"四书"的作者与传承

在宋元以后的经学、儒学体系里，"四书"指的是《大学》《论语》《孟子》《中庸》四种经典。其中《大学》与《中庸》是单篇的论说文章，《论语》和《孟子》则分别是记录孔子与孟子言行的语录体文献。"四书"体系的形成过程中，南宋是一个重要的时间节点，在此之前，这四种文献并没有合并出版发行过，由于朱熹大力提倡并对其进行整体性的阐释，才形成了"四书"之学。

1.《大学》的作者与传承

《大学》和《中庸》均为《礼记》（《小戴礼记》）之一篇。《礼记》编成于西汉时期，但其中所收录的文章，多为春秋战国时人的作品。关于《大学》的作者及成书有多种说法，一般认为，这是春秋末战国初曾参（前505—前436）所作，在流传过程中可能经历了后人的补充或改动。

由汉至唐，《大学》"以其记博学，可以为政也"①，被作为一篇治国兴邦、规劝君主言行的政论文献存在，此时人们尚未对《大学》表露出

---

① （汉）郑玄：《礼记注》，（唐）孔颖达《礼记正义》卷六六引，《景宋本礼记正义》，中国书店，1985年版，据宋绍熙三年两浙东路茶盐司公使库刻宋元递修本影印。

额外的重视，也没有人单独对其进行阐释注解。中唐时期韩愈在《原道》中引用《大学》证帝王治国必先正心诚意，意在表示对当时佛教反盛于儒学的不满，这可以视作儒家学者发现《大学》心性道统之价值的开始。

在唐人的开拓与指引下，宋人更多地发掘出《大学》的微言大义。北宋时官方已对《大学》表示出重视，如宝元元年（1038），仁宗就曾在琼林宴上赐《大学》篇给诸位新科进士。就学者个人的行为而言，司马光是今所见最早单独对《大学》进行阐发的学者，其著作有《〈大学〉广义》一卷，但惜不传。二程虽未对《大学》有专门的注解，但言语之间多有表彰。朱熹承二程之余绪，把《大学》视为"外有以极其规模之大，而内有以尽其节目之详者也"①的为学必由之路。

2.《论语》的作者与传承

依据东汉班固在《汉书·艺文志》中的说法，孔子在世之时，弟子各自记下了老师对他们的教诲，以及和当时其他人的对话，弟子之间也有一些相互听闻的故事。孔子去世之后，弟子门人便将各自的见闻汇集在一起，纂集成了《论语》。因此，《论语》虽然不是孔子亲自撰著，但它依然是迄今为止与孔子本人关系最为密切的文献，是我们走进孔子的世界、学习儒家思想的最直接的材料。

汉文帝时，《论语》首次置博士，这表示其为官学所接受。汉代前期，有《鲁论语》二十篇、《齐论语》二十二篇之分。汉景帝末年（一说武帝末），鲁恭王扩建宫室，破坏了孔子旧宅，在夹壁之中得古籍数种，其中就有《古论语》。三者内容略有差别。汉元帝时张禹为太子师，据《鲁论语》篇次，兼采《齐论语》，删其繁惑，成《张侯论》。东汉郑玄

---

① （宋）朱熹:《大学章句序》，《四书章句集注》，中华书局，1983年版。

注《论语》时，以《张侯论》为底本，校以《古论语》，自此《论语》不再有今古之别。

六朝时关于《论语》的注疏逐渐丰富，史籍所载逾八十种，但传世者寥寥无几，其中何晏的《论语集解》和皇侃的《论语义疏》比较有代表性。何晏《集解》汇集了汉魏数百年间学者关于《论语》的解读，皇侃的《义疏》则以何书为本，汇通诸说，并援玄、老、释以解《论语》，清通简要。

唐代统一经说，定下《周易》《尚书》"毛诗"以及"三礼"、《春秋》"三传"九部经典为"正经"，同时将《论语》和《孝经》立为兼经，科举试明经科者，无论选择何种正经，都须兼习此二经。这固然是对《论语》地位的肯定，但是经学统一的形势下，学习者悉从官学而鲜有发挥，唯陆德明《经典释文》中《论语音义》，考音释义，断析句读，并梳理唐以前学史，有助于后人继续深入探讨。

宋代邢昺等作《论语注疏》，既有对前代的继承，也有一些独到的精微之论，"汉学、宋学兹其转关"（《四库全书总目》）。既而程颐作《论语解》，虽只有半部，但是开启了《论语》学的义理新风。朱熹作《论语集注》，博采众说、通经明理，章句之学与义理之学相得益彰。

朱熹之书为元明清《论语》学定下了基调，金履祥《论语集注考证》及明代《论语集注大全》等皆为其羽翼。晚明王学盛，批驳朱熹之说的作品频出，刘宗周《论语学案》则颇有会通朱王之意。清人学风履实，而尤精于考证，其中刘宝楠《论语正义》考据翔实，义理疏通，是旧注中的集大成者。

3.《孟子》的作者与传承

孟子，名轲，战国时人，师从孔子之孙子思。据《史记·孟子荀卿列传》记载，当时各诸侯国为了称雄争霸，都积极推行变法改革以图强，普遍重视主张攻伐的思想而忽视德治。孟子则坚定地宣扬儒家的德治思想，因而一直未得到重用，于是退而与弟子讲学，所讲的内容被弟子记录下来，成为《孟子》七篇。

汉文帝曾将《孟子》立为"传记博士"，汉武帝又将其取消。汉唐时期《孟子》的注解并不多，东汉赵岐的《孟子章句》是其中的代表作。到了北宋，《孟子》一书获得了官方的推尊，宋真宗大中祥符五年（1012）孙奭等受诏令校勘《孟子音义》，宋神宗熙宁四年（1071）王安石改革科举，将《论语》和《孟子》列为兼经，成为必考科目，这是《孟子》正式进入科举考试的开端。南宋朱熹将《孟子》编入"四书"，作为学习"五经"之前的"入门"之书。尊朱子学为官学，"四书"从此成为与"五经"地位相当的经典，《孟子》也超子入经，实现了地位的跃升。

东汉时赵岐欲推尊孟子为"亚圣"，但在当时并没有得到多少回应。中唐时韩愈、李翱等为了对抗佛教的"佛统"，提出以"尧—舜—禹—汤—文王—武王—周公—孔子—孟子"之传为儒家正宗的"道统"，原来的"周孔"同尊，一变而为"孔孟"共举，孟子其人逐渐受到重视。北宋元丰六年（1083），孟子封赠"邹国公"，从祀孔庙。此后的数百年间，虽一度为明太祖朱元璋所弃，然而由于科场遵用"四书"，孟了的地位始终没有动摇。明嘉靖九年（1530），世宗皇帝颁旨，正式承认了孟子"亚圣"的封号。

在孟子及其著作被推尊的过程中，一直存在着反对的声音，北宋时的纷争最为激烈。司马光作《疑孟》一书批驳孟子的思想，一方面是为了反对政敌王安石的推尊之举，另一方面也是因为他更认同扬雄的"性善恶混"说。此外还有李觏的《常语》、晁说之的《诋孟》、陈次公的《述常语》、傅野的《述常语》等也都是对孟子及其思想持非、疑立场的著作。

尽管一路历经风雨波折，《孟子》最终还是与《论语》一样，跻身于十三经之列，成为儒家经典体系中不可或缺的一环，孟子本人也在文庙中接受了众人数百年的瞻仰。究其原因，还是孟子的思想所具有的深刻内涵经受住了历史的考验。梁启超认为，《孟子》崇尚名节、气象博大、意志坚强，"为修养最适当之书，于今日青年尤为相宜。学者宜摘取其中精要语熟诵，或抄出常常阅览，使其精神深入我之'下意识'中，则一生做人基础可以稳固，而且日日向上，至老不衰矣"。[①]

4.《中庸》的作者与传承

与《大学》类似，人们对《中庸》的产生时间及作者也莫衷一是，比较主流的是《史记·孔子世家》中的说法，认为该篇是孔子之孙子思所作。

《中庸》作为单篇文献受到重视较之《大学》要早，《汉书·艺文志》中即有《中庸说》二篇，说明在西汉以前，《中庸》已经较有影响。南朝时刘宋戴颙著有《礼记中庸传》二卷，见于《隋书·经籍志》。南朝梁武帝有《中庸讲疏》一卷，其臣子朱异等有《私记制旨中庸义》五卷附议，可见在当时《中庸》已经得到皇帝的肯定。中唐李翱始对其天道性命之论加以发挥，以支持他的复性之说。这给宋代学者以很大的启发。北宋天圣五年（1027），宋仁宗赐给新科及第的进士每人一卷御书《中庸》，此后成为一项惯例，《中庸》在修身治人之道上的重要性也进一步彰显。"宋初三先生"之一的胡瑗在太学时，有《中庸义》一卷作为其讲学的内容。范仲淹曾诫张载从戎之心，而劝之以读《中庸》，寻求儒家名教之旨趣。[②]二程以天理心性重新解读儒学，在天命、性、道等概念上具有很大解读空间的《中庸》成为他们的有力支撑，因而二人对这一篇文字"极

---

① 梁启超：《国学要籍研读法四种》，江西教育出版社，2018年版。
②（宋）吕大临：《横渠先生行状》，《全宋文》第110册，上海辞书出版社，2006年版。

索玩味"①，得出"终身用不尽也"②的无穷之味。朱熹在二程的影响之下极力推尊《中庸》，并冠之以"孔门传授心法"的光环。

在朱熹的努力之下，《中庸》也与《大学》一样，成功地从《礼记》之一篇升格为可与"五经"相提并论的"四书"之一，元代以后更是随着"朱子学"地位的提升，成为科举考试的必修教材，影响着中国古代的教育及中国人的思想。

二、"四书"的形成过程

朱熹"四书"体系的构建并不是一开始就有成型的思路，而是在他的治学过程中慢慢形成的。今天来看，最初的端倪大概起自南宋孝宗隆兴元年（1163），当时他欲集各家说《论语》《孟子》之言，初名《论孟要义》，终成于乾道八年（1172），更名《论孟精义》，亦称《论孟集义》，这是《论语集注》和《孟子集注》的先声。淳熙二年（1175），朱熹草成《论语集注》，淳熙三年（1176）完成《孟子集注》，皆是由此编发挥经旨、采摄精华而成。

南宋孝宗乾道年间，朱熹曾与张栻有过一段关于"中和"的讨论，并在乾道二年（1166）形成"中和旧说"，三年之后，又推翻旧说，悟成"中和新说"，这一过程对他的《中庸》之学很有影响。翌年即乾道六年（1170），他据好友石𡽪的《中庸集解》删定成《中庸辑略》，这是后来《中庸章句》成书的基础。

至于《大学章句》，目前尚未见明确的资料可以表明朱熹也像前三书那样有过"集解""集义"的过程，但是朱熹自言他在"四书"之中，于《大学》用力最多，一直到去世之前，还在修改"诚意"章，这足以

---

① （宋）程颐：《二程遗书》卷十八，《二程集》，中华书局，2004年版。
② （宋）程颐：《二程遗书》卷十七，《二程集》。

见《大学》在他心中分量之重。

由于成书时间各异，此四书在朱熹生前以单行居多。南宋淳熙九年（1182）初次合刻，但此时内容还未最终定稿，七年之后，朱熹才序定《大学章句》与《中庸章句》。现存最早的"四书"合刻本，是南宋淳祐十二年（1252）金华马光祖所刻当涂郡斋本。

元代以"朱子学"为官学，元仁宗延祐年间，正式将"四书"定为科举必考之目，隐然超于"五经"。明代永乐年间颁行《四书大全》《五经大全》《性理大全》，而《四书大全》又以朱熹《四书章句集注》为根底，国家取士之资、科场试第之准皆本于此。这样的定位固然彰显了朱熹之学以及"四书"的重要性，但一旦长久地固化为一种思维模式，原本的修身明理之书，也逐渐变成了求取功名之器，可以说已经去前贤本意远甚。

岁月流逝，沧桑变迁，今天我们不必再为了功名利禄去读"四书"，而是可以更加纯粹地参详其中广大精微的道德学问，延续古人智慧的生命力，让中华文化走向更远的未来。

第二节 选 读

一、选自《大学》

大学之道，在明明德，在亲民，在止于至善。

知止而后有定，定而后能静，静而后能安，安而后能虑，虑而后能得。物有本末，事有终始。知所先后，则近道矣。

古之欲明明德于天下者，先治其国；欲治其国者，先齐其家；欲齐其家者，先修其身；欲修其身者，先正其心；欲正其心者，先诚其意；

欲诚其意者，先致其知；致知在格物。物格而后知至，知至而后意诚，意诚而后心正，心正而后身修，身修而后家齐，家齐而后国治，国治而后天下平。

自天子以至于庶人，壹是皆以修身为本。其本乱而末治者，否矣。其所厚者薄而其所薄者厚，未之有也。

【译文】

大人之学的道理在于明明德，在于修己以安百姓，在于锲而不舍地做到至善至美的境界。

知所当止，然后心有定向；心定而后能心静不妄动；心静而后思绪安稳；思绪安稳而后能考虑周全；考虑周全而后能有所得。万物都有主干根本与枝叶末端，万事都有始有终。知道事物的本末先后，便接近道了。

古时欲使天下都明明德的人，应先治理好自己的国家；欲治理好国家的人，应先管理好自己的家庭；欲管理好家庭的人，应先自己修养身心；欲修养身心的人，应先端正自己的心态；欲端正自己的心态，应先有诚意在心中；欲建立心中的诚意，应先具有丰富的知识；积累知识的途径就在于学习万事万物的道理。学习万事万物的道理之后，才能获得知识；获得知识之后，心中之意才能真诚；心意真诚之后，心态才能端正；心态端正之后，才能修养身心；身心得到修养之后，才能管理好家庭；家庭管理好之后，才能治理好国家；国家得到治理之后，天下自然太平安定。

上至天子，下至平民百姓，都以修身为做人的根本。根本混乱而枝叶末端还有条不紊，这是不可能的。应当厚待的却很轻薄，应当轻薄的却厚待，这是未曾有过的。

所谓修身在正其心者，身有所忿懥，则不得其正；有所恐惧，则不得其正；有所好乐，则不得其正；有所忧患，则不得其正。心不在焉，视而不见，听而不闻，食而不知其味。此谓修身在正其心。

【译文】

所谓修身在于正心的意思，就是说心里有愤怒之意，便不能端正；心里有恐惧之意，便不能端正；心里有喜好之意，便不能端正；心里有担忧之意，便不能端正。心不在恰当的位置，身也会失去应有的知觉，好像眼睛看不见东西。耳朵听不到声音。饮食尝不到味道。这就是所谓的修身在于正心。

二、选自《论语》

子曰："君子食无求饱，居无求安，敏于事而慎于言，就有道而正焉，可谓好学也已。"（《学而第一》）

【译文】

孔子说："君子饮食上不要求饱足，居住不要求安逸，能敏捷勤劳地做事而谨慎地发表言论，请求有道的人匡正，可以说是好学了。"

子曰："道之以政，齐之以刑，民免而无耻；道之以德，齐之以礼，有耻且格。"（《为政第二》）

【译文】

孔子说："用政令来教导百姓，用刑罚来使百姓的行为整齐，百姓虽免于犯错但缺乏羞耻心；用德行教导百姓，用礼来使百姓的行为整齐，百姓有羞耻之心且能服从。"

子曰："吾十有五而志于学，三十而立，四十而不惑，五十而知天命，六十而耳顺，七十而从心所欲，不逾矩。"（《为政第二》）

【译文】

孔子说："我十五岁时有志于学问，三十岁自立，四十岁对世事不感到困惑，五十岁能理解天命，六十岁听到什么都能接受，七十岁能随心所欲而又不逾越规矩法度。"

林放问礼之本，子曰："大哉问！礼，与其奢也，宁俭；丧，与其易也，宁戚。"（《八佾第三》）

【译文】

林放问礼的本质，孔子说："问的很好！礼，与其奢侈，不如俭省简朴；丧事，与其周全，不如真心（为去世之人）感到悲戚。"

祭如在，祭神如神在。子曰："吾不与祭，如不祭。"（《八佾第三》）

【译文】

祭祀祖先时，应该如同祖先还在世一样；祭祀神祇时，应当如同神祇存在一样。孔子说："我不能亲自参与祭祀，就如同不祭祀。"

子曰："贤哉，回也！一箪食，一瓢饮，在陋巷，人不堪其忧，回也不改其乐。贤哉，回也！"（《雍也第六》）

【译文】

孔子说："颜回真是贤能啊！用竹箪盛饭吃，用瓢舀水喝，居住在简陋的巷子里，别人受不了贫困带来的忧愁，颜回却不改变他的乐趣。颜回真是贤能啊！"

子曰："志于道，据于德，依于仁，游于艺。"（《述而第七》）

【译文】

孔子说："有志于道，据守于德，依傍于仁，优游于六艺。"

子路、曾皙、冉有、公西华侍坐。子曰："以吾一日长乎尔，毋吾以也。居则曰'不吾知也'，如或知尔，则何以哉？"

子路率尔而对曰："千乘之国，摄乎大国之间，加之以师旅，因之以饥馑，由也为之，比及三年，可使有勇，且知方也。"夫子哂之。

"求，尔何如？"对曰："方六七十，如五六十，求也为之，比及三年，可使足民。如其礼乐，以俟君子。"

"赤，尔何如？"对曰："非曰能之，愿学焉。宗庙之事，如会同，端章甫，愿为小相焉。"

"点，尔何如？"鼓瑟希，铿尔，舍瑟而作，对曰："异乎三子者之撰。"子曰："何伤乎？亦各言其志也。"曰："莫春者，春服既成，冠者五六人，童子六七人，浴乎沂，风乎舞雩，咏而归。"夫子喟然叹曰："吾与点也！"

三子者出，曾皙后。曾皙曰："夫三子者之言何如？"子曰："亦各言其志也已矣。"曰："夫子何哂由也？"曰："为国以礼，其言不让，是故哂之。""唯求则非邦也与？""安见方六七十如五六十而非邦也者？""唯赤则非邦也与？""宗庙、会同，非诸侯而何？赤也为之小，孰能为之大？"（《先进第十一》）

【译文】

子路、曾皙、冉有、公西华跟随孔子坐着聆听教诲。孔子说："虽然我年岁稍长些，但你们不要感到拘束。平时你们总说'没人知道我'，如果有人知道了你们，你们打算做什么呢？"

子路爽快地回答："中等大小的千乘之国，夹在大国的中间，对外有军事上的威胁，对内面临饥荒的困境，让我来治理，等到三年，就能使他们勇武，并懂得道理。"夫子听了微微一笑。

"求，你怎么样呢？"冉有答道："方圆六七十里，或者五六十里的地方，让我来治理，等到三年，就能使百姓富足。至于礼乐，就有待君子来施行了。"

"赤，你怎么样呢？"公西华回答："我不敢说自己有能力，但我愿意学习。有宗庙祭祀之事，与别国会盟之事，我愿意穿着礼服，戴着礼帽，担任一名小小的司仪。"

"点，你怎么样呢？"曾皙正在鼓瑟而渐渐放慢了节奏，铿的一声放下瑟站起身来，说："我和他们三个都不同。"孔子说："这有什么关系？都是个人谈论自己的志向。"曾皙说："暮春三月，大家已经换上春天的衣服，邀上五六个成年人，六七个孩童，在沂水中沐浴，到舞雩台上吹风，一路高歌归来。"孔子感叹道："我赞同点啊！"

其他三人出去了，曾皙在其后。曾皙问："他们三位的回答怎么样呢？"孔子说："不过是各自谈论自己的志向而已。"曾皙问："那夫子您为什么哂笑由呢？"孔子说："治理国家要靠礼乐，他的话没有谦让之意，所以我哂笑他。"曾皙说："那求说的不是邦国吗？"孔子说："怎么见得方圆六十七里或者五六十里的地方就不是邦国呢？"曾皙问："那赤说的不是邦国吗？"孔子说："有宗庙、会盟，不是诸侯国是什么？赤都说只当个小司仪，那谁能担任更大的职务呢？"

颜渊问仁，子曰："克己复礼为仁。一日克己复礼，天下归仁焉。为仁由己，而由人乎哉？"颜渊曰："请问其目。"子曰："非礼勿视，非礼勿听，非礼勿言，非礼勿动。"颜渊曰："回虽不敏，请事斯语矣。"（《颜渊第十二》）

【译文】

颜回问仁的含义，孔子说："约束自己的行为使其合乎礼，这就是仁。有一天（人人）能够约束自己的行为使其合于礼，天下就归于仁了。成就仁在于自身，难道还在于其他人吗？"颜回说："请问具体内容是什么？"孔子说："不合乎礼的就不要去看，不合乎礼的就不要去听，不合乎礼的就不要去谈论，不合乎礼的就不要去做。"颜回说："我虽然不够聪敏，但也要遵循这些教导。"

子曰："君子道者三，我无能焉：仁者不忧，知者不惑，勇者不惧。"子贡曰："夫子自道也。"（《宪问第十四》）

【译文】

孔子说："君子的原则有三项，我都不能做到：仁者不忧虑，智者不困惑，勇者不恐惧。"子贡说："这是夫子的自我写照。"

孔子曰："益者三友，损者三友。友直、友谅、友多闻，益矣；友便辟、友善柔、友便佞，损矣。"（《季氏第十六》）

【译文】

孔子说："三种朋友是有益处的，三种朋友是有坏处的。朋友正直、朋友诚信、朋友博学多闻，这是有益处的；朋友逢迎谄媚、朋友阿谀奉承、朋友花言巧语，是有坏处的。"

楚狂接舆歌而过孔子曰："凤兮凤兮！何德之衰？往者不可谏，来者犹可追。已而已而！今之从政者殆而！"孔子下，欲与之言，趋而辟之，不得与之言。（《微子第十八》）

【译文】

楚国的狂人接舆唱着歌走过孔子身边："凤鸟啊凤鸟啊！你的德行为何如此衰微了？已经过去的事不能挽回，将来的事还可以补救。罢了罢了，现在的执政者是无可救药了！"孔子下车，想与他交谈，他却快走避开了，孔子没能和他说上话。

子路从而后，遇丈人，以杖荷蓧。子路问曰："子见夫子乎？"丈人曰："四体不勤，五谷不分，孰为夫子？"植其杖而芸。子路拱而立。止子路宿，杀鸡为黍而食之，见其二子焉。明日，子路行以告。子曰："隐者也。"使子路反见之。至，则行矣。子路曰："不仕无义。长幼之节，不可废也；君臣之义，如之何其废之？欲洁其身，而乱大伦。君子之仕也，行其义也，道之不行，已知之矣。"（《微子第十八》）

【译文】

子路跟着孔子，结果落后了，遇到一位老人，用拐杖挑着除草的工具。子路询问道："您看见了夫子吗？"老人说："四肢不劳动，五谷不分辨，谁是夫子？"说完把拐杖插在地里继续耕地。子路拱着手站立在一旁。老人请子路留宿家中，杀鸡做饭招待他，并让自己的两个儿子来见子路。第二天，子路赶上了孔子并将这件事告诉了他。孔子说："是隐士啊！"于是让子路返回去见他。子路到了那里，老人已经离开了。子路说："不出仕是不符合道义的。长幼的礼节不能废弃，君臣的大义又怎么能废弃呢？想要洁身自好，却扰乱了重要的人伦关系。君子出仕，是为了履行大义，大道不能推行，这是早就知道的。"

三、选自《孟子》

孟子见梁惠王，王曰："叟，不远千里而来，亦将有以利吾国乎？"

孟子对曰："王！何必曰利？亦有仁义而已矣！王曰'何以利吾国'，大夫曰'何以利吾家'，士庶人曰'何以利吾身'，上下交征利而国危矣！万乘之国，弑其君者，必千乘之家；千乘之国，弑其君者，必百乘之家。万取千焉，千取百焉，不为不多矣。苟为后义而先利，不夺不餍。未有仁而遗其亲者也，未有义而后其君者也。王亦曰仁义而已矣，何必曰利？"（《梁惠王上》）

【译文】

孟子进见梁惠王，王说："老夫子啊，你不远千里而来，会给我的国家带来什么利益吗？"

孟子回答道："大王何必说利呢？只有仁义而已！大王说'怎样对我的国有利'，大夫说'怎样对我的封地有利'，士和庶人说'怎样对我自身有利'，上上下下交相牟利，国家就危险了！拥有一万辆兵车的国家，谋害其国君的，一定是有千辆兵车的卿大夫；拥有千辆兵车的国家，谋害其国君的，一定是拥有百辆兵车的卿大夫。从万中取千，从千中取百，不能说是不多了。倘若都将义放在后而将利放在先，那不掠夺是不会满足的。重仁的人没有遗弃他的亲人的，重义的人没有不为自己的君主考虑的。大王只要说仁义就好了，何必说利呢？"

"敢问夫子恶乎长？"

曰："我知言，我善养吾浩然之气。"

"敢问何谓浩然之气？"

曰："难言也。其为气也，至大至刚，以直养而无害，则塞于天地之间。其为气也，配义与道；无是，馁也。是集义所生者，非义袭而取之也。行有不慊于心，则馁矣。我故曰，告子未尝知义，以其外之也。必有事焉而勿正，心勿忘，勿助长也。无若宋人然：宋人有闵其苗之不长而揠之者，芒芒然归。谓其人曰：'今日病矣，予助苗长矣。'其子趋而往视之，苗则槁矣。天下之不助苗长者寡矣。以为无益而舍之者，不耘苗者也；助之长者，揠苗者也。非徒无益，而又害之。"（《公孙丑上》）

【译文】

公孙丑问："请问夫子擅长什么呢？"

孟子说："我能了解言辞，善于培养浩然之气。"

公孙丑问："请问什么叫作浩然之气呢？"

孟子说："难以解释。它作为气，最为广大又最为刚强，以正直去涵养它而不加伤害，能令它充盈于天地之间。作为气，它必须与义和道相匹配；没有这两者，它就没有力量了。它是人们汇集义所产生的，不是将义强加于它而取得的。如果行为不能令内心满意，它也是没有力量的。所以我说，告子不曾知晓义的含义，因为他把义当作心外之物。一定要做一件事但不要设立特定的目标，心中也不要忘记它，更不要用外力去徒劳地助长它。不要像那个宋国人一样，有位担心自己种的禾苗不长高，于是就去把它们拔高的宋人，忙忙碌碌完了回到家里。他对家里人说：'今天累坏了，我帮助禾苗长高了。'他的儿子跑去地里一看，禾苗都枯萎了。天下不拔苗助长的人太少了。认为这没有益处而放弃不做的，干脆也不除草了；有心助禾苗长高的，就是揠苗的人。这不但没有益处，反而还会害了它。"

恻隐之心，人皆有之；羞恶之心，人皆有之；恭敬之心，人皆有之；是非之心，人皆有之。恻隐之心，仁也；羞恶之心，义也；恭敬之心，礼也；是非之心，智也。仁义礼智，非由外铄我也，我固有之也，弗思耳矣。（《告子上》）

【译文】

同情之心，人人都有；羞耻之心，人人都有；恭敬谦让之心，人人都有；明辨是非之心，人人都有。同情之心是仁的发端，羞耻之心是义的发端，恭敬谦让之心，是礼的发端，明辨是非之心是智的发端。仁义礼智，不是由外界强加给我的，而是我本来所固有的，只是未曾思考领悟罢了。

孟子曰："鱼，我所欲也，熊掌，亦我所欲也，二者不可得兼，舍鱼而取熊掌者也；生亦我所欲也，义亦我所欲也，二者不可得兼，舍生而取义者也。"（《告子上》）

【译文】

孟子说："鱼，我想要，熊掌，我也想要，两者不能同时得到，那我就舍弃鱼而取熊掌；生也是我想要的，义也是我想要的，两者不能同时得到，那我就舍弃自己的生命而实现大义。"

四、选自《中庸》

天命之谓性，率性之谓道，修道之谓教。道也者，不可须臾离也，可离非道也。是故君子戒慎乎其所不睹，恐惧乎其所不闻。莫见乎隐，莫显乎微，故君子慎其独也。喜怒哀乐之未发，谓之中；发而皆中节，谓之和。中也者，天下之大本也；和也者，天下之达道也。致中和，天地位焉，万物育焉。

【译文】

上天授予的禀赋是天性，遵循天性就是万事万物生存的道理，对行事之道加以修养就是教化。道，一时一刻也离不得，如果能够离开片刻，那就不是道了。所以君子对于没有见到过的事物保持警醒谨慎，对没有听说过的事情感到惶恐忧惧。没有比隐蔽幽暗之处更显著的地方，没有比细小微末之处更明白的地方。所以君子独处时也要谨慎。喜怒哀乐这四种情绪没有生发出来的时候，便是"中"的状态；生发出来之后，若能符合节度、不过分，便是的"和"的状态。"中"是天性的根本，"和"是达到天性的方式。达到中和的境界，那天地各在其位，万物生长化育其间。

仲尼曰："君子中庸，小人反中庸。君子之中庸也，君子而时中；小人之中庸也，小人而无忌惮也。"

【译文】

孔子说："君子行事合乎中庸之道，小人行事则违反中庸之道。君子知道中庸之道贯穿于生活中的每时每刻，所以随时随地修养以持中；小人不知道这个道理，因此没有戒惧之心，行事便肆无忌惮。"

子曰："舜其大知也与！舜好问而好察迩言，隐恶而扬善，执其两端，用其中于民，其斯以为舜乎！"

【译文】

孔子说："舜是有大智慧的人呀！舜虚心好问，对于那些看似浅显的言论也要仔细体察一番，他将丑恶的东西隐藏起来不使其发生坏的影响，将好的东西推而广之以福泽天下，他能把握事物过与不及这两种状态，而取不偏不倚的中庸之道来治理万民，这就是舜之所以为明君的原因吧！"

子曰："回之为人也，择乎中庸，得一善，则拳拳服膺而弗失之矣。"

【译文】

孔子说："颜回为人处事，选择中庸之道而行，一旦得到了善端，便诚恳地执守于内心之中，再也不让它丢失了。"

天下之达道五，所以行之者三。曰君臣也，父子也，夫妇也，昆弟也，朋友之交也，五者天下之达道也。知、仁、勇三者，天下之达德也，所以行之者一也。或生而知之，或学而知之，或困而知之，及其知之，一也。或安而行之，或利而行之，或勉强而行之，及其成功，一也。子曰："好学近乎知，力行近乎仁，知耻近乎勇。"知斯三者，则知所以修身；知所以修身，则知所以治人；知所以治人，则知所以治天下国家矣。

【译文】

天下所共行的大道有五种，用以实现这五种大道的大德有三种。所谓的君臣、父子、夫妇、兄弟、朋友之交，这五者便是天下所共行的大道。智慧、仁义、勇力这三者，便是天下通达的大德。施行起来，达道与达德其实是统一的。有的人生来便明白道理，有的人通过学习知识明白道理，有的人遭遇困顿努力思考而后明白道理，一致的是都能够明白道理。有的人能安然自得地行达道，有的人在利益的驱动下行达道，有的人勤勉努力地行达道，一致的是都能够成功地行达道。孔子说："好学不倦接近于智，笃行不怠接近于仁，能知道羞耻接近于勇。"知道好学、力行、知耻这三者，就知道怎样修养自身；知道怎样修养自身，就知道怎样管理他人；知道怎样管理他人，就知道怎样治理天下国家了。

诚者，天之道也；诚之者，人之道也。诚者不勉而中，不思而得，从容中道，圣人也。诚之者，择善而固执之者也。博学之，审问之，慎思之，明辨之，笃行之。

【译文】

诚是上天的道理；勉力学习达到至诚是人的道理。天性而诚的人不需劝勉便能达到中，不需思虑便能有所收获，从容践行中庸之道，这是圣人。勉力学习想要达到至诚的人，要择善而行，还要在得善之后拳拳服膺。（勉力学诚的人，）要广博地学习，详细地询问，慎重地思考，明晰地察辨，笃定地履行。

唯天下至诚，为能尽其性；能尽其性，则能尽人之性；能尽人之性，则能尽物之性；能尽物之性，则可以赞天地之化育；可以赞天地之化育，则可以与天地参矣。

【译文】

只有天下至诚之人，能详尽天命之性；能详尽天命之性，则能详尽人的本性；能详尽人的本性，则能详尽万物的本性；能详尽万物的本性，便可以帮助天地的造化生育之功；可以帮助天地的造化生育之功，也就能与天地并立为三了。

故君子尊德性而道问学，致广大而尽精微，极高明而道中庸，温故而知新，敦厚以崇礼。

【译文】

所以君子推尊德性而以求学好问为方式，治学极致广大而又极尽精微，见识极其高明而行事又遵循中庸之道，温习旧闻而能了解新知，性情敦厚而崇尚礼仪。

第三节　知识链接

一、"四书"的思想内容

1.《大学》的思想内容

古人说"大学"，主要有两个意义。一指教育机构，是与小学相对而言的，也称为太学。据《礼记·王制》记载：

> 有虞氏养国老于上庠，养庶老于下庠；夏后氏养国老于东序，养庶老于西序；殷人养国老于右学，养庶老于左学；周人养国老于东胶，养庶老于虞庠，虞庠在国之西郊。

上庠、东序、右学、东胶，便是虞、夏、殷、周四代的大学（太学）；下庠、西序、左学、虞庠便是四代的小学。从机构设置上而言，大学是当时官方的最高学府，小学次之。从内容上而言，以《礼记》为例，大学指成人之学，具体内容反映在《大学》一篇里；小学便是童子之学，具体内容反映在《曲礼》《内则》《少仪》等篇目里。郑玄《礼记》注："大，旧音泰。"陆德明《音义》："郑云：大学者，以其记博学，可以为政也。"意思是说，大学的内容是博大的，学习之后，才能够从政治国。

"大学"的第二个意义是指大人之学，以对小人之学而言。如《论语》中记载孔子的弟子樊迟向孔子请教如何耕种之事：

> 樊迟请学稼。子曰："吾不如老农。"请学为圃。曰："吾不如老圃。"樊迟出。子曰："小人哉，樊须也！上好礼则民莫敢不敬，上好义则民莫敢不服，上好信则民莫敢不用情。夫如是，则四方之民襁负其子而至矣，焉用稼？"（《论语·子路》）

孔子批评樊迟是"小人"，并非因为他在品德上有瑕疵，而是指他只看到微不足道的稼穑之事，缺少士人应有的胸襟与格局。桑植稼穑之事在孔子看来是实际的技能，自有专职的老农、园丁去做，作为士大夫，应以辅佐或劝谏国君兴礼乐、行仁义为理想，而不是去学耕地种菜。

能够治理好国家，让百姓安居乐业、各司其职，又何须人人都去学稼学圃呢？

那么什么才是"大人之学"？通观《大学》全篇，有一个非常明确的主题，那就是如何治民治国。《大学》与《中庸》里的君子，多是指君主或者在高位、有影响的人。他们如何通过内修完善自己的人格，以推己及人、化民成俗、治理天下，这是《大学》致力于解决的问题，也是这一篇文章本来的意义。后来的学者将"明明德、亲民、止于至善"作为这一篇的"三纲领"，将"格物、致知、诚意、正心、修身、齐家、治国、平天下"作为理解它的"八条目"，个人的"内圣"功夫和"外王"功业统统融入其中，梳理出一条所有人都要经历的从内心自修走向与人的交往、从一己小家走向社会大众的大学之道。这条大学之道，使得《大学》的文本具备跨时代的普适性与可解读性，这也是经典的力量。

2.《论语》的思想内容

《论语》中所体现的孔子最核心的思想，就是仁。据杨伯峻先生统计，"仁"在书中一共出现了109次。孔子对"仁"的解释也分多个方面。颜回问仁，孔子说"克己复礼为仁"。樊迟问仁，孔子回答说"爱人"，又说"居处恭，执事敬，与人忠"。子张问仁，孔子说能行"恭、宽、信、敏、惠"五者于天下者就是仁；子贡问"博施于民而能济众"者能否称之为仁，孔子回答"夫仁者，己欲立而立人，己欲达而达人"。那么"仁"到底应该如何理解呢？

其实综观孔子对"仁""仁者"或者"为仁"的解释可以发现，"仁"的实现，从来都不是孤立的一个人可以达成的，它总是关联到他人、关联到社会。《中庸》释仁："仁者，人也。"《孟子·尽心下》中亦如是。《说文解字》释"仁"："仁，亲也。"由此来看，孔子讲到的仁，可以理解为个体自处与处世的总原则。这个总原则对内来讲是个人修身的要领，对外来讲就是推己及人、及于家国天下的事功追求。这一点可以从《宪问》中的"子路问君子"一章得到印证：

子路问君子。子曰："修己以敬。"曰："如斯而已乎?"曰："修己以安人。"曰："如斯而已乎?"曰："修己以安百姓。修己以安百姓，尧舜其犹病诸!"

儒家眼中的君子首先应该具备高尚的人格精神，要做到这一点就需要在自处时修身养性，自处的原则是"慎独"，即使没有人看到、没有人知道，也不可松懈。同时"不仕无义"，君子要慎独但不能只是自处，还要从个人出发逐步影响到周围的人（家），再推广至老百姓（国与天下）。

自处与处世的出发点是一己之身，"一日克己复礼，天下归仁焉。为仁由己，而由人乎哉?"如果人人都能做到克己复礼，天下自然都可以达到"仁"的境界了。这与《大学》所说的"自天子以至于庶人，壹是皆以修身为本"是一致的。

因此，理解孔子思想的关键是一个"仁"字，但一个"仁"字又关联着从自我到他人、从个体到社会的关系。孔子希望通过以仁为目标的修身，使得人人向往君子，并努力成为君子，最终实现天下的和谐美好。

3.《孟子》的思想内容

如果说孔子的思想核心是一个"仁"字，那么孟子的思想核心就是"义"。如何理解"义"? 首先是人性的层面。孟子认为人有四端："恻隐之心，仁也; 羞恶之心，义也; 恭敬之心，礼也; 是非之心，智也。"（《孟子·告子上》）这四端是指人生而具有的天性，义是其中之一端，是人的羞恶之心。所谓羞恶，朱熹认为"羞，耻己之不善也; 恶，憎人之不善也"。人之所以为人而区别于禽兽，正是因为人懂得羞耻，懂得什么事情该做什么事情不该做，该与不该的界定又基于仁义礼智这四端。

四端之说出自孟子对人性的讨论。孟子"道性善，言必称尧舜"（《孟子·滕文公上》），为何言必称尧舜？因为在儒家看来，尧舜乃是"道统"之始，是文明开端时的圣人，是前无古人的明君。他们所处的时代，人类大多数还在深山之中，与树木石头共处，与野兽往来，无教育、礼义，但是当他们听见一句善言、看见一件善行时，就立刻能够察觉、激发自己的善心，并将之付诸实践，最终树立起一个为后世效仿的典范。孟子的这一逻辑旨在说明，善原本就存在于人性之中，圣人发现了它，后世效仿、追慕圣人，事实上是归复人的本性。因此，普通人的本性与圣贤的本性并没有实质的区别，有区别的是圣贤能"尽性"，或者说，能尽性者皆可以成圣贤，这也就是"人皆可以为尧舜"的道理。这一道理启示人们，既然人皆可以为尧舜，那么人人都应该有向上之自信，并且都应该朝着"为尧舜"的目标付出向上之努力。这种努力又关联到人的修养工夫，后世儒者讲心性的修养，多从孟子这里生发开来，正是源于这一系列的论述。

其次，孟子所说的义，还关联到治国的层面。孟子见梁惠王时，曾就治国发表了一番论述，其核心便是"义利之辨"。战国时期，"天下熙熙，皆为利来；天下壤壤，皆为利往"，因此梁惠王一见孟子，便问他："亦将有以利吾国乎？"孟子则说，如果人人都只考虑私利，而不顾及他人、不顾及大局，"上下交征利"，那么势必会在获取"利"的过程中与他人甚至是社会产生矛盾，长此以往国家会陷入危亡之中。但是国家和人民总要生存，难道就不能谈利、不能争取属于自己的正当利益吗？当然不是。孟子并非不谈利，但他认为，不能见利忘义，唯利是图。利应该以义为前提，君不能与大臣、百姓争利，而应以仁义相待；同样，臣事君、子事父也不应以利为先，而应以恪守仁义原则为前提去实现对利益的追求。

义与利的关系最理想的状态是道义与利益能够统一，但现实中这两者往往会有冲突，那么在面对义与利的冲突时，该如何取舍呢？孟子用鱼与熊掌来打比方："鱼，我所欲也，熊掌亦我所欲也，二者不可得兼，舍鱼而取熊掌者也；生亦我所欲也，义亦我所欲也，二者不可得兼，舍生而取义者也。"在孟子看来，当个体的生命与大义产生冲突的时候，就应该舍生取义。欲生恶死是与个体生命存在有关的初级心理情感，生命诚然是可贵的，但每一个人的生命在生理意义上是有限的，而义是超出个体有限的生命的存在，它是一种对于高尚道德情操和精神生活境界的追求，为人生之路指引正确的、光明的方向，从而让人形成理想的人格。追求物质上的满足，是作为一个人的本能，而如果一个人能超越这种本能，去为了真理和正义而奋斗，甚至于献出生命，那么他的人格就是伟大的人格，他的生命也就有了伟大的意义。

4.《中庸》的思想内容

今人言"中庸"，往往带着几分贬义，认为是一种平庸、折中、没有主见的处世态度。实际上，古人所说的"中庸"恰恰相反，它所强调的是一种中正、恒常的质量，是君子修心的至高境界。

所谓"中"，就是不偏不倚、无过无不及。《说文解字》云："中，内也。"段玉裁注曰："然则中者，别于外之辞也，别于偏之辞也，亦合宜之辞也。"所谓"庸"，就是用。《说文解字》释"庸"："用也。从用从庚。庚，更事也。"所以"中庸"即"中用"，也就是"用中"。另外，"庸"还有平常、经常之意。汉代郑玄注解说："庸，常也。用中为常道也。"所以"中庸"也就是常常持中。

《中庸》全篇不长，但内容包罗天地性命，不可谓不广不深。要理解《中庸》，可借助程颐的一句话，即："（《中庸》）始言一理，中散为万事，末复合为一理。"

所谓"始言一理"，即首章所说的"致中和"："中也者，天下之大本也；和也者，天下之达道也。致中和，天地位焉，万物育焉。"

"中散为万事"则体现为多个层面，一是个人修养层面，简言之就是君子应"时中""守中""用中"。所谓"时中"，就是随时而中，无论何时何地都要以中庸之道来行事、律己；"守中"就是坚守中道，一旦得到了善端，便诚恳地执守于心胸之间，颜回便是榜样；"用中"即将中庸之道推己及人，舜执其两端而用中于民就是典范。二是家国天下层面，简言之就是要行"五达道""三达德"。"五达道"指的是"君臣也，父子也，夫妇也，昆弟也，朋友之交也"，"三达德"指的是"知、仁、勇三者"。这二者代表了修身、齐家、治国、平天下的枢要。君子从修己之身做起，自己能做到"时中""用中""守中"，然后以"五达道""三达德"齐家，再以礼乐治国，那么自然就达到天下化成的境界。

这一境界归结为一个字，就是"末复合为一理"的"诚"："唯天下至诚，为能尽其性；能尽其性，则能尽人之性；能尽人之性，则能尽物之性；能尽物之性，则可以赞天地之化育；可以赞天地之化育，则可以与天地参矣。"

综观全篇，《中庸》先提出"致中和"这个至善的境界，并以达到这个境界为君子的追求，其后便从修身、待人、从政等万事万物各个方面来阐述中庸之道是什么、为什么要追求以及如何达到，最后归结出一"诚"字作为心法。我们可以用《中庸》原本的话来归纳全篇精髓，那就是："故君子尊德性而道问学，致广大而尽精微，极高明而道中庸，温故而知新，敦厚以崇礼。"

二、读"四书"法

研读"四书"的次序，一般来说有以下几种排列方式：一是按照年代的先后顺序，二是依据文章篇幅的长短。按照年代的先后顺序，是《论语》—《大学》—《中庸》—《孟子》，依据是前所述对于四种文献作者的考证，反映出的是孔子—曾子—子思—孟子这一思想传承的脉络。按照文章篇幅的长短，则是《大学》《中庸》《论语》《孟子》，其原因往往是刻书者为刊刻便利，将两种较短篇幅的合刻在一起，《论语》和《孟子》则可以单行。

第一种次序存在的问题是，关于《大学》《中庸》的作者，虽然有主流的观点，但争论还是很多，加之先秦文献形成的过程本身就是一个传承的过程，所以依据作者年代先后去探求思想发展的脉络，这是不严谨的。第二种次序则更无逻辑，只是为了刊印之便。

其实关于"四书"如何去读，朱熹曾对弟子作出过指引：

> 某要人先读《大学》，以定其规模；次读《论语》，以立其根本；次读《孟子》，以观其发越；次读《中庸》，以求古人之微妙处。[1]

在朱熹处，"四书"是一个贯通的整体，涵盖了一个人从初入学问的门径，到逐步打开格局，再到归复于心性精微之处的过程。学者先由《大学》定下学问的基础，而后以《论语》《孟子》立本发挥，得其大旨，最后由《中庸》来提升境界，达于至善。所以按照朱熹所定的顺序，应该是先读《大学》，再读《论语》，次读《孟子》，最后读《中庸》。这一次序，从四种文献的内在思想理路出发，也兼顾了难易程度，应该说是

---

[1]（宋）黎靖德：《朱子语类》卷十四，《朱子全书》第14册，上海古籍出版社，安徽教育出版社，2002年。

一种甚为合理的阅读次序。

那么具体来说，读"四书"有没有什么方法上的诀窍呢？钱穆在其《四书释义》中，曾提到学者应该如何读《论语》。他说，《论语》的价值在于表现孔子的为人，那么读《论语》的主要目的就是研究孔子；研究孔子不可不知孔子所处的时代背景，那么就必须要了解当时的政治、社会和学术风尚；孔子的影响广泛，研究孔子则必须要涉及历来学者对《论语》的发明及其对孔子的态度；孔子的思想传承两千多年，于今已有时代的巨大差距，如何正视差距并使得其能为我所用，这是研读《论语》的最后一道工夫。归结起来如下：

一、当注意于书中之人物、时代、行事，使书本有活气。

二、当注意于书中之分类、组织、系统，使书本有条理。

三、当注意于本书与同时及前后各时有关系之书籍，使书本有联络。

四、当注意于本书于我侪切身切世有关系之事项，使书本有应用。①

这一读书的方法次第和逻辑理路，不仅适用于读《论语》，也适用于读其他经典文献。简而言之，就是先设置一人物、经典作为中心，甚至可以更加细化，从人物的思想、经典的内容中再择一专题，由此中心重点出发，逐渐拓展至相关的知识，在熟悉知识的基础上进一步深入思考经典与社会、与自我的关系，并付诸实践中，知行合一。

阅读书目

1.（宋）朱熹:《四书章句集注》，北京：中华书局，2016年。

2.钱穆:《四书释义》，北京：九州出版社，2010年。

3.（魏）何晏:《论语集解》，北京：商务印书馆，2023年。

---

① 钱穆:《四书释义》，九州出版社，2010年。

4．（清）刘宝楠：《论语正义》，北京：中华书局，1990年。

5．（清）焦循：《孟子正义》，北京：中华书局，2017年。

6．（清）戴震：《孟子字义疏证》，北京：中华书局，1982年。

7．杨伯峻：《论语译注》，北京：中华书局，2019年。

8．杨伯峻：《孟子译注》，北京：中华书局，2019年。

9．金良年：《论语译注》，上海：上海古籍出版社，2023年。

10．金良年：《孟子译注》，上海：上海古籍出版社，2016年。

问题与思考

1. 结合《大学》，立足自身情况，谈谈你所理解的当代大学生的大学之道。

2.《史记·孔子世家》中记载，孔子经过郑国时，被郑国人形容是"累累若丧家之狗"，孔子闻言说："然哉！然哉！"你赞同郑国人的形容吗？为什么？

3. 请根据《孟子·公孙丑上》中关于"浩然之气"的论述，谈谈这一思想对于今天的启示。

4.《中庸》讲"致中和"，也讲"诚"，这二者有什么关系？

第七章　佛教中国化的智慧结晶

——《坛经》导读

第一节　概　述

一、总论

《坛经》是对禅宗六祖惠能说法的记录，由其弟子法海集录而成，积淀了禅宗思想的精华。在中国僧人的著述中，这是唯一一部被尊称为"经"的佛教典籍。《坛经》亦称《六祖坛经》或《六祖大师法宝坛经》，全称《南宗顿教最上大乘摩诃般若波罗蜜经六祖惠能大师于韶州大梵寺施法坛经》。《坛经》是佛教中国化的代表性作品，在佛教文化史乃至中国文化史上占有重要地位。

《坛经》得名的缘由。"坛"原指六祖惠能出家受戒的戒坛。这个戒坛原为南朝刘宋时期印度僧人创建，曾立碑预言："后当有肉身菩萨于此受戒。"梁天监元年（502），智药三藏从天竺归来，带回菩提树种在戒坛旁边，预言"后一百七十年，有肉身菩萨，于此树下开演上乘，度无量众"。后从惠能身上得到印证。惠能于此弘扬佛法，将"戒坛"赋予了"法坛"的含义。故《坛经》之"坛"，取的是"法坛"之意，"经"则是惠能门人视师如佛，惠能的法语，等同佛经，因此取名为《坛经》。

全书分为三个部分。第一部分是惠能生平自述，叙述其出身贫苦、黄梅得法、南归传法的主要事迹。第二部分是惠能弘法说禅的内容，讲论般若禅，阐发如何以空融有、直了心性、顿悟成佛的禅学思想。第三部分是惠能弟子请益师尊以及他与弟子的问答。惠能在大梵寺说法，传说由其弟子法海记录，此为《坛经》的主体部分。等到惠能圆寂之后，其平时接引弟子的问答，临终前后的故事，由弟子辑录出来，附于大梵寺说法内容之后，也被泛称为《坛经》。惠能后学在丰富和发展南宗禅法的过程中将集体智慧的积淀赋予《坛经》，其内容符合禅宗基本思想，所以惠能的《坛经》也可以称为是禅宗的《坛经》。

《坛经》是佛教中国化的智慧结晶，是汉传佛教对以《金刚经》为代表的般若部经典的接受并充分中国化的成果。《金刚经》是大乘佛教的重要典籍，对汉传佛教影响深远。《金刚经》对惠能有直接影响。《坛经》中多处提到《金刚经》，如惠能因《金刚经》而开悟，禅宗五祖弘忍夜三更唤惠能于堂内，为其说《金刚经》，惠能要求弟子奉持《金刚经》等。《金刚经》的核心思想"无住于相"和"无所住而生其心"，深刻影响到《坛经》的禅宗思想。《坛经》使汉传佛教重心由向"外"的参求转为向"内"的心求，关注的焦点由佛教的"来世"转向"人间现世"。《坛经》的"向内求"、关注人间今世的思想，融入了中国传统文化的元素。《坛经》的核心思想是"教外别传、不立文字、直指人心、见性成佛"及"无念为宗、无相为体、无住为本"的思想。

"不立文字，直指人心。"释迦牟尼讲过禅法的"以心传心"，即"吾有正法眼藏，涅槃妙心，实相无相，微妙法门，不立文字，教外别传，付嘱摩诃迦叶。"（《五灯会元·七佛·释迦牟尼佛·卷一》）达摩东渡来中国弘传禅法，被称为禅宗初祖，后来二祖慧可、三祖僧璨、四祖道信、五祖弘忍一脉相承。《坛经》记载五祖弘忍禅师与众徒论道，寻找传承其衣钵者，命各以心得书偈语。上座大弟子神秀书偈句："身是菩提树，心如明镜台。时时勤拂拭，勿使惹尘埃。"（《坛经·行由品》）弘忍法师认为神秀未悟。惠能写的偈子说："菩提本无树，明镜亦非台。本来无一物，何处惹尘埃。"（《坛经·行由品》）惠能在对"空"的了悟上，比神秀更高一境，得到了五祖的印可。弘忍授惠能衣钵说："法则以心传心，皆令自悟自解。"（《坛经·行由品》）强调自悟，惠能对"心"有深刻的顿悟，表现出极高的智慧。"悟"是对《金刚经》里释迦牟尼菩提树下的"悟"的接受，即低层次的悟是"无我"，高层次的悟是"空"，超越文字语言，需要靠自己真实的参悟。

"见性成佛"。成佛是佛教修行的终极目标，而一切众生皆有佛性。惠能主张"心佛"，心与佛相共在，人"心"本来是清净的，惠能提出"佛性常清净，何处有尘埃"（《坛经·行由品》），清净是"悟"的最高境界。惠能提出佛性本来就存在人的心中，其本质是永恒清净的，"迷即渐契，悟人顿修，自识本心，自见本性。"（《坛经·定慧品》）惠能认为佛性在心中，不必向外求，强调人要返归自己的"内心"，要从人的"心性"去寻找内在依据，不假修持，悟到本性，立即成佛。"迷来经累劫，悟则刹那间"强调"顿悟"是重要的修行方式，与以前汉传佛教强调教义、禅定的苦修不同，不拘泥于参悟方式的禅宗，具有更大的灵活性，而易于被大众接受，在普及方面具有显著的优势。成佛不再是以前佛教主张的苦苦渐修，不再是可望而不可即的。"迷则众生，悟即是佛"，是禅宗顿悟成佛的基本要义。

"行住坐卧皆是禅"。惠能在禅宗中提倡生活禅，主张在日常生活中修行。惠能强调"自性觉悟"，作为主体的人要主动顿悟见性，即是成佛。南禅宗提倡用入世的心态去积极体验、参悟现世的世界，将修行、悟道、行住坐卧的日常生活有机融为一体。惠能提出"见性成佛"思想，众生皆是在此时、此刻、此地的当下修行和开悟，使禅宗的修行更易于走进生活的日常，不用刻意经历种种苦行，在日常生活的点滴中时刻顿悟心性，提出"佛法在世间，不离世间觉。离世觅菩提，恰如求兔角"（《坛经·般若品》）。是说佛法在现实的人世间，在人本自的心性里，不离开世间，实现人心顿悟；若离开现实的世界、人心去寻找、觉悟佛性，就像在世间要寻找兔子的角一样，不可能实现。佛法最重要的是在日常生活中，时时刻刻提得起观照的功夫，功夫得力了，世间法与出世间法是一不是二，所谓是"无二之性，即是实性"（《坛经·护法品》）。惠能告诉我们在现世的"行住坐卧"中去体会生命的本来样子。出世间与世间是一不是二，然后方能证得烦恼与菩提不二，生死与涅槃不二。将修行和现实生活相结合，法法是心，尘尘是道，随缘修行，随机参禅证悟。如果离开现实生活而寻道觅法，反而会离道更远。

二、作者及版本

惠能（638—713），俗姓卢，祖籍范阳（今河北涿州）。其父原本为官，唐武德三年（620）被贬谪至岭南新州（今广东新兴）为庶民。惠能生于新州，三岁丧父，家境贫困，稍大以砍柴卖柴维持生计。惠能在集市偶闻《金刚经》而开悟，显露出卓尔不群的气象。他因对佛法的超高领悟，被五祖禅师弘忍授予佛法衣钵，为禅宗第六代祖师。惠能在广州法性寺说法，以"风幡之议"为契机，奠定了他一代宗师的地位。他以中国文化元素丰富了《金刚经》的教义，引入顿悟、生活禅等具有中国特色的因子，广泛地传经布道。唐玄宗先天二年（713）八月，惠能在新州国恩寺圆寂，终年七十六岁。元和十一年（816），唐宪宗下诏追谥惠能为"大鉴禅师"；北宋太平兴国元年（976），宋太宗加谥为"大鉴真空禅师"。后宋仁宗加谥为"大鉴真空普觉禅师"，宋神宗又加谥为"大鉴真空普觉圆明禅师"。惠能是佛教中国化过程中的里程碑式人物。一千多年来，对中国禅宗文化、中国传统文化及文学艺术产生了深远影响。

《坛经》问世以来，因其通俗易懂而被广为流传。在传抄过程中，不免有字形、记述讹误现象发生，加上惠能门人及后学不断修订、补充，《坛经》在长期的流传过程中出现了诸多不同的版本。中国、日本的学者对《坛经》及其版本研究极为深入，通过对诸多版本进行整理和比较，目前学术界形成了较为一致的看法。《坛经》主要有四个版本系统，即敦煌本、惠昕本、北宋契嵩本、元宗宝本。

1. 敦煌本：《坛经》现存最早的版本，经文内容大概形成于公元733年至801年之间。敦煌本是通篇书写，未分品目，因下署"兼受无相戒弘法弟子法海集记"，故又称"法海本"。通常称为《敦煌出土六祖坛经》。敦煌本有斯坦因本、旅博本、北图本、敦博本、北残本等。[①]学术界认为敦煌本《坛经》是接近于祖本《坛经》的唐写本。

2. 惠昕本：为僧人惠昕参照古本删改而成，书前有惠昕序。后于宋太祖乾德五年（967）刊刻，全书上下二卷，凡十一门，约一万四千余字。该本大约改编于晚唐或宋初，最早在日本京都崛川兴圣寺被发现，又称"兴圣寺本"，该本题为《六祖坛经》。

3. 北宋契嵩本：为云门僧人契嵩据曹溪古本改编，约成书于宋仁宗

---

① 斯坦因本：由英国与日本学者发现整理并集结成书。现藏于英国大英博物馆，编号为S.5475。该版本首尾齐全而中间缺3行多，是目前各国研究者最常引用的版本之一。但其字迹潦草，并不是工整的写经体。旅博本：最早发现（1912年）并公布（1920年）的文本，《关东厅博物馆一览》的《古经类文物目录》著录。北图本：现藏于中国国家图书馆。旧藏于原北京图书馆，编号为冈48。卷轴装，抄在一部《无量寿宗要经》背面，但只抄写了《坛经》的后部分，有尾题。敦博本：现藏于敦煌博物馆，编号为敦博077号。该写本抄写禅宗文献多件，是敦煌名士任子宜1935年在敦煌千佛山的上寺发现的几种敦煌禅宗文献合抄本中的一部分，字迹工整，为写经体。北残本：1997年，方广锠先生在北京图书馆藏中发现的《坛经》写本残片，卷轴装，仅存5行。

至和三年（1056），一卷计十品，约两万余字，全称《六祖大师法宝坛经曹溪原本》。现存明代刊本，故又称"明藏本"或"曹溪原本"。

4. 元宗宝本：为元代光孝寺僧人宗宝据契嵩本改编，题为《六祖大师法宝坛经》，约刊于元世祖至元二十八年（1291），全本一卷十品，共计约两万多字。元宗宝本是明代以来最为通行的本子，文本通顺典雅，体系完备。

据出土文献年代与《坛经》传世版本进行比较，学术界多数研究者认同敦煌本《坛经》为可信的早期母本。但也有学者持相异观点，认为敦煌本与后世的版本并不是简单的传承关系。整体而言，随着时间的推移，《坛经》字数不断在增加，从唐敦煌本的一万二千字左右，到北宋契嵩本和元宗宝本时，已有两万以上的字数。时代越晚，字数越多，说明《坛经》在其传播流布过程中，被惠能门人及后学不断增改，最终形成现在的面貌。

三、《坛经》的影响

《坛经》承载了中国传统文化的智慧，呈现出印度佛教与中国元素的交融，构建了汉传佛教的独特内涵。就佛教发展历史而言，惠能推动并实现了西方佛教与中国传统儒家思想的碰撞与融合，并结出具有中国特色的果实。以儒家思想为主体的中国传统文化极为重视心性之修养。孟子说："尽其心者，知其性也。知其性，则知天矣；存其心，养其性，所以事天也。"（《孟子·尽心上》）即通过心性修养来参悟天道。在个人修养的具体提升过程中，儒家强调自修、内省，如孔子说"君子求诸己"，曾子说"吾日三省吾身"，荀子提出"夫此顺命，以慎其独者也"等。禅宗吸收了儒家的心性修养思想，将其融入禅宗的修行思想中，提出"明心见性""见性成佛"。《坛经》提倡心性顿悟，不是西方佛教的苦苦渐悟。《坛经》奠定了佛教中国化的基本框架，"即心即佛""见性即佛"强调在实实在在的人世间去修行悟道。《坛经》把抽象的佛性、佛法转变为以现实人心为基础的心性本体论体系。六祖把人们寻求解脱的希望落实到自身，落实到当下的心性。汉传佛教发展到唐代，出现了八大宗派，即天台宗、三论宗、法相宗、律宗、净土宗、华严宗、禅宗、密宗。在这些宗派中，禅宗在中国的接受度最高。唐代之后，禅宗成了汉传佛教的代表。《坛经》转向"人生佛教""人间佛教"，对中国的哲学思想、伦理思想、美学思想都产生了深远的影响。宋明理学与禅宗思想一脉相承，如陆九渊继承禅宗"即心即佛"的思想，提出"心即理"，并由禅宗的"明心见性"提出"发明本心"。

《坛经》的禅学思想全面而深入地影响了中国诗歌、书法、绘画等各类文化艺术。禅宗智慧浸润文学，使文学意象和意境蕴藉、别致、深邃，中唐以来的诗歌作品特别注重蕴含禅意意象的捕捉，擅长营造禅境，用禅意覆盖生活景象。士人造访寺院，吟咏之作汲取禅风，使诗作蕴藉无穷。在文学领域，以禅入诗，以诗喻禅皆是对禅的参悟。书画艺术领域的禅心画境、以禅论书、画蕴禅风，笔墨纵横之处都渗透了禅宗思想。

中国禅宗思想对西方社会也产生了很大的影响。英国历史学家汤因比在《历史研究》中评价说儒家思想、大乘佛教能够引领人类走出迷茫、困顿和苦难。20世纪日本学者把禅宗典籍翻译成英文，自此之后，欧美国家的禅学热延续至今。以《坛经》为代表的禅宗思想是佛教中国化完成的标志，是中华优秀传统文化重要的组成部分，同时为世界文明的发展贡献了中国智慧。

第二节　选　读 ①

一、选自《行由品第一》

惠能安置母毕，即便辞违，不经三十余日，便至黄梅，礼拜五祖。

祖问曰："汝何方人，欲求何物？"

惠能对曰："弟子是岭南新州百姓，远来礼师，惟求作佛，不求余物。"

祖言："汝是岭南人，又是獦獠，若为堪作佛？"惠能曰："人虽有南北，佛性本无南北，獦獠身与和尚不同，佛性有何差别？"五祖更欲与语，且见徒众总在左右，乃令随众作务。

惠能曰："惠能启和尚，弟子自心常生智慧，不离自性，即是福田。未审和尚教作何务？"

祖云："这獦獠根性大利，汝更勿言，著槽厂去。"

惠能退至后院，有一行者，差惠能破柴踏碓。

经八月余，祖一日忽见惠能，曰："吾思汝之见可用，恐有恶人害汝，遂不与汝言，汝知之否？"

惠能曰："弟子亦知师意，不敢行至堂前，令人不觉。"

【译文】

惠能安置好老母亲后，便辞别老母北上奔赴黄梅。不到三十天的时间，惠能便抵达了黄梅，见到了五祖弘忍大师并向他致礼参拜。

五祖问道："你是哪里人，到我这里想求得什么？"

惠能答对道："弟子我是岭南新州的一名普通老百姓，远道而来，礼拜师父，只想觉悟成佛，别无他求。"

五祖大师说："你是岭南人，又是未开化的獦獠，怎么能成佛呢？"

_____

① 本节译文参考尚荣译注《坛经》（中华书局2010年版）。

惠能说："虽然人有南方和北方的地区差别，但人的佛性却没有南方和北方的不同。我这个獦獠之身虽然和大师不一样，但我们都具有的成佛本性，却有什么不同呢？"五祖还想和惠能继续交谈下去，因为看到众多弟子围在左右，便让惠能和大家一起先去干活。

惠能说："惠能禀告大师，弟子内心常生出智慧之念，认为不离自我本性便是成就福田，不知道大师还要让我干什么？"

五祖说："想不到你这獦獠根基很不错，禀赋很高！你不必多说了，先到后院马棚里干活去吧。"

惠能退下来到后院，有一个行者，分派惠能干劈柴舂米的活。

如此，惠能一连干了八个多月，一天，五祖突然看到惠能，便说："我考虑到你的见解是很可用的，恐怕有坏人嫉妒而要加害于你，所以那天没有与你深谈，你明白我的用意吗？"

惠能说："弟子也知道师父的用心，所以从来不敢到前堂大殿上去，以免被别人察觉。"

是夜三更，不使人知，自执灯，书偈于南廊壁间，呈心所见。偈曰：

身是菩提树，心如明镜台。

时时勤拂拭，勿使惹尘埃。

秀书偈了，便却归房，人总不知。秀复思惟：五祖明日见偈欢喜，即我与法有缘，若言不堪，自是我迷，宿业障重，不合得法，圣意难测。房中思想，坐卧不安，直至五更。

【译文】

当天夜里三更时分，神秀不让别人知道，悄悄地自己持着灯烛，将作好的偈子写在南廊的墙壁上，表明了他对佛法的体悟。偈是这样说的：

身是菩提树，心如明镜台。

时时勤拂拭，勿使惹尘埃。

神秀写完偈，便回到自己的房中，全寺上下都不知道这件事。神秀又想：明天五祖看到偈后，如果心生欢喜就说明我与佛法有缘。如果实在不行，那就是我自心仍迷，前世罪业太过深重，不该得到佛法，五祖的圣意真是难以预料。神秀在房中思考，坐卧不安，一直折腾到五更时分。

祖已知神秀入门未得，不见自性。天明，祖唤卢供奉来，向南廊壁间绘画图相，忽见其偈。报言："供奉却不用画，劳尔远来。经云：凡所有相，皆是虚妄。但留此偈，与人诵持。依此偈修，免堕恶道。依此偈修，有大利益。"令门人炷香礼敬，尽诵此偈，即得见性。

门人诵偈，皆叹善哉。

祖三更唤秀入堂，问曰："偈是汝作否？"

秀言："实是秀作，不敢妄求祖位。望和尚慈悲，看弟子有少智慧否？"

祖曰："汝作此偈，未见本性，只到门外，未入门内。如此见解，觅无上菩提，了不可得。无上菩提，须得言下识自本心，见自本性。不生不灭，于一切时中，念念自见，万法无滞，一真一切真，万境自如如。如如之心，即是真实。若如是见，即是无上菩提之自性也。汝且去一两日思惟，更作一偈，将来吾看汝偈，若入得门，付汝衣法。"

神秀作礼而出，又经数日，作偈不成，心中恍惚，神思不安，犹如梦中，行坐不乐。

【译文】

五祖本来已经了解神秀是还未真正入道，还不能识见自心自性的。天亮后，五祖请来供奉卢珍，带到南边廊下，准备请他绘制壁画，猛地看到神秀书写的这个偈，便向卢珍宣称道："供奉，不用再画了，劳驾你远道而来。佛经上说：凡是一切有形体相状的东西都是虚幻不真实的。只留下这首偈，让人们念诵持奉，依照这个偈去修行，可以避免坠入恶道；依照这个偈的道理去修行，会有很大的利益。"于是，五祖让门下弟子们焚香敬礼，都来念诵这首偈，可以识见自性。

弟子们依照五祖大师的话去念诵这个偈，都心生欢喜，称赞不已。

五祖当天夜里三更时分把神秀叫到堂上，问道："偈是你作的吗？"

神秀回答道："确实是神秀我作的，不敢奢望求取第六代祖师的位置，只希望师父发发慈悲，衡量弟子我是否还有一点智慧？"

五祖大师说："你作的这个偈，还没有认识到本性，你只到了门外，还没有登堂入室。依照这样的见解，要想获得无上的觉悟，是不可能的。所谓无上的觉悟，是必须当下识心见性。认识到本心佛性没有生起和毁灭，于任何时候、在每一念中，即时时刻刻、在在处处都能清楚明白地了知。一切事物现象相互融通而无滞碍，事物本性真实，因而一切万法真实不虚，如实呈现。体现真如佛性，自心如实呈现，就是真实。如果有了这样的见解就是体证无上觉悟的本性。你姑且先回去再思考一两天，作一个新的偈给我看。如果重写的偈表明你真的入门了，我就将衣钵传给你。"

神秀向五祖行礼后退出来。又过了几天，偈仍然没能作成，心中整天恍恍惚惚，精神不安，犹如在梦中一般，行住坐卧都闷闷不乐。

惠能向别驾言："欲学无上菩提，不得轻于初学。下下人有上上智，上上人有没意智。若轻人，即有无量无边罪。"

别驾言："汝但诵偈，吾为汝书。汝若得法，先须度吾，勿忘此言。"

惠能偈曰：

菩提本无树，明镜亦非台。

本来无一物，何处惹尘埃。

书此偈已，徒众总惊，无不嗟讶，各相谓言："奇哉，不得以貌取人，何得多时使他肉身菩萨。"

祖见众人惊怪，恐人损害，遂将鞋擦了偈，曰："亦未见性。"众以为然。

次日祖潜至碓坊，见能腰石舂米，语曰："求道之人，为法忘躯，当如是乎！"

乃问曰："米熟也未？"

惠能曰："米熟久矣，犹欠筛在。"

祖以杖击碓三下而去。惠能即会祖意。三鼓入室。

祖以袈裟遮围，不令人见。为说《金刚经》，至"应无所住而生其心"，惠能言下大悟"一切万法不离自性"。遂启祖言："何期自性本自清净，何期自性本不生灭，何期自性本自具足，何期自性本无动摇，何期自性能生万法。"

祖知悟本性，谓惠能曰："不识本心，学法无益。若识自本心，见自本性，即名丈夫、天人师、佛。"

三更受法，人尽不知，便传顿教及衣钵。云："汝为第六代祖，善自护念，广度有情，流布将来，无令断绝。听吾偈。"曰：

有情来下种，因地果还生。

无情既无种，无性亦无生。

祖复曰："昔达摩大师，初来此土，人未之信，故传此衣，以为信体，代代相承。法则以心传心，皆令自悟自解。自古佛佛惟传本体，师师密付本心。衣为争端，止汝勿传，若传此衣，命如悬丝，汝须速去，恐人害汝。"

惠能启曰："向甚处去？"

祖云："逢怀则止，遇会则藏。"

惠能三更领得衣钵，云："能本是南中人，素不知此山路，如何出得江口？"

五祖言："汝不须忧，吾自送汝。"

【译文】

惠能对张别驾说："想要参习无上的菩提觉道，不应该轻视初学佛法的人。下下等的人中会有上上等的智慧，上上等的人中也有愚钝没智慧的。如果轻视别人，就犯下了不可估量的罪过。"

张别驾便说："你就说你的偈吧，我为你写。你如果得了法，一定要先来度我，请千万别忘了这句话。"

惠能的偈说道：

菩提本无树，明镜亦非台。

本来无一物，何处惹尘埃。

张别驾把这首偈写完以后，弟子众人全部惊讶不已，没有一个不唏嘘感叹的，互相说道："真是奇迹啊，人不应该以貌取人，什么时候他竟成了肉身菩萨。"

五祖看见大家惊讶嗔怪，唯恐有人要起心加害惠能，便用鞋将偈擦掉，说："这首偈也没有见得本心。"于是大家都认为是这样的。

第二天，五祖悄悄地来到碓坊，看见惠能腰间拴着一块大石头，正费力地舂米，说道："求佛道的人，为了佛法忘却自身，正应当像这样啊！"

便问道："米熟了没有？"

惠能说："米早就熟了，就差筛子筛一下了！"

五祖弘忍大师用拄杖在碓石上敲了三下走了，惠能立刻明白了五祖的心意。在当天晚上三更时分来到了五祖的房里。

五祖用自己的袈裟把门窗遮围起来，不让人看见。为惠能讲解《金刚经》，当讲到"应无所住而生其心"时，惠能当下开悟，明白了"一切万法不离自性"的道理。惠能于是禀告五祖说："想不到自我的本性原本是清净的；想不到自我的本性原本是不生不灭的；想不到自我的本性原本是自我具足的；想不到自我的本性原本是没有动摇的；想不到自我的本性是能解释产生一切万法的。"

五祖弘忍大师知道惠能已悟得了本性，便对惠能说："不能认识本心，学习佛法是没有用的。如果认识了自我的本性，识见了自己的本心，这样的人就可称为大丈夫、天人师和佛。"

五祖弘忍三更时分传授惠能佛法，人们都不知道。于是五祖把禅宗顿悟法门和衣钵传给了惠能，说："你现在是第六代祖师，请善自珍重，好自护念，广度天下有情众生，将来广泛流布本门教法，不使它中断失传。听我的偈吧。"偈说：

有情来下种，因地果还生。

无情即无种，无性亦无生。

五祖弘忍大师又说："当年达摩大师刚刚由印度来中土传扬佛法的时候，人们都不相信他，所以传下这件袈裟作为信物，用来代代相传，以为表证。顿教法门则是以心传心，心心印证，都要自己求证得解脱。自古以来诸佛所传都是以真谛为根本，祖师代代相承也都是密付教法，识见本心。衣钵实在是争夺的祸端，到你这儿就不要再传了，如果再传这件袈裟，你的性命就如同系千钧于一发，时刻都有危险。你必须赶快离开，恐怕有人要加害于你。"

惠能问五祖弘忍大师："往哪里去呢？"

五祖说："遇到带'怀'字的地方就停下来，碰到带'会'字的地方就隐居起来。"

惠能于三更时分领受了衣钵，说道："惠能我原本是南方人，平日里不了解这里的山路，怎么能离开到江口去呢？"

五祖说："你不需要担忧，我会亲自送你的。"

二、选自《般若品第二》

善知识！小根之人，闻此顿教，犹如草木根性小者，若被大雨，悉皆自倒，不能增长。小根之人，亦复如是。元有般若之智，与大智人更无差别，因何闻法不自开悟？缘邪见障重，烦恼根深，犹如大云覆盖于日，不得风吹，日光不现。般若之智亦无大小，为一切众生自心迷悟不同。迷心外见，修行觅佛，未悟自性，即是小根；若开悟顿教，不执外修，但于自心常起正见，烦恼尘劳，常不能染，即是见性。

【译文】

善知识！小根器的人，听说了这顿教教法，如同根浅的草木，一旦被大雨冲刷，全部都会自己倒伏，不能再生长了。小根器的人也是如此。原本具有般若智慧，和大根器的人没有什么不同，为什么听说佛法却不能自己开悟呢？只因为错误的见解障碍太重，烦恼植根太深，如同浓重的乌云遮蔽了太阳，得不到风吹走乌云，阳光就没法显现出来。般若智慧也没有大小之分，因为一切众生自己心中的迷障和开悟的程度不一样。愚迷之人只见心外，向外求法，通过苦苦修行求得佛道，没有悟得自我的本性，这就是小根器的人。如果开悟了顿教的法门，不执着于向外求法和苦修，只要自我本心之中时常升起正确的见地，一切烦恼和尘垢劳苦，都不能侵扰染着，这就是认识了自我本性。

三、选自《疑问品第三》

师言："善知识！若欲修行，在家亦得，不由在寺。在家能行，如东方人心善；在寺不修，如西方人心恶。但心清净，即是自性西方。"

韦公又问："在家如何修行？愿为教授！"

师言："吾与大众说《无相颂》，但依此修，常与吾同处无别。若不依此修，剃发出家，于道何益？"

【译文】

惠能大师说："善知识！如果想修行，在家中也是可以的，不一定必须到寺庙里。如果在家中也能坚持修行，恰如身处东方的人却能心存善行；即使身在寺中，却不奉行修行，那就如同身在西方极乐却心存恶念。只要内心清净，就是在自性中得见西方极乐世界。"

韦刺史又问："在家又怎样修行呢？希望能给我们教化指授。"

大师说："我给大家说一个《无相颂》，只要依照这个颂修行，就是经常和我在一起。如果不依照这个颂修行，即使剃度出家为僧，其对于修道又有什么用处呢？"

四、选自《定慧品第四》

师示众云："善知识！本来正教，无有顿渐，人性自有利钝。迷人渐修，悟人顿契，自识本心，自见本性，即无差别。所以立顿渐之假名。

"善知识！我此法门，从上以来，先立无念为宗，无相为体，无住为本。无相者，于相而离相；无念者，于念而无念；无住者，人之本性。于世间善恶好丑，乃至冤之与亲，言语触刺欺争之时，并将为空，不思酬害，念念之中，不思前境。若前念今念后念，念念相续不断，名为系缚。于诸法上，念念不住，即无缚也。此是以无住为本。

"善知识！外离一切相，名为无相。能离于相，即法体清净。此是以无相为体。

"善知识！于诸境上，心不染，曰无念。于自念上，常离诸境，不于境上生心；若只百物不思，念尽除却，一念绝即死，别处受生，是为大错，学道者思之！若不识法意，自错犹可，更误他人；自迷不见，又谤佛经。所以立无念为宗。"

【译文】

惠能大师说："善知识！原本真正的教法，没有顿渐之分，人性本来有聪明和愚钝罢了。愚钝的人渐次修行，聪明的人顿时契悟，自我识见本心，自我识见本性，就没有顿悟渐悟的差别了。所以顿悟渐悟只是权且设立的假名而已。

"善知识！我所宣讲的法门，从佛祖以来，一直是首先立无念为宗旨，以无相为本体，以无住为本根。所谓无相，基于一切相状而超离一切相状；所谓无念，生起心念而不执着于心念；所谓无住，乃是人的本性。对于世间一切善恶好丑，甚至冤家对头，亲朋好友，在言语上发生攻击、刺伤、欺谎、论争的时候，一并将这些看成空幻，不去想着报复伤害，时时刻刻，不追思拘泥于以前，这就是以无住为本。如果对于过去、现在、将来的心念，念念相续，思量不断，这叫作自我系缚。相反，对于一切法相，念念之间毫不执着，就是没有系缚，这就是以无住为本。

"善知识！超离一切外在形相，叫作无相。能超离于形相，就是自性法体清净。这就是以无相为本体。

"善知识！在世间万事万物中不被浸染，叫作无念。在自我心念上，时常超离一切事物现象，不在所遇到的事物现象上生执着心；假如只是什么都不思维，心念除去灭尽，一念断绝就是死，以为还可以到别的地方再去受生，这是极大的错误，参学佛道的人应该仔细思维！如果不能识见佛法大义，自己错误迷妄也就罢了，偏偏还要再去劝行他人；自己迷误不能识见本性，又毁谤了佛教经典。因此要立无念为宗旨。"

五、《忏悔品第六》

何名自性自度？即自心中邪见烦恼愚痴众生，将正见度。既有正见，使般若智打破愚痴迷妄众生，各各自度。邪来正度，迷来悟度，愚来智度，恶来善度。如是度者，名为真度！

【译文】

什么叫自性自度？就是自我本心中邪迷妄见、烦恼愚痴等众生，都用正确的知见将它们度脱。有了正见，让般若智慧打破众生的愚痴迷妄，各各自性自度。以正见度脱邪见生起，以觉悟度脱迷妄疑惑，以智慧度脱愚迷障碍，以善良心念度脱邪恶心念。这样的度，才能称之为真度。

第三节　知识链接

一、般若

般若（bō rě），梵语Prajñā的音译。又译作"波若""钵若""钵罗若""班若""般罗若""般赖若"等，意为"终极智慧""辨识智慧"，佛教用以专指如实认知一切事物和万物本源的智慧。般若智慧并非普通智慧，是指能解道、悟道、修证、了脱生死、超凡入圣的智慧。与聪明完全不同，般若是属于道体上的根本智慧。所谓根本智慧，就是超越聪明与普通智慧，而证悟到形而上生命的本源、本性，不能仅靠思维得到，而应用身、心两方面整个投入而求证得到的智慧。

般若包含五种，有五般若之说，即实相般若、境界般若、文字般若、方便般若、眷属般若，五种般若的内涵就是金刚般若。实相般若就是见到那个道体的空性。境界般若，即自然智被开启，自己本有的智慧爆发出来，达到天上天下无所不知的境界。文字般若，凡是佛所说的一切教法，或是佛弟子所说的一切言教，不论是声教或是文字所印刷的经典，皆是文字般若。方便般若，以通达利益他人之方法和手段，即方便智，来证悟道体的智慧。眷属般若，即六度中"般若"之外的五度：布施、持戒、忍辱、精进、禅定，秉持这五大行愿，即能通达彼岸，证得究竟解脱之义，这就是眷属般若。

二、一行三昧

又作一三昧、真如三昧、一相三昧、一相庄严三摩地，指心专于一行而修习之正定。一行三昧复分为二，首先是理之一行三昧，乃定心观法界平等一相之三昧。入此三昧，则知一切诸佛法身与众生身为平等无二、无差别相。《大智度论》卷四十七："一庄严三昧者，得是三昧，观诸法皆一，或一切法有相故一，或一切法无故一，或一切法空故一，如是等无量皆一。"其次是事之一行三昧，即一心念佛之念佛三昧，从具体修行事项上获得参悟。《文殊师利所说摩诃般若波罗蜜经》卷下："欲入一行三昧，应处空闲，舍诸乱意，不取相貌，系心一佛，专称名字；随佛方所，端身正向，能于一佛念念相续，即是念中，能见过去、未来、现在诸佛。"通过理、事两方面的修证，即能契悟"一行三昧"。《大乘起信论》："依是三昧故，则知法界一相，谓一切诸佛法身与众生身平等无二，即名一行三昧，当知真如是三昧根本。"惠能《坛经》也进行了阐发："若于一切处，行住坐卧，纯一直心，不动道场，真成净土，此名一行三昧。"

三、坐禅

梵语dhyāna，音译"禅那"，简称"禅"。意谓思维修或静虑。坐禅，就是趺坐而修禅，是佛教提倡的主要修持方法之一。修禅即修定，修定可发慧。《增一阿含经》卷十二："坐禅思惟，莫有懈怠。"天台宗讲四种三昧,其中"常坐三昧",就是坐禅。坐禅早在东汉末年即已盛行,安息国王子安世高于建和元年(147)到达洛阳,此后在华传播小乘佛教说一切有部之毗昙学和禅定理论。所译经典,大多为禅数之学,即坐禅的方法。禅宗初祖菩提达摩来华以后,尤重坐禅,最终形成中国佛教一个特有的宗派,即禅宗。此宗信徒不立文字,自称"教外别传",以坐禅为主要的修持方法,息虑凝心,究明心性,达到了悟自心、本来清净的境界。《坛经》专立《坐禅品》加以阐述:"何名坐禅?此法门中,无障无碍,外于一切善恶境界,心念不起,名为坐;内见自性不动,名为禅。善知识!何名禅定?外离相为禅,内不乱为定。外若著相,内心即乱;外若离相,心即不乱。本性自净自定,只为见境、思境即乱。若见诸境心不乱者,是真定也。"

四、无念

无念,不是说没有念头,而是说没有分别之念。禅宗四祖道信引《大品般若经》来讲无念的含义:"无所念者,是名念佛。何等名无所念?即念佛心,名无所念。"无念,就是无所念。"念",即能认识的心。"无念",即心在缘境中不起分别。《金刚经》说"不应住色生心,不应住声香味触法生心,应无所住而生其心",又说"应生无所住心",讲的就是无念。无念是将意识转化成为智慧,没有世俗异想分别,符合于真如本体之念。修一切法时,必须不起法相,必须不起修相,做到三轮体空,此即无念。

五、无相

禅宗以无念为宗,以无相为体,以无住为本,实则为三世诸佛之法、报、化三身,乃为佛之境界。禅宗之"禅"为佛之微妙心法,是故禅宗又名"佛心宗"。无相与"有相"相对，"相"指现象的相状和性质，亦指认识中的表象和概念，即"名相"。无相即指摆脱世俗之有相认识所得之真如实相。据鸠摩罗什译《金刚经》："凡所有相，皆是虚妄；若见诸相非相，则见如来。"《摩诃般若波罗蜜经·叹净品》："诸法性非过去，非未来，非现在，不可取相，不可缘，不可见，不可闻，不可觉，不可知，不可回向……不可以心知故。"故"无相"即是"法性""涅槃"。《金刚经》说："离一切诸相即名诸佛。"《涅槃经》卷三十也说："涅槃名为无相。"禅宗以"无相"作为其教义的核心内容。惠能《坛经·定慧品》说："我此法门，从上以来，先立无念为宗，无相为体，无住为本。……外离一切相，名为无相；能离于相，即法体清净"。

六、无住

无住是实相的别名，大乘佛教以此为主旨。一切法（包括有为法、无为法、不可说法）本来没有自性，自性为空，因此没有所住，皆是因缘相合而生。无住为一切法的根本，是般若实相。《维摩诘经·观众生品》曰："从无住本立一切法。"《大乘起信论义记》卷上："非生非灭，四相之所不迁，无去无来，三际莫之能易。但以无住为性，随派分歧。逐迷悟而升沉，任因缘而起灭。"永明延寿《宗镜录》卷八："文殊师利，从无住本，立一切法。"

无住解释了万法皆自性空，同时也被禅宗认为是对治各种妄心的智慧灵药。

七、一花五叶

宋代释道原《景德传灯录》卷二十五说："一华（花）开五叶，结果自然成。"是说佛教传入中国后，禅宗以达摩为初祖，称"一花"。禅宗经过发展演变，形成了五个宗派：即沩仰宗、临济宗、曹洞宗、法眼宗、云门宗，称为"五叶"。六祖惠能《坛经》为禅宗奠定了理论基础，影响到后来各宗派的定型。惠能圆寂后，其弟子传承禅法，形成了南北二派。北派在菏泽神会门下，称菏泽宗。南派以南岳怀让门下的洪州宗，与青原行思、石头希迁一系的石头宗为代表。惠能禅法在菏泽宗的推动下，取代原先北宗神秀一派的地位，最终成为禅门正宗，但菏泽宗后继无人，在唐末逐渐衰亡。因此对后世影响深广的反而是南派门下，南派门下后来形成湖南沩仰宗、河北临济宗、江西曹洞宗、江苏法眼宗、广东云门宗五大宗派，即所谓"一花开五叶"。

阅读书目

1．郭朋：《坛经校释》，北京：中华书局，1983年。

2．潘桂明：《坛经全译》，成都：巴蜀书社，2000年。

3．杨曾文：《敦煌新本六祖坛经》，上海：上海古籍出版社，1993年。

4．丁福保笺注、哈磊整理：《坛经》，上海：上海古籍出版社，2016年。

5．李申、方广锠：《敦煌坛经合校译注》，北京：中华书局，2018年。

6．工孺童：《坛经释义》，北京：中华书局，2013年。

7．刘飞：《〈坛经〉不二中道思想研究》，北京：中国社会科学出版社，2023年。

8．张勇：《坛经详解》，北京：人民文学出版社，2023年。

9．葛兆光：《再增订本中国禅思想史》，北京：北京大学出版社，2022年。

问题与思考

1. 什么是"顿教"？其与"渐教"的基本原则有什么不同？

2. 如何理解"不立文字"和"教外别传"？惠能主张远离文字言说的自证自觉，给予我们什么启发？

3. 六祖惠能说："不是风动，不是幡动，仁者心动。"请谈谈你的理解。

第八章 孔德之容，惟道是从

——《道德经》导读

第一节 概　述

一、老子和《道德经》

道德，这个我们常常听到、看到、说到的词，有哪些含义？它仅仅是一套社会价值规范吗？当然，不同时代、不同社会环境下的人，或许都会对它有自己的理解。早在两三千年前，就有一本专门探讨这个问题的奇书，里面说道"孔德之容，惟道是从"，认为最大的德行，就是跟随道而行。里面还说"道法自然""上德无为"，那是否意味着"道"就是顺其自然，"德"就是无所作为？具体又可以怎么操作呢？恐怕，要对"道"和"德"的基本概念有比较切实的理解，并能将它们运用在日常生活中。那么，《道德经》是一部绕不开的经典著作。

《道德经》虽然只有短短五千言，却以其对"道"本质和规律的揭示，对"德"独特的理解和主张，乃至提出的"无为""自然"等能够直接实践于日常生活的社会建设中的理念，成为中国文化的核心文献之一，也是外译数量较多、世界影响较大的一部经典哲学著作。围绕《道德经》建立起来的道家及道教，与儒家一起，形塑了中国古代文化的主要样貌。

一个可见的例子是，明清时期的皇宫紫禁城中，皇帝的寝宫"乾清宫"，皇后的寝宫"坤宁宫"等建筑名称即与《道德经》直接相关，而在中轴线上唯一的宗教建筑——钦安殿，则是一座道观。可以说，在这座对古代中国国家文化有象征和总结意义的宫殿群中，外朝的典礼区域是以儒家文化为主导，而在内廷的日常生活区域中道家文化却占据了一席之地。而在普通人的生活中，时至今日，顺其自然等反映道家思想的词语仍然挂在我们嘴边，影响着日常。

关于《道德经》的诞生，广为人知的传说是老子骑着青牛、西去隐遁的路上在函谷关所作，因此《道德经》又叫《老子》。不过，老子究竟是谁？他怎么能写出来《道德经》这样一部奇书呢？司马迁《史记·老子韩非列传》中的记录相对详细，他说：

> 老子者，楚苦县厉乡曲仁里人也，姓李氏，名耳，字聃，周守藏室之史也。

> 孔子适周，将问礼于老子。老子曰："子所言者，其人与骨皆已朽矣，独其言在耳。且君子得其时则驾，不得其时则蓬累而行。吾闻之，良贾深藏若虚，君子盛德，容貌若愚。去子之骄气与多欲，态色与淫志，是皆无益于子之身。吾所以告子，若是而已。"孔子去，谓弟子曰："鸟，吾知其能飞；鱼，吾知其能游；兽，吾知其能走。走者可以为罔，游者可以为纶，飞者可以为矰。至于龙吾不能知，其乘风云而上天。吾今日见老子，其犹龙邪！"

> 老子修道德，其学以自隐无名为务。居周久之，见周之衰，乃遂去。至关，关令尹喜曰："子将隐矣，强为我著书。"于是老子乃著书上下篇，言道德之意五千余言而去，莫知其所终。

> 或曰：老莱子亦楚人也，著书十五篇，言道家之用，与孔子同时云。

> 盖老子百有六十余岁，或言二百余岁，以其修道而养寿也。

自孔子死之后百二十九年，而史记周太史儋见秦献公曰："始秦与周合，合五百岁而离，离七十岁而霸王者出焉。"或曰儋即老子，或曰非也，世莫知其然否。老子，隐君子也。[①]

可惜在《史记》中，直接讲到老子的只有以上这三百多个字，而且里面提到的竟然有李耳（字聃）、老子、老莱子、周太史儋四种不同的称呼，四个里面哪个才是《道德经》的作者？有学者指出，这些称呼中前三个指的都是老子，他的名字叫李耳、字聃，可能是个耳朵很大的人；他活得很长，是古代有名的老寿星，所以又被尊称为"老子"；而"老莱子"的"莱"其实就是楚国文字中的"李"，老莱子就是老李子，也就是老子。老莱子的"著书十五篇"，可能指的是某些对《道德经》补充说明的文字。至于"周太史儋"，则是一位与老子名字、身份相近的后人，不能作为老子的代称。[②]看来，李耳（字聃）、老子、老莱子，都是指的老子，他就是一般认为的《道德经》的作者。

司马迁说老子的身份是"周守藏室之史"。据马叙伦考证，这个说法应出自《庄子》的"周之徵藏史"，而郑玄说他是"周之太史"，《列仙传》中又说他是"周柱下史"。总而言之，老子应该是一位为周王室管理档案文献，对历史规律和祭祀礼法有较深了解的专业技术官员。[③]

司马迁还记录下了老子的两件主要事迹，一个是"孔子适周，将问礼于老子"，一个是"著书上下篇，言道德之意五千余言"。前一件事应是从《庄子·天道》《天运》等篇目和《礼记·曾子问》而来，但各家记载之间不能完全对应，或云是孔子希望通过老子浏览周室藏书，或云是

---

①（汉）司马迁：《史记》卷六三《老子韩非列传》，中华书局，1982年版。
② 李零：《人往低处走》，三联书店，2023年版。
③ 马叙伦：《老子校诂》，浙江古籍出版社，2020年版。

孔子尝试与老子进行一些关于礼法或大道的讨论，总之，孔子是以晚辈的形象和态度向老子请教。而根据司马迁的记载，老子给孔子的建议是让他戒除自满自得的情绪和不切实际的意欲，孔子在面对弟子的时候，说老子就像"乘风云而上天"的龙一样，表现出倾慕之情。这件事虽然不一定属实，但因其叙述了中国历史上两位伟大智者的相遇，被后人广泛接受和传颂，并在画像石等各种艺术形式中表现。

后一件事，就是《道德经》的诞生。司马迁记载道，老子本身作为修道之人，是不在乎名声的，但他在从洛阳离开周王室西去隐居的途中，经过函谷关。函谷关的管理者"喜"要求他留下文字，他因而写了《道德经》上下篇，共五千余言。这个事件同样具有神话的色彩，在东汉以后更由此衍生出老子西去化胡创造佛教的说法。无论如何，《道德经》诞生的传说，不仅展现出老子作为"隐君子"的生命追求和他神龙见首不见尾的行为方式，也为我们理解道家不受拘束的隐逸属性提供了一个生动的例子。

李零指出，《道德经》在诞生以后，经过长时间的传抄，形成了五种主要的版本系统，即：郭店楚简本、马王堆帛书本、石刻本、中古时期的古抄本和传世本。他认为，这些本子"从总体情况看，都不如帛书本"，尤其是高明的《帛书老子校注》，以帛书本为主研究传世本的变化，是一种比较可取的方法。①但正如任继愈指出的"影响中国文化的并不是帛书和竹简本《老子》，而是长期广泛流行的河上公本和王弼本"。②从方便阅读和理解老子对中国文化影响的角度，传世本具有无可替代的价值。因此，本《导读》仍将以传世本为主，具体而言，会采用陈鼓应

---

① 李零：《写在前面的话》，《人往低处走》，三联书店，2023年版。
② 任继愈：《老子绎读》，国家图书馆出版社，2015年版。

《老子今注今译》[①]参校多本后确定的文本。

二、《道德经》的章节内容和结构布局

传世本的《道德经》分为上下两篇，共81章，上篇是《道经》37章，下篇是《德经》44章。这本书虽然是语录体，却自成系统。它围绕着"道德的原理和实践指南"分为上下两篇，两篇又各分为原理和应用两部分，即：《道经》的第1至20章解释道是什么，第21到37章讲怎么实现道；而《德经》第38到52章讨论德是什么，53到81章讲怎么去做。在冷静的口吻背后，书中充满了对自然和人的爱护，尤其是对圣人、侯王的反复规劝，对自由和和平的期待，让人感动。

先看第1到20章，讲道的基本原理和它对人类社会的作用。第1章：本章到第11章，讲述道存在于"无"，其作用的基本原理是"无为"。在道的作用下，无中生有，创生、养育了万物，却玄之又玄，充满未知之妙。第2章：我们所处的世界由各种辩证关系组成，万物相反相成，因此圣人尽可能采用无为的方式，不乱作干预。第3章：劝告"统治者"，保障人民的生活，但让人民处在无知无欲的状态，这样有利于治理。（言外之意是：减少政治权力对人民的侵扰。）第4章：接续上章，道是力量的源泉、是万物的根源，它妙用无穷，创造一切。（言外之意是：以道为法，人民的生活自然会好起来。）第5章：对于百姓，需要时刻对道有敬畏，践行"守中"的道体，保全自我。第6章：玄牝之门，指的是宇宙创生学，在"若存""不勤"间，可以化生天地，这是将宇宙的诞生与人诞生相类比。第7章：再以天地与人类比，天地不求自身之生，而能长久，因此圣人也应无为于身。（言外之意是：通过抬高"统治者"以令其无

[①] 陈鼓应：《老子今注今译》，中华书局，2020年版。

为。）第8章：对上一章的解释，以水为喻，说明什么是无为于身。水虽为有形之物，但接近于道。第9章：再具体说明无为、无私之道，劝"统治者"不要囤积武器和财富。第10章：又从正面说明无为的实践方法，仍针对"统治者"，如抱一、致柔、玄览、无知、无雌（为雌）、无为，最终实现生畜万物却不主宰的玄德。第11章：小结无以为用的道理。

第12章：本章到第20章讲述道作用于社会的基本原理。首先告诫"统治者"，不要迷于感官欲望，要以提高生存能力为根本。第13章：告诫"统治者"不要太看重个人心理感受和利害得失。以身归自然，乃能不以物喜，不以己悲，乃能受天下之托。（言外之意是：领导力来源于与道的合一。）第14章：怎么"以身为天下"？可以通过"执古"去找到道纪、规律，这是事物固有的秩序，具有"御今之有"的力量。第15章：士也遵从道的规律，以深不可识保持不盈。（言外之意是：说明道纪的作用范围。）第16章：仍是对士而说，宁静并非不作为，而是复命不妄作。第17章：再面向"统治者"，讲无为之治的效果，无为、贵言、自然，理想中的政治秩序。第18章：向"统治者"揭示儒家之弊，指出其价值理念、社会秩序安排皆有缺陷。第19章：讲无为之治的社会效果，社会资源调动能力、道德风尚、治安水平的全面改善。第20章：以一段诗意的自白，鼓励践行无为之道的人，遵从本心，体道而行。

第21到37章，开始了一个新的段落，讲道的规律及其实践。第21章：本章到第27章讲道的运行规律。本章从对道的体验开始，说明道以空德而生众甫，形而上的道是真实存在的。第22章：道的第一规律是曲，对应原则是贵柔。揭示出委曲求全的"贵柔辩证法"。第23章：道的第二规律是希，对应原则是无为。顺其自然，不为得失所累。第24章：道的第三规律是卑，对应原则是虚己。体道而行，不物于物。第25章：道的第四规律是大，对应原则是法自然。人法地、天、道、自然，树立起一种唯物的思维。第26章：道家的经济原则是重、静，以此为根本、持久之道。第27章：道家的政治原则是救人、救物，顺自然而行，能够人尽其才、物尽其用。

第28章：本章到第37章讲"道"的社会实践方法。本章是道家圣人的第一原则：认识到人的矛盾性和生命力，居于恰当的位置掌握全局。第29章：道家圣人的第二原则：天下不可过度作为，要尊重社会的多元发展。第30章：告诫统治集团，尤其谋士，"以兵强天下"不符合道。第31章：再告统治集团，乱世也要保持善良之心。第32章：给侯王的忠告，抱朴、宽容，万物和人民都能自由发展。第33章：与第32章参看，给普通人的忠告是，做一个自知、自胜的人，保持认知和意志的不断发展。第34章：再从宏观角度、规律角度对"统治者"说，道以其小成万物之大。第35章：再对"统治者"言，只要顺应天道，不需要使用各种手段，自然能够天下太平。第36章：再对"统治者"说无为之治的基本操作方法，自居柔弱，不要以"利器"作为统治工具。第37章：最后告诫"统治者"，无为之治的最终效果是万物的"自化"和天下的"自正"。

上篇讲的是道，偏重自然规律和社会理想，而下篇则阐述"德"，"德"是"道"的具体呈现，着眼于个体的修养和实践。第38到52章，讨论的是德的内涵和基本原理。第38章：本章到第46章介绍德是什么。本章集中抨击了与"德"相关的"仁""义""礼"等概念，尤其对"礼"可能导致的形式主义弊病有所警醒。他强调"德"的自发性，而不希望把它变成社会规范，自然而然才是真正的"德"。第39章："道生一"，而"一"是天地万物的开始，是德之所在，加得越多，离道越远，恐致患，故需专一。这是德发挥作用的基本原理，具体作用方式需参看40到46章。第40章：实践德要根据道的规律，向反而行、以弱为用。第41章：表明守一行道之难，因为真正的德与世俗认识相反。第42章：回应第39章，通过"损之而益"才能接近于道，如果人人都能这样做，就能达到社会和谐。第43章：接上章，再强调"至柔""无为"的好处。第44章：告诫世人贵身，而名、货适度即可，知道满足才可以长久。第45章：包括人在内的万事万物，都以清净自然为本来的存在方式。第46章：争斗、战争不是符合道的生活方式，只有"知足之足"才是"常足"。

第47章：本章到第52章阐述"德"对于人和万物生存的意义。本章面向圣人讲述对于道和德的认识论，道具有先验性，因此德就在内心体验中。第48章：继续向圣人阐述"无为而无不为"的"取天下"原理。第49章：继续阐述无为之治，圣人应"以百姓心为心"。第50章：对于普通人的生存建议，保真为摄生之术。第51章："道"创生万物、"德"养育万物，因为有"玄德"的存在，在自然状态下万物皆得生长。第52章：进一步推到宇宙创生，说明"塞兑""闭门""见小""守柔"，去恢复内在的光明，才能找到恒久的生存法门。

第53到81章，在明晰了前面原理的基础上，讲德的行动指南。第53章：本章到第64章，讲述恢复德性秩序的必要性及其方法。本章说破坏大道的罪魁祸首，是过分的欲望，是人对自然秩序的破坏。第54章："修身"以建德是为人处世的根本，只有恢复德性的秩序，个人和社会才能永续发展。第55章：从生命的一般规律来看，婴儿含德最厚、生命力最强，因此追寻婴儿那样"精之至""和之至"的状态是修道的目标。第56章："玄同"是个人修身的境界，无言之中就消除了对亲疏、利害、贵贱的偏见。第57章：圣人在处理具体事务时遵循"无事"的原则，以"无为""好静""无事""无欲"营造宽松的社会氛围。第58章：从辩证法的角度，重申上章"无事"才能成就德政的理由。第59章：让"统治者"持续"积德"保持国家的精力。第60章：又以"烹小鲜"为喻，说明只有"统治者"不妄为，才能让国家"德交归焉"。第61章：国与国之间相处时，大国面对小国宜守静、居下。第62章：再告"统治者"，无论如何也应行道。第63章：接续上章申述，在行道的过程中，要有图难于易、作大于细的精神，坚定无为、无事、无味的原则。第64章：再次向"统治者"强调，只有无为、无执，有充分的准备和坚定的执行，才能够善始善终。

第65章：从本章开始到第70章，主要描述实行无为政治的预期效果。本章说当"统治者"和人民都不运用巧智，就能接近"玄德"，社会风气自然会回归淳朴的"大顺"。第66章：对于"统治者"而言，对人民能"以言下之"，"以身后之"，自然会万众归心。第67章："统治者"通过践行"慈""俭""不敢为天下先"的三件法宝，能维护国家的长治久安。第68章：特别对"慈"作出说明，上位者常怀不争之心，选用合适的人才，以避免战争的发生。第69章：继续上章的说明，迫不得已要战，则哀兵必胜。第70章：强调应实践前面所说的道理，并感慨良苦用心的难为人知。

第71章：本章到第81章是对理想社会的譬画和对"统治者"的规劝。本章劝告"统治者"，指出意识到无知、不断检视自己、提高认知能力，是取得成功的关键。第72章：告诫"统治者"，对于高压政治、恐怖手段，人民总会有忍无可忍的一天。第73章：再告"统治者"，要"勇于不敢"，不要肆意妄为，要敬畏天道。第74章：警告"统治者"，要慎用刑名，否则会自受其害。第75章：为民立言，说明上层阶级"无以生为"、清心寡欲，人民才不会"饥""难治""轻死"。第76章：再以自然现象类比，通过植物的生长和死亡，告诉好战的"统治者"柔弱之用。第77章：再以自然规律和人类社会类比，劝告"统治者"践行"损有余而补不足"的天道。第78章：再以水类比，表明"统治者"应像水那样柔弱处下，而又能以弱胜强、以柔胜刚。第79章：总述前面几章的道理，告诉"统治者"，利于百姓而不求取回报，积德行善自然会得到天道眷顾。第80章："小国寡民"式甘食美服、安居乐俗的自治社区，是老子向"统治者"描绘的理想社会。第81章：对全书的最终总结，免去花言巧语，诚实地追求知识、尽力去帮助他人，才是道德的真意。

综上，《道德经》通过宏观而玄妙地对生命诞生和存在方式的思考，观照着具体的社会秩序建立，是一部理论与实践结合的哲学著作。从文意来看，传世本《道德经》可以分为九个小节。《道经》分为四节，第1到11章是道的基本原理，12到20章是道作用于社会的原理，21到27章是道的运行规律，28到37章是道的社会实践方法；《德经》分为五节，第38到46章是德的概念，47到52章是德的意义，53到64章讲建立无为的德性秩序的方法，65到70章是无为政治的预期效果，71到81章是对理想社会和统治秩序的擘画和期待。老子在"道"和"德"的阐述中深刻的社会关怀，从他行文时的言说对象的选择中可以更明确地看出来。

三、《道德经》的言说对象和主要旨趣

从文意和篇章结构来看，可以发现《道德经》的绝大多数章节都有言说对象，明确各章的指向性，将有助于对其主旨的理解。下表试由此角度对《道德经》81章再稍作解析：

言说对象	指向性	章节	说明
未明言	无	1、6、11、20、21、22、23、24、25、26、27、38、39、40、41、42、43、44、45、46、51、52、53、54、55、56	共26章。这些章节无法看出具体的指向性，主要是从理论层面对道和德的阐释。

续表

言说对象	指向性	章节	说明
圣人/侯王	道家式秩序引领者/有道之士	2、3、7、12、28、29、32、37、47、49、57、58、60、63、64、66、70、71、72、77、78、79、81	共23章。其中有21章说的是圣人，第32和37两章说的是侯王。这里的圣人大多数时候指的是符合道家理想的"统治者"，他们是引领社会恢复自然秩序的人；圣人在有些时候也指有道之士，他们同样肩负着恢复自然秩序的使命。①
未明言		4、5、8、9、10、13、14、17、18、19、34、35、36、48、59、61、62、65、67、68、69、73、74、75、76、80	共26章。这些章节中虽然没有明说是圣人或侯王，但从文意和前后章节关系来看，实际是面向道家式"统治者"和有道之士而说。
士/君子	道家式秩序维护者/体道之士	15、16、30、31	共4章。15、16章要求"士"遵从道的规律，30、31章要求"君子"不要崇尚武力，这是对在文化和军事领域协助圣人建立道家理想秩序的社会上层人士的劝告。
未明言	普通人	33、50	共2章。33章劝普通人按照道的规律自胜自强，50章劝普通人相信德的力量保全生命。

固然，《道德经》中有些篇章没有明确表明言说对象，有些篇章存在不止一个言说对象，但是从全书意义的连贯性来看，各章的主要指向基本如上表所示。可以看到，在全部81章中，有49章是针对恢复社会自然

---

① 需要特别说明的是，按照《道德经》的思想，社会秩序从属于"道"，不应有制定和操纵秩序的统治者存在；但为行文方便，本文会以加引号的"统治者"指代引领社会恢复自然秩序的人。

秩序的"统治者"的，还有4章针对的是维护这一秩序的"统治成员"，也就是说大约三分之二的篇幅是对无为政治的阐释、呼吁和宣传。剩下的28章中，有26章是对"道"和"德"概念、原理的阐释，一般置于对统治集团的话语之前，用以领起论述。中间只插入了两章对普通人的劝告，对全书主旨无甚影响。由此看来，《道德经》主要是一部写给理想"统治者"看的书，意在重整社会秩序，说它是"无为"政治的指南和宣传册，似乎也并不为过。

当然，《道德经》不单纯是政治学书籍，哲学体系的成熟是它政治指导性的来源。任继愈曾指出老子的两个主要贡献，其一是在哲学上提出了"天道观"，第二是提出了"无"的概念和贵柔辩证法体系。①显然，老子主张"无为"理念，通过圣人、侯王、士、君子等建立社会秩序，正是这一哲学思想的体现。因此，应该说《道德经》是一部带有鲜明政治和社会关怀色彩的哲学书，它为我们理解所处世界的规律，理解社会秩序的建立准则和运行方式，提供了一套完整的解释。故此，掌握了书中精要，还将为我们认识和理解世界提供一个新的思考角度和一种新的思维方式。

基于上述对《道德经》的理解，本书的选译标准有四：其一，9个小节中有代表性的章节；其二，面向不同言说对象的代表性章节；其三，能够展现老子哲学思想体系的章节；其四，为人熟知或具有文辞之美的经典章节。最终选定第1、2、4、5、11、15、16、17、20、25、28、31、38、39、42、47、54、58、60、68、78、80，共22章。相信阅读了这些篇目，将能对《道德经》的主旨、思想和语言特点有所了解。本书以直译为主，尽量保持老子的思想和语言原貌，但由于老子的有些用语过于简远，为便于理解，也会做个别的意译处理；另外每章会简短说明选

---

① 任继愈：《老子绎读》，国家图书馆出版社，2015年版。

译理由，供读者参考。在解读和翻译时，还参考了陈鼓应《老子今注今译》、楼宇烈《老子道德经注校释》[①]、李零《人往低处走》、任继愈《老子绎读》、谢彦君《老子引归》[②]等几家译注。

第二节 选 读

第1章

道可道，非常"道"；名可名，非常"名"。

无，名天地之始；有，名万物之母。

故常无，欲以观其妙；常有，欲以观其徼。

此两者，同出而异名，同谓之玄。玄之又玄，众妙之门。

【译文】

可以说出来的"道"，就不是恒常的道理；可以说出来的"名"，就不是固定的名称。

"无"，说的是天地初始；"有"，说的是万物生发。

因此，常常借助"无"，去认识"道"初始的微妙；常常借助"有"，去认识"道"生发的边际。

"无"和"有"是道的不同面向，它们叫法不同，共同指向了玄妙。玄妙当中的玄妙，是一切奥妙的入口。

【说明】

本章提出"道"的概念，领起全书。因为道的存在，"无"中生"有"，以玄妙的方式创生了万物。

---

① （魏）王弼注、楼宇烈校释：《老子道德经注校释》，中华书局，2008年版。
② 谢彦君：《老子引归》，商务印书馆，2024年版。

第2章

天下皆知美之为美，斯恶已；皆知善之为善，斯不善已。

有无相生，难易相成，长短相形，高下相盈，音声相和，前后相随。

是以圣人处无为之事，行不言之教；万物作而不为始，生而不有，为而不恃，功成而弗居。夫唯弗居，是以不去。

【译文】

天下都知道怎么样才是美，也就知道了什么是丑；都知道怎么样才是善，也就知道了什么是不善。

有和无相伴存在，难和易相互成全，长和短相互彰显，高和下相映呈现，音和声相协而生，前和后相连而有。

因此，圣人以"无为"作为做事的方法，以"不言"作为教化的方式；顺应万物生长，而不生出事端，养育万物而不据为己有，推动万物而不自恃其能，成全了万物而不自居其上。正因他不会自居于万物之上，才能够让功业长存。

【说明】

本章是全书第一次与圣人对话，鲜明地提出：在这个由各种辩证关系组成的复杂世界里，只有"无为"的统治才是可行之"道"。这是老子政治哲学的纲领。

第4章

道冲，而用之或不盈。渊兮，似万物之宗；湛兮，似或存。吾不知谁之子，象帝之先。

【译文】

道体虚空，却妙用无穷。深远啊，像是万物的宗主；幽渺啊，若有若无。我不知道它是怎样产生的，它的产生是在天帝之前。

【说明】

本章虽然没有直接显示言说对象，但从文意来看，应是对第2、3章向"统治者"阐述的无为政治的补充。告诉他：道具有无穷无尽的力量，只要顺应它，自然可以达到大治。陈鼓应指出，这里以"道体"击破了神造之说。①

第5章

天地不仁，以万物为刍狗；圣人不仁，以百姓为刍狗。

天地之间，其犹橐籥乎？虚而不屈，动而愈出。

多言数穷，不如守中。

【译文】

天地没有所谓的仁慈，万物对于它就像那草就是草，狗就是狗；圣人也不讲求仁慈，对待百姓就像天地对待草、对待狗那样。

天地之间，不就像那风箱一样吗？中间虚空但不会穷竭，鼓动越快，风力越大。

多发政令容易理屈词穷，还是顺应那合乎自然的中道吧。

【说明】

本章接续第4章，告诉"统治者"，要顺应自然、敬畏天道。翻译采用了王弼的理解，②老子使用了草、狗、风箱等当时生活中常见的事物以具象化对"道"的理解，说明自然规律的多样，从中可见他善用比喻的语言艺术。

---

① 陈鼓应：《老子今注今译》，中华书局，2020年版。
② （魏）王弼注、楼宇烈校释：《老子道德经注校释》，中华书局，2008年版。

第11章

三十辐，共一毂，当其无，有车之用。

埏埴以为器，当其无，有器之用。

凿户牖以为室，当其无，有室之用。

故有之以为利，无之以为用。

【译文】

三十根辐条集中到一个车毂上，打开毂中间的空洞，车轮才能安在轴上让车子启动。

揉捻陶泥去制作器物，打开中间的空心，有容器的功用。

开凿门窗形成房屋，打开足够的空间，有居室的功用。

因此，有形之物给人带来的便利，往往是无形之物的作用。

【说明】

本章呼应第1章，说明在日常生活现象中"无"如何生"有"，巧妙而形象地展现了辩证的思维方法，以此作为对前十一章的收束。

第15章

占之善为士者，微妙玄通，深不可识。夫唯不可识，故强为之容：

豫兮若冬涉川；

犹兮若畏四邻；

俨兮其若客；

涣兮其若释；

敦兮其若朴；

旷兮其若谷；

混兮其若浊；

孰能浊以静之徐清。孰能安以动之徐生。

保此道者，不欲盈。夫唯不盈，故能蔽而新成。

【译文】

过去那些真正善于做"士"的人，精微、巧妙、幽远、通达，深不可测。他难以被看清楚，就勉强描绘一下他的样子吧：

准备又准备啊，像冬天渡过大河；

犹豫又犹豫啊，像四面环伺敌人；

恭恭敬敬啊，像正在作客；

和和蔼蔼啊，像融冰化雪；

老老实实啊，像一块原木；

空空荡荡啊，像远山幽谷；

混混沌沌啊，像泥沙俱落；

怎么才能让浊水静下来慢慢澄清？怎么才能让止水动起来焕发生命？

持守大道，就知道不必满盈。不求满盈，就不怕蔽坏，而总能有新的生成。

【说明】

第12到20章旨在说明"道"作用于社会的方式。这章是《道德经》唯一一章对"士"的专门描述，说明"道"如何作用于"士"。与第16章的"守静笃""静曰复命"等论述结合在一起看，他提出的是一种守静、复命的修身之道和人格理想。这一思想影响深远，并及于其他派别，如在后世儒家的"主静"派理学中就有系统阐发。

第16章

致虚极，守静笃。

万物并作，吾以观复。

夫物芸芸，各复归其根。归根曰静，静曰复命。复命曰常，知常曰明。不知常，妄作凶。

知常容，容乃公，公乃全，全乃天，天乃道，道乃久，没身不殆。

【译文】

达到虚空的极点，恪守宁静的本真。

万物生发，我从中看到了循环往复。

芸芸众生，各自回到它的本根。回到本根就是"静"，"静"就是"复命"。"复命"就是"常"，知道"常"就明了万物的本真。不知道"常"而轻举妄动，就会产生凶险。

知道"常"就能包容万物，包容万物就能大公无私，大公无私就能成全生命，成全生命就能达到天意，达到天意就能顺承大道，顺承大道就能行久致远，终身都不会有灾祸。

【说明】

这节是老子世界观的集中阐发，老子通过静观、内求，找到万物的本真和规律，"虚"是世界的本原，"静"是认识世界的方法。这一思想与儒家经典《大学》中止、定、静、安、虑、得的认识世界的方法，以及格物、致知、诚意、正心、修身、齐家、治国、平天下的改造世界的实践方式有相通之处。

第17章

太上，下知有之；其次，亲而誉之；其次，畏之；其次，侮之。信不足焉，有不信焉。

悠兮其贵言。功成事遂，百姓皆谓："我自然。"

【译文】

最好的，是人民仅仅知道有他的存在；差一点的，是人民爱戴并赞美他；再差一点，是人民害怕他；最糟的，是人民轻辱他。是因为缺乏信任了，才出现了不信任啊。

悠悠然的，惜字如金。事情办成了，老百姓都说："本该如此。"

【说明】

"无为"所达成的神奇社会作用。统治是否成功，评价标准在人民是否能够信任"统治者"，是否过得轻松自在。

第20章

绝学无忧。唯之与阿，相去几何？善之与恶，相去若何？人之所畏，不可不畏。

荒兮，其未央哉！

众人熙熙，如享太牢，如春登台。

我独泊兮，其未兆，如婴儿之未孩；

儽儽兮，若无所归。

众人皆有馀，而我独若遗。我愚人之心也哉！沌沌兮！

俗人昭昭，我独昏昏。

俗人察察，我独闷闷。

淡兮其若海，飂兮若无止。

众人皆有以，而我独顽且鄙。

我独异于人，而贵食母。

【译文】

放弃掉那些想要有所作为的学问，就不会有忧虑。唯唯诺诺和吆吆喝喝，差得远吗？美好和丑恶，区别大吗？要被人害怕，不也得怕人。

茫茫啊，无穷无尽！

众人熙熙攘攘，像在吃庆贺的宴席，像在春天登高远望。

我只是一副安恬的样子，没啥反应，就像还不会笑的小婴儿；

没精打采呢，像无家可归。

众人都想东想西，只有我丢了魂似的。我是多么愚钝啊！浑浑噩噩！

世人都光彩照人，只有我昏暗无光。

世人都明察秋毫，只有我糊里糊涂。

淡然啊像那大海，疾风劲吹啊似无边无际。

众人都有谋生之道，只有我是又呆又笨。

我跟人家不一样，因为我看重的是万物生发的根本。

【说明】

小结前二十章，老子用诗意的语言鼓励求道的人，在这个争名逐利的世界里，要践行无为之道，并不是一件容易的事情。本章是《道德经》中抒情性最强的片段之一，六组众人与自己的对比，越来越强烈，节奏也越来越快，可见其文辞之美。

第25章

有物混成，先天地生。寂兮寥兮，独立不改，周行而不殆，可以为天地母。吾不知其名，强字之曰"道"，强为之名曰"大"。大曰逝，逝曰远，远曰反。

故道大，天大，地大，人亦大。域中有四大，而人居其一焉。

人法地，地法天，天法道，道法自然。

【译文】

有一个浑然一体的东西，它先于天地而存在。空寂啊、幽远啊，独立存在，不因外边改变，自成规律，而能永续运行，可以看作是生养天地的母亲。我不知道它的名字，勉强称呼它叫"道"，勉强给它起名叫"大"。大向边缘逝去，逝去到了极远，到了极远又向回返。

所以说道大，天大，地大，人也大。在我们所处的时空中有这四大，人是其中之一啊。

人取法地，地取法天，天取法道，道顺其自然。

【说明】

道在本体论意义之外，还特指某种规律。本章就是对道规律性意义的集中表述，而且指出"人"与道之间存在明确的对应联系。在前面讲述了道"无"的基本原理及其通过"无为"作用于人类社会产生的原理之后，第21到27章讲的是"道"具体的运行规律如曲、希、卑、大等，而循环往复，正是它最主要的规律。

第28章

知其雄，守其雌，为天下谿。为天下谿，常德不离，复归于婴儿。

知其白，守其辱，为天下谷。为天下谷，常德乃足，复归于朴。

朴散则为器，圣人用之，则为官长，故大制不割。

【译文】

知道什么是雄强，却甘为雌柔，作供天下归往的蹊径。作为天下的蹊径，固有的德性就不会丧失，重回那婴儿状态。

知道什么是纯洁，却甘有污点，作供天下汇集的山谷。作为天下的山谷，固有的德性就会更充实，重回那真朴状态。

真朴可以生出各种用途，有道的圣人能善加利用，才成为了百官之首，因此最理想的政治制度，不会造成分裂与对立。

【说明】

从本章到第37章是讲在社会中实践道的方法，其主要内容可说是面向"统治者"的"道的操作指南"，其核心要义在于相信自然生命力，而不去以主宰者自居，这完全是出于一片爱人之心。

第31章

夫兵者，不祥之器，物或恶之，故有道者不处。

君子居则贵左，用兵则贵右。兵者不祥之器，非君子之器，不得已而用之，恬淡为上。胜而不美，而美之者，是乐杀人。夫乐杀人者，则不可得志于天下矣。

吉事尚左，凶事尚右。偏将军居左，上将军居右。言以丧礼处之。杀人之众，以悲哀泣之，战胜以丧礼处之。

【译文】

要说兵器啊，可不吉利，没有什么生物喜欢它，所以有道的人不会跟它接近。

君子平时以左为贵，使用兵器时就要以右为贵。兵器啊，是不吉之物，不是君子该使用的，不得已要用的时候，也要适可而止。胜利了不要美滋滋的，为此得意的话，那就是喜欢杀人。喜欢杀人的人啊，可就不能受到天下人的爱戴了！

吉事时以左为上，凶事时以右为上。偏将军在左，上将军在右。这就是说要把战争按照丧礼来安排。杀了那么多的人，以悲哀的心情来对待，战胜了就要按照丧礼来安排。

【说明】

本章是《道德经》唯一直指"君子"的发言，这里的"君子"与第15章的"士"处于同一社会阶层，一文一武，都是辅佐"统治者"的成员。从第30章和第31章对"以道佐人主"的"君子"的反复劝诫，可以感受到老子对于武力争斗的深恶痛绝。在东周乱世中，和平是"道"的一个出发点和目标。

第38章

上德不德，是以有德；下德不失德，是以无德。

上德无为而无以为；

上仁为之而无以为；上义为之而有以为。

上礼为之而莫之应，则攘臂而扔之。

故失道而后德，失德而后仁，失仁而后义，失义而后礼。

夫礼者，忠信之薄，而乱之首。

前识者，道之华，而愚之始。是以大丈夫处其厚，不居其薄；处其实，不居其华。故去彼取此。

【译文】

上德不会刻意讲求德，因此保持着德；下德害怕失去德，因此就没有德。

上德没有作为而无所求；

上仁有所作为而无所求；上义有所作为而有所求。

上礼不仅有所作为，而且如果没人听他的，还要伸出手臂来拉着别人。

所以，失去了"道"才出现了"德"，失去了"德"才出现了"仁"，失去了"仁"才出现了"义"，失去了"义"才出现了"礼"。

礼这个东西啊，标志着忠信的消失，祸乱的开始。

种种价值预设，是道的花朵，也是愚行的起点。因此大丈夫立足于厚朴而不安于浅薄；立足于结果，而不安于道之华。所以要去薄取厚、去华取实。

【说明】

本章是《道德经》"德篇"的开端，是对"德"的总述，在马王堆帛书本和《韩非子·解老》中以本章作为开端，足见其重要性。本章到第46章讲的是德的定义，德是道的显现，是个体对道的体验与实践。本章提出"无为而无以为"才是"上德",并揭示出"仁""义""礼"等概念的局限性,老子认为"德"是内心自发的、固有的需要。

第39章

昔之得一者:天得一以清;地得一以宁;神得一以灵;谷得一以盈;万物得一以生;侯王得一以为天下正。

其致之也,谓天无以清,将恐裂;地无以宁,将恐废;神无以灵,将恐歇;谷无以盈,将恐竭;万物无以生,将恐灭;侯王无以正,将恐蹶。

故贵以贱为本,高以下为基。是以侯王自称孤、寡、不谷。此非以贱为本邪?非乎?故至誉无誉。是故不欲禄禄如玉,珞珞如石。

【译文】

自古得到"一"的:天空得到"一"能够澄清;大地得到"一"能够安宁;神通得到"一"能够昭灵;河谷得到"一"能够充盈;万物得到"一"能够获得生命;侯王得到"一"能够发布天下的政令。

这样看来,还可以说:天空不得澄清,怕要碎裂;大地不得安宁,怕要倾废;神通不得昭灵,怕要消竭;河谷不能保持流水,恐怕要干涸;万物不得获得生命,怕要绝灭;侯王不得政令,怕要跌蹶。

所以贵重扎根于轻贱,高大建基于低下。因此侯王自称孤、寡、不谷。这难道不是扎根于轻贱吗?不是吗?这样看最高的赞誉是不需要赞誉。因此不会想着要像美玉那样光彩动人,也不会想着要像坚石那样顽强不移。

【说明】

本章承接上章,讲述"德"的首要特点:虚己守一,体道而行,后续第40到46章都是对此特点的具体表现形式的说明。

第42章

道生一，一生二，二生三，三生万物。万物负阴而抱阳，冲气以为和。

【译文】

因为有道的存在，产生了浑然一体的状态，从浑然一体中分化出了二，从二中又再分化出了三，由三而产生了万物。万物背负着阴而拥抱着阳，在气的激荡中达到了和谐。

【说明】

这是老子著名的创世论，相比于神创论，他的想法更接近于宇宙大爆炸等学说。

第47章

不出户，知天下；不窥牖，见天道。其出弥远，其知弥少。

是以圣人不行而知，不见而明，不为而成。

【译文】

不出门，知道天下的事；不看窗外，洞见自然的规律。出外奔求得越远，知识就越少。

因此圣人不出行却能通晓事理，不亲见却能有判断能力，不作为却能有实际效果。

【说明】

本章到第52章讲的是"德"对于人和万物的重要性。本章表明老子的认识论具有唯心、唯理的倾向，重视内省的功夫。陈鼓应认为：通过内观反照去了解外物运行的规律大致是"东方型的思想"的基本认定，与"西方思想家或心理分析学家的观点迥异"。[1]不过，老子本章的思想

---

[1] 陈鼓应：《老子今注今译》，中华书局，2020年版。

与西方的先验论哲学似有一定相似性。

第54章

善建者不拔，善抱者不脱，子孙以祭祀不辍。

修之于身，其德乃真；修之于家，其德乃馀；修之于乡，其德乃长；修之于邦，其德乃丰；修之于天下，其德乃普。

故以身观身，以家观家，以乡观乡，以邦观邦，以天下观天下。吾何以知天下然哉？以此。

【译文】

有能力去建树的，坚忍不拔；有能力去抱持的，绝不推脱。子孙会永远祭奠你们的功德。

以这样的原则来修炼自身，那德行就会真醇；这样来修造家业，那德行就有盈余；这样来修建乡里，那德行就会盛大；这样来修筑邦国，那德行就会丰沛；这样来修成天下，那德行就会普遍。

由此就能用自身来看他人，用自家来看他家，用家乡来看他乡，用本邦去看异邦，用天下去看天外。我怎么会知道天下的事呢？就靠这样。

【说明】

从第53到64章讲的是德性秩序的建立，本章是从正面说明建立德性秩序的方法，其基本方法是推己及人，这与《大学》修身、齐家、治国、平天下的次序类似。但是老子使用这一方法的前提是尊重自然形成的个体及群体的差异性，并没有试图将私人、家庭、社会等不同领域的事物纳入统一的价值准则和秩序规范之中。所谓德性秩序，就是一切生命都能实现它的自由发展。

第58章

其政闷闷，其民淳淳；其政察察，其民缺缺。

祸兮，福之所倚；福兮，祸之所伏。孰知其极？其无正。正复为奇，善复为妖。人之迷，其日固久。

是以圣人方而不割，廉而不刿，直而不肆，光而不耀。

【译文】

政府宽大无为，民众就淳朴自然；政府严格管控，民众就偷奸取巧。

灾祸啊，是福气所凭依的东西；福气啊，是灾祸所隐藏的地方。怎么能知道两者之间的边界呢？没有一定之规呢！正常忽而变成怪奇，吉善忽而变成妖异。人们感到迷惑，可有日子了。

因此圣人有原则而不武断，有棱角而不伤人，有正道而不争胜，有光芒而不炫耀。

【说明】

本章最能体现老子辩证的思维方式，福祸相依的观念也深刻影响了中国人的思想，形塑了坚韧的生活态度。联系前后章来看，本章中老子认为，在德性社会秩序建立的过程中，"统治者"只有保持辩证的思维方式，才不会过分干预人民的生活。

第60章

治大国，若烹小鲜。

以道莅天下，其鬼不神；非其鬼不神，其神不伤人；非其神不伤人，圣人亦不伤人。夫两不相伤，故德交归焉。

【译文】

治理大国，就像烹饪小鱼。

任由道在天下运行，那鬼怪就不会发挥作用；不是鬼怪不发挥作用，而是它的作用不会伤害到人；也不是它的作用不会伤害到人，而是圣人也不会去伤害人。正是在鬼怪和圣人都不伤害人的情况下，德性秩序就恢复了。

【说明】

本章表现出老子的唯物思想，他的无为政治完全建基于对自然规律的尊重，只要建立起这样的共识，神秘主义和唯心主义的思想就不会造成社会混乱，这就好像在烹调小鱼的时候掌握火候，不乱翻腾。

第68章

善为士者，不武；善战者，不怒；善胜敌者，不与；善用人者，为之下。是谓不争之德，是谓用人，是谓配天，古之极也。

【译文】

善于统率士卒的，不崇尚武力；善于指挥战争的，不容易生气；善于战胜敌人的，不需要迎击；善于调动人才的，主动谦恭下士。这才说得上是不争的品德，这才说得上是用人，这才说得上是合乎天道，这是自古以来的极则。

【说明】

第65到70章，讲的是恢复德性社会秩序的愿景，本章和下一章重申了第30、31章说过的反战思想，这是"统治者"合于天道、社会达到"大顺"的基础。本章中虽然使用了"士"一词，但从文义和前后章节来看，应是以道家"统治者"为言说对象。

第78章

天下莫柔弱于水，而攻坚强者莫之能胜，以其无以易之。

弱之胜强，柔之胜刚，天下莫不知，莫能行。

是以圣人云："受国之垢，是谓社稷主；受国不祥，是为天下王。"正言若反。

【译文】

天下没有什么比水更柔弱，也没有什么比它更能冲击坚硬的东西，因此它是无可替代的。

弱能够战胜强，柔能够战胜刚，天下没有谁不知道，没有谁能实行。

所以圣人说："承受全国的污辱，才称得上是一国之君；承受全国的灾殃，才配做天下的王者。"听着像反话，其实说的是正道。

【说明】

第71到81章，是《道德经》的最后十一章，意在劝告"统治者"建立起符合道德原理的理想秩序，这里使用了水以柔克刚的经典类比，说明柔弱处下而能攻无不克，才有稳定地位。

第80章

小国寡民。使有什伯人之器而不用；使民重死而不远徙。虽有舟舆，无所乘之；虽有甲兵，无所陈之。使民复结绳而用之。

甘其食，美其服，安其居，乐其俗。邻国相望，鸡犬之声相闻，民至老死，不相往来。

【译文】

城邦要小、人民要少。这样搁着十倍、百倍于人力的器具也不使用；这样人们珍视生命，所以不会远走。虽然有船只、车辆，没地方驾驶；虽然有铠甲、兵器，没地方摆放。这样人们重新拿起绳子，通过打绳结来交流就够了。

食物可口，衣服漂亮，居所安稳，风俗和乐。临近的城邦，互相看得见，鸡鸣狗叫，互相听得见，而人们直到老了、死了，也不相往来。

【说明】

这是老子对社会理想的经典描述，他对于社会生产力发展带来的攀比、争斗心理及其对社会秩序和道德风尚的破坏，有深切感受。对此，他提出的解决方案是回归简单、原始的乡土生活。虽然这一社会理想不一定适用于当下，但其中透露出的对"工具理性"的警惕，仍有现实意义。

第三节　知识链接

一、道论:《道德经》的哲学突破

《道德经》由"道篇"和"德篇"组成。"道"是道家哲学的基础和标志，在《道德经》以前，"天"被认为能创生万物，是万物的主宰，而老子提出"道"是在"天"之前的根本，以"道"去理解宇宙、人生、万物，是一大思想突破。"德"指的则是"道"在具体人和事物上的呈现。张岱年指出"道与德是道家哲学之最根本的二观念。故道家亦称为道德家"。[1]不过，需要注意的是，老子的"道德"与现在普遍理解的"道德"概念完全不同。老子的"道德"强调的是事物本然的状态，而不是"仁义""孝慈"等根据社会关系人为建立起来的日常伦理或规范。[2]在以庄子为代表的道家思想中，更将人的精神生命提升到与天地相往来的层次，并以"齐物"等理念提醒着人类自我中心的偏见。[3]道论不仅在哲学上开创了中国哲学本体论的先河，对于提升精神境界的作用更是至大至深。

---

[1] 张岱年:《中国哲学大纲》，商务印书馆，2015年版。
[2] 楼宇烈:《中国文化十五讲》，东方出版中心，2024年版。
[3] 陈鼓应:《道家哲学主干说》，中华书局，2023年版。

二、辩证：《道德经》的思想方法

有无、美丑、善恶、难易、长短、高下、雄雌、刚柔、强弱、福祸……《道德经》中充满了各种对立关系。在老子眼中，日常生活中的各种概念都不是绝对的，它们只是显示出了道的某一方面。正是因为处在对立统一的辩证关系之中，一切存在皆有价值。因此，他反对从个体经验出发去做狭隘的价值判断，而是尊重世界、社会、个人自然而然、原原本本的差异性。所以他提倡顺势而为，增强理解，而不是妄加干预。即便对于"无""雌""柔""弱"这样的负概念，也给予积极肯定。一个社会，如果能由具有这种辩证思维的人组成，将会是自由的、轻松的。

三、比喻：《道德经》的修辞特点

因为"道"是无法被直接描述的，所以老子常常使用日常生活中的事物来打比方，这是《道德经》最显著的修辞特点，其中尤以"水"之喻流传最广。比如他说"上善若水。水善利万物而不争，处众人之所恶，故几于道"。水甘愿处于卑下的位置，滋润万物，却不去跟万物争夺生存资源，所以它是接近于"道"的东西。老子还说"天下莫柔弱于水，而攻坚强者莫之能胜，以其无以易之"，水虽然柔弱，却能够川流不息、水滴石穿。水的卑下、奉献、柔弱、坚韧，正是老子理想中"上善"的品格。

四、《道德经》和黄老之学

如果说《道德经》政治思想的高光时刻，无疑是汉初的黄老学说了。"黄"指的是黄帝，"老"指的是老子，二者其实本来没什么关系。不过，在战国中期以后，在齐国的稷下学宫形成了以慎到、田骈为代表的道家学派，他们以老子哲学为基础，提出了一套精气论和心性说以扩充老学，还依托所谓的黄帝之言，为现实政治改革立意，被称作"黄老之学"。到战国晚期百家争鸣的氛围中，黄老道家以道论为核心，对道、法、儒等学派的基本理念做了整合。随之，黄老思想扩散于晋楚、光大于秦，汇集于《吕氏春秋》。①汉初，黄老之学受到了统治者的提倡，由此《道德经》清静无为的政治主张，得以在一定程度上付诸实践，并取得了很好的效果。

五、《道德经》和道家、道教

《道德经》在哲学层面是道家的核心文献，在宗教层面则是道教的核心文献。道家，是先秦时期形成的以老子和庄子为主要代表的哲学派别，把"道"作为万物的根源，以自然、无为、贵生、齐物等为主要思想。魏晋以来，《道德经》与《庄子》一直并称，是道家学派的两部基本经典，老庄思想也就成了道家思想的同义语。道教，是东汉中后期形成的一种宗教，尊老子《道德经》为必须习诵的功课，后来又把《庄子》尊为《南华真经》。在道教中，作为哲学家的老子和作为哲学范畴的"道"已经被神化为天上的神灵"太上老君"，六朝时又从"道"衍生出至高无上的"元始天尊"和"三清"尊神。道教以修道成仙为核心思想，《道德经》中的"长生久视""谷神""摄生"等说法被道教吸收利用。②

六、《道德经》在西方世界

《道德经》不仅在中国、日本等汉文化圈国家影响深远，更随着东

① 陈鼓应：《道家哲学主干说》，中华书局，2023年版；张富祥：《黄老之学与道法家论略》，《史学月刊》2014年第3期；白奚：《论先秦黄老学对百家之学的整合》，《文史哲》2005年第5期。
② 卿希泰、唐大潮：《道教史》，江苏人民出版社，2006年版。

西文化的交流走向了世界。据美国汉学家邰谧侠统计，截至2022年7月，《道德经》已被译为97种语言，2051种译本。[①]武志勇等人则根据《道德经》英、德、法、西、俄等语言的超过1000种译本，梳理了其19世纪以来在西方世界的传播。在英语世界，《道德经》经历了从以基督教教义理解，到看重其中的世界观和社会思想，再到引入出土文献、比较哲学等学术研究视角的过程。在德语世界，莱布尼茨、康德、黑格尔等哲学家早已受到老子思想的启迪，20世纪最重要的哲学家海德格尔更与中国学者合作翻译《道德经》。在法语世界，老子玄妙的思想、优美的文辞、美好的理想，对法国的汉学家、作家、哲学家产生了深远的影响。在俄语世界，大文豪托尔斯泰即长年致力于研读和译介《道德经》。[②]《道德经》作为人类伟大思想的代表，具有打动世界的魅力。

阅读书目

1. 陈鼓应:《老子今注今译》，北京：中华书局，2020年。

2. （魏）王弼注、楼宇烈校释:《老子道德经注校释》，北京：中华书局，2008年。

3. 李零:《人往低处走》，北京：三联书店，2023年。

4. 谢彦君:《老子引归》，北京：商务印书馆，2024年。

4. 马叙伦:《老子校诂》，杭州：浙江古籍出版社，2020年。

5. 任继愈:《老子绎读》，北京：国家图书馆出版社，2015年。

6. 高明:《帛书老子校注》，北京：中华书局，2022年。

---

① （美）邰谧侠（Misha Tadd）《〈老子〉译本总目：全球老学要览》，南开大学出版社，2022年版。

② 武志勇、刘子潇:《〈道德经〉在西方世界传播的历史》，《湖南大学学报》2020年第5期。

7. 陈鼓应:《道家哲学主干说》,北京:中华书局,2023年。

8. 卿希泰、唐大潮:《道教史》,南京:江苏人民出版社,2006年。

9.(美)邰谧侠(Misha Tadd):《〈老子〉译本总目:全球老学要览》,天津:南开大学出版社,2022年。

问题与思考

1. 对《道德经》有初步了解之后,你对"道德"的理解有变化吗?

2. 你觉得《道德经》的"无为"主要是什么意思?"无为"的理念可以应用于当今社会吗?

3. 你喜欢"自然"的理念吗?你觉得"自然"能够有助于你的日常生活吗?

后　记

　　经典是思想的宝库，是先贤智慧的结晶。本书编写的缘起是希望为喜爱中华传统文化的读者提供一个既具有知识性，同时又通俗易懂的经典入门导读书，借此来激发大家进一步深入学习经典的兴趣。目前市面上的经典选读类书籍或侧重诗、文，或偏于传统蒙学读物。有鉴于此，本书的编写不再以单篇文章为对象，而是以经典本身为对象，选取儒、释、道三家代表性经典进行导读。每个章节介绍一部经典，具体包括三个板块：第一部分是对经典的形成、思想内涵、发展流传进行介绍；第二部分是选取经典的部分内容进行学习；第三部分是知识链接，即对经典的核心概念、知识点和在生活中的影响等进行补充介绍。每个章节附有参考阅读书目和思考题。

　　本书选择的经典，涵盖儒、释、道三家，具体而言儒家以《诗经》《尚书》"三礼"《周易》《春秋》以及"四书"为选本，佛家以禅宗《坛经》为选本，道家以《道德经》为选本。这些经典对中国古代社会和中国人的精神世界产生了重要影响，其精华部分在今天仍有重要的价值。本书的编写者全部具有博士学位，都是相关领域的研究者，这些为本书内容的编写提供了专业素养保障。经典的内容十分厚重，编写者力求用通俗易懂的文字，深入浅出地对经典进行介绍，以增强本书的可读性。虽初心如此，但我们也深知本书离此目标还有一段距离。

　　本书能够完成要感谢各位编写者的无私付出，他们始终以热情、严谨的态度参与编写工作：感谢林校长维先生、陈师致校长、舒师大刚先生百忙之中为本书撰写序言和前言，这是对编写者从事中华传统文化教育与研究的莫大鼓励与支持；感谢李总编占领先生、李书记韧教授、道坚法师、许主席伦胜先生、李主席亮光先生对本书出版的关心和支持；感谢中华书局的编辑，本书能够出版与他们的支持是分不开的。

　　编者水平有限，难免会有疏漏之处，期待读者的批评指正。

屈永刚

二〇二五年五月十一日